辛亥革命与新中国

谷小水 赵立彬 ◆ 著

中山大学出版社
·广州·

版权所有　翻印必究

图书在版编目（CIP）数据

辛亥革命与新中国/谷小水，赵立彬著．—广州：中山大学出版社，2015.2

ISBN 978-7-306-05151-6

Ⅰ.①辛…　Ⅱ.①谷…②赵…　Ⅲ.①辛亥革命—史料　Ⅳ.①K257.06

中国版本图书馆CIP数据核字（2015）第011143号

出 版 人：	徐　劲
策划编辑：	邹岚萍
责任编辑：	邹岚萍
封面设计：	曾　斌
责任校对：	杨文泉
责任技编：	何雅涛
出版发行：	中山大学出版社
电　　话：	编辑部 020-84111996，84113349，84111997，84110779
	发行部 020-84111998，84111981，84111160
地　　址：	广州市新港西路135号
邮　　编：	510275　　传　真：020-84036565
网　　址：	http://www.zsup.com.cn　　E-mail:zdcbs@mail.sysu.edu.cn
印 刷 者：	虎彩印艺股份有限公司
规　　格：	787mm×960mm　1/16　15.75印张　293千字
版次印次：	2015年2月第1版　2016年1月第2次印刷
定　　价：	45.00元

如发现本书因印装质量影响阅读，请与出版社发行部联系调换

目 录

绪 论 ·· 1
    一、"新中国"的历史回溯 ······································· 1
    二、历史关联的既有视野 ··· 5
    三、从"新中国"理想到新中国成立 ····························· 13

第一章 "新中国"理想与辛亥革命运动 ························· 16
第一节 "理想小说"中的"未来中国" ······················· 16
    一、梁启超与《新中国未来记》 ································· 16
    二、令人神往的畅想曲:《新纪元》与《新中国》 ················ 20
第二节 变革思潮与体制内外 ·································· 25
    一、体制内外的"求变"意识 ···································· 25
    二、挣扎于"新""旧"和"内""外"的维新派 ··············· 27
    三、新政与"内""外"矛盾的总爆发 ·························· 32
第三节 辛亥革命前孙中山对"新中国"的追求 ··············· 35
    一、走向世界与走向革命 ·· 35
    二、革新中国的政治考量 ·· 37
    三、政治革新中的社会建设目标 ································· 40
第四节 "新中国"理想与革命之兴起 ························ 42
    一、革命派的"新中国" ·· 42
    二、"革命主义" ·· 47

第二章 民国肇造与"新中国"追求的继续 ····················· 50
第一节 新国家的建立与憧憬 ·································· 50
    一、新期望 新憧憬 ··· 50
    二、新国民 新责任 ··· 54

三、新旗帜　新纪元 …………………………………………… 57
第二节　革命后的"新"与"旧" ………………………………… 64
　　一、从"皇朝"到"人民的世纪" ……………………………… 64
　　二、新期望的迅速幻灭 …………………………………………… 66
第三节　从维护框架到重建基础 …………………………………… 69
　　一、《建国方略》与孙中山"新中国"理想的改弦更张 ……… 69
　　二、革命党的建设和革命的转型 ………………………………… 74

第三章　辛亥革命与中国共产党的创建 ……………………………… 78
　第一节　辛亥革命与中国工人阶级的壮大 ………………………… 79
　　一、工人阶级队伍的形成与发展 ………………………………… 79
　　二、辛亥前后工人运动的发展与演进 …………………………… 83
　　三、"劳工神圣"与知识阶层对工人的"发现" ……………… 89
　第二节　辛亥革命与早期共产党人的思想启蒙 …………………… 94
　　一、辛亥革命与思想解放的潮流 ………………………………… 95
　　二、辛亥革命与马克思主义的传播 ……………………………… 100
　　三、早期共产党人的辛亥经历 …………………………………… 105
　第三节　从民主主义者到共产主义者 ……………………………… 110
　　一、"南陈北李" ………………………………………………… 110
　　二、"群英结党" ………………………………………………… 117
　　三、"与君携手" ………………………………………………… 124

第四章　从辛亥革命到新民主主义革命的理论发展 ………………… 130
　第一节　对辛亥革命的现实反观 …………………………………… 130
　　一、中共早期对辛亥革命的理论认识 …………………………… 130
　　二、国民革命高潮中的进一步阐释 ……………………………… 134
　第二节　纪念的历史 ………………………………………………… 137
　　一、悼念中的政治诉求 …………………………………………… 137
　　二、革命高潮中的双十节 ………………………………………… 143
　　三、疏离与纪念 …………………………………………………… 144
　　四、理论上的再度联合与利用 …………………………………… 147
　第三节　理论的继承和超越 ………………………………………… 151
　　一、从"平均地权"到新民主主义经济 ………………………… 151
　　二、从"民国"到"人民共和国" ……………………………… 153

三、从融会中西到民族的、科学的、大众的文化 …………… 155
　　　四、革命为改造中国之途径 ………………………………… 158

第五章　"新中国"理想与20世纪三四十年代政局 ……………… 159
　第一节　中间势力对"新中国"的追寻（1927—1937） ………… 160
　　　一、"第三党"复兴国民革命的尝试 ………………………… 160
　　　二、福建事变与中华共和国 ………………………………… 166
　　　三、革命之外：知识阶层的梦想与进取 …………………… 170
　第二节　抗战与建国：国共的合与离 …………………………… 176
　　　一、三民主义与抗日民族统一战线的形成 ………………… 176
　　　二、从合作走向对抗 ………………………………………… 181
　　　三、中间势力与抗战建国 …………………………………… 187
　第三节　和战变奏下建国理想的分与合（1945—1949） ………… 193
　　　一、战后初期各种建国主张的争持与竞逐 ………………… 193
　　　二、"不归于杨则归于墨"：中间势力的"左"与"右" …… 198
　　　三、新中国理想的汇流与新中国的诞生 …………………… 205

第六章　新中国与辛亥革命史的建构 …………………………… 211
　第一节　官方纪念与政治评述 …………………………………… 211
　　　一、持续革命背景下的纪念与评述（1949—1976） ………… 211
　　　二、社会主义建设新时期的纪念与评述（1981—2001） …… 217
　第二节　学术研究与进展趋向 …………………………………… 221
　　　一、起步与顿挫（1949—1976） ……………………………… 221
　　　二、繁盛与趋向（1976—） …………………………………… 224
　第三节　辛亥革命与国家统一 …………………………………… 228
　　　一、"解放台湾"与"反攻大陆" …………………………… 228
　　　二、"祖国统一"与"统一中国" …………………………… 232

主要参考文献 ……………………………………………………… 236

后记 ………………………………………………………………… 244

绪　　论

一、"新中国"的历史回溯

"辛亥革命"与"新中国"似乎是两个相距遥远的历史范畴。

1948年5月，中国共产党领导的人民解放战争节节胜利，国民党举行"行宪国大"，选举蒋介石担任"总统"，力图以这种徒具形式的庆典来挽回一点危局。就在这场"国大"闭幕之际，中国共产党发布《中共中央纪念"五一节"口号》，号召"打到南京去，活捉伪总统蒋介石！"[①] 1948年5月23日，新华社发表题为《旧中国在灭亡，新中国在前进》的社论，指出："一切主张消灭人民敌人的武装和特权的人们，只有一条区别于反革命路线的共同道路，这就是新民主主义的道路，这就是反对帝国主义、封建主义、官僚资本主义的统一战线的道路，这就是新的政治协商会议的道路"，随着人民的觉醒和对真理的认识，"反动派的旧中国不能不灭亡，人民的新中国不能不胜利"。[②] 1949年9月21日，中国人民政治协商会议在北平开幕。第二天，《人民日报》发表了一篇社论，标题与上一篇社论相呼应——《旧中国灭亡了，新中国诞生了！》。社论最后豪情万丈地指出：

> 从此，全世界的人都将看到中国人民以空前英勇的姿态站起来，成为有高度文明的新社会新国家的光荣的主人。[③]

今天，当人们谈论"新中国"这个概念时，毫无疑问，指的就是经历了此次人民大革命而建立起来的中华人民共和国。这个新中国是与辛亥革命后建立起来的各个政权截然不同的。欢呼新中国诞生的社论已经明确地宣布，新中国较之于旧中国，不仅体现为国号的不同，更体现为两者之间存在

[①] 《中共中央发布纪念"五一"节口号》，中央档案馆编：《中共中央文件选集》第17册，北京：中共中央党校出版社1992年版，第145页。

[②] 《旧中国在灭亡，新中国在前进》，中央档案馆编：《中共中央文件选集》第17册，北京：中共中央党校出版社1992年版，第613～614页。

[③] 《旧中国灭亡了，新中国诞生了！》，《人民日报》1949年9月22日，第1版。

根本性差异:"中国人民的唯一出路,就是在中国共产党领导之下举行人民革命,推翻帝国主义、封建主义、官僚资本主义的反革命统治,而建立自己的中华人民共和国。三年的历史,把这个真理证明得如此生动而丰富,使中国人民普遍地经过自己的经验,认识了这个真理。这就保证了反动派的旧中国必然永远灭亡,而人民的新中国必然永远胜利。这也就决定了中国人民所要建立的新的国家制度,必须是以工人阶级为领导的,以工农联盟为基础的,团结各民主阶级和国内各民族的人民民主专政的国家制度。"[1]

新中国与辛亥革命在时间上相距近40年,中华人民共和国与辛亥革命后建立起来的中华民国在性质上亦截然不同。值得思考的问题是,两者之间确实没有一个内在联系和历史发展的脉络吗?

作为一个国家实体的新中国是在1949年成立的,但是"新中国"这个国家概念或意识却渊源有自,为了这个理想而进行奋斗的历程也非一朝一夕。为了对这个问题有一较为清晰的认识,有必要对"新中国"理想的产生和新中国创建的过程进行一个简要的回顾,以便从历史的纵深处探寻新中国之渊源。

几乎所有的研究者都看到,辛亥革命在政治上建立了中华民国,确定了此后中国基本的政治走向,同时也创造了思想解放的条件,带来了新文化运动和马克思主义在中国的传播,并因此间接地推动了中国共产党的创立。中国共产党自创立起,投身于政治活动并很快投入革命运动,在最初的政治实践中,与前身是辛亥革命的主要领导者、经孙中山改建和改组的中国国民党合作,共同领导国民革命运动。起源自辛亥革命时期的三民主义,经孙中山在共产国际和中国共产党帮助下重新解释后,成为两党共同信奉的国民革命的指导思想。

1927年国共分裂导致了中国共产党在国民革命中的失败,中国共产党开始独立开展反对国民党统治的武装斗争,开展苏维埃运动并一度成立"中华苏维埃共和国"。"中华苏维埃共和国"完全抛弃了"中华民国"的法统和旗号,是与国民党统治下的"中华民国"对立的政治实体,"中国苏维埃政权所建设的是工人和农民的民主专政的国家"[2]。然而揆诸《中华苏维埃共和国宪法大纲》,除了新增的关于无产阶级专政和与共产国际的关系以外,这个与国民党政府对抗的新型政权,在政治、经济的基本政策,反对

---

[1] 《旧中国灭亡了,新中国诞生了!》,《人民日报》1949年9月22日,第1版。
[2] 《中华苏维埃共和国宪法大纲》,中央档案馆编:《中共中央文件选集》第7册,北京:中共中央党校出版社1991年版,第772页。

帝国主义和有关人民权利的规定方面，追本溯源，仍体现了1924年国民党"一大"中关于三民主义的基本主张。

抗日战争前夕和初期，中国共产党采取抗日民族统一战线的政策，承认国民党在全国的领导地位，回到"中华民国"的国家体制。在此时，因实力尚未得到大的发展，新民主主义理论也未成熟和可能公开提出，中国共产党以各种方式，策略性地将自己的"新中国"理想的内涵在"中华民国"体制内进行合法的表述。1937年11月11日《新华日报》发刊词提出："民族独立、民权自由、民生幸福的新中国是我们民族优秀的儿女们近百年来前仆后继再接再厉所力求实现的理想，我们愿意在踏着先人们奋斗的血迹而为这崇高的理想而斗争时担负其应尽的职责。"① 1938年3月17日，《新华日报》又发表《为建设新中国而奋斗》的社评，提出了建设新中国的目标：

> 抗敌胜利后，我们要建设怎样一个国家呢？我们要建设的不是欧美那种少数人做主人，多数人做牛马的腐败资本主义国家，而是真正建立根据中山先生三民主义精神的，民族独立、民权自由、民生幸福的中华民国。在那个时候，帝国主义对我民族的铁链粉碎了，中华民族雄健地站在远东，为世界和平人群幸福而奋斗，取得国际地位的平等。国内各民族、各阶层、各抗日党派皆享有充分民主权利，取得政治地位的平等。国民经济日益发展，民众生活逐渐改善，逐渐走向经济地位的平等。这是我们需要建设的新中国的轮廓，全国的人民，要在政府与最高统帅领导之下，为建设新中国而抗战到底。②

1940年1月，已经完全掌握中共领导权、成为领导中国革命的中国共产党领袖的毛泽东，在《新民主主义的政治与新民主主义的文化》的演讲中，明确提出"我们要建立一个新中国"，中国共产党人奋斗的一切目的，"在于建设一个中华民族的新社会和新国家"。这个新国家虽然还称作"中华民国"，但性质上已经是新民主主义的共和国。毛泽东写道：

> 新民主主义的政治、新民主主义的经济和新民主主义的文化相结合，这就是新民主主义共和国，这就是名副其实的中华民国，这就是我们要造成的新中国。

---

① 《发刊词》，《新华日报论评集》第一辑，武汉：顽强社1938年版，第2页。
② 《为建设新中国而奋斗》，《新华日报论评集》第一辑，武汉：顽强社1938年版，第4页。

新中国站在每个人民的面前,我们应该迎接它。新中国航船的桅顶已经冒出地平线了,我们应该拍掌欢迎它。

举起你的双手吧,新中国是我们的。①

抗日战争后期和战后的国共谈判时期,中国共产党果断地提出了"两个中国之命运"的问题,即打败日本帝国主义后,中国有两个前途:一个是独立、自由、民主、统一、富强的中国,即光明的中国;另一个是半殖民地半封建的、分裂的、贫弱的中国,即老的中国。中国共产党的任务就是要放手发动群众,壮大人民力量,团结全国一切可能团结的力量,在中国共产党领导下,为建设一个光明的新中国,建设一个独立、自由、民主、统一、富强的新中国而奋斗。中共七大就是一个"打败日本侵略者、建设新中国的大会"②。这时虽然仍没有提出新的国号、新的国家法统,但这里提到的"新中国",从实质上发展了抗日战争中期明确提出的"新民主主义"国家。

"新中国"的理想追求,是与中国共产党力量的发展和所处政治环境联系在一起的。在解放战争中,中国共产党的力量越来越壮大,有了与国民党统治决裂和决战的必要性和可能性。中国共产党坚决以"新中国"为号召,毛泽东在中共七届二中全会上、在新政协筹备会上、在纪念中国共产党诞生28周年的文章中,已多次使用了"人民共和国"的概念。在新政协筹备会的讲话结束时,更使用了"中华人民共和国万岁"的口号。③

新中国的胜利是中国共产党长期艰苦斗争的结果。从历史的视角看,新中国的远因实系于辛亥革命。辛亥革命开启了中国政治和社会变革的新时代,并赋予这个时代以新的历史内容和发展目标。中国共产党革命斗争的开展和新中国理想的实现,是在辛亥革命后整个中国社会变革的背景下进行的,并接续着辛亥革命的历史使命。正因为如此,早在延安时期,毛泽东就说过:"严格地讲,我们研究党史,只从一九二一年起还不能完全说明问题,恐怕要有前面这部分的材料说明共产党的前身。这前面的部分扯远了嫌

---

① 毛泽东:《新民主主义的政治与新民主主义的文化》,《中国文化》第 1 卷第 1 期,1940 年 2 月 15 日。

② 毛泽东:《两个中国之命运》,《毛泽东选集》第 3 卷,北京:人民出版社 1991 年版,第 1025 页。

③ 毛泽东:《在新政治协商会议筹备会上的讲话》,《毛泽东选集》第 4 卷,北京:人民出版社 1991 年版,第 1467 页。

太长，从辛亥革命说起差不多，从五四运动说起可能更好。"① 本书的旨趣是与这一认识一致的。

二、历史关联的既有视野

辛亥革命史研究，在大陆是近代史研究的一个重要和特殊的领域，在台湾作为"中华民国"的开国史，也居于特别重要的地位。海峡两岸的辛亥革命史的研究，对于中国近代史都曾经有过大的贡献，长期成为显学。近年来，研究状况分别发生了不同的变化。从总体上看，台湾学界在台湾史、新文化史等新兴领域的论述数量急速增加，传统热门的辛亥革命史研究成果自20世纪90年代以来已有下降趋势，近年来在台湾地区出版的主流学术期刊，如《新史学》、《中央研究院近代史研究所集刊》以及各大学历史学报关于辛亥革命研究的专门论文已是凤毛麟角，反映出当下的学术精英对这一领域已明显疏离。

大陆地区近年来虽然还保持了一定数量的研究成果，但也出现了相应的变化，主要表现在：政治史研究已不再占据主导地位，热度急降，相比社会史、经济史、现代化研究等新领域的兴起，辛亥革命的政治史论述所占比例下降。即使在政治史中，民国史逐渐走热，辛亥革命史研究的兴趣在降低。但是因政治史、思想史研究的传统力量强大、基础雄厚，并有相关的纪念性活动的激励，在某些年份（如2001年的辛亥革命90周年、2005年中国同盟会成立100周年、2006年孙中山诞辰140周年）还能掀起一次次小的高潮。近年来对于清末新政、政治制度、知识分子、边疆和民族问题等方面的研究取得了比革命本身的研究要多得多的成果，不少成果代表了大陆近代史研究的前沿水平，注重实证性研究，研究呈现细化的趋势。但总体上说来，辛亥革命史研究的质量之提升与数量尚不能完全同步，虽然就自身领域进行纵向比较时，研究进展十分显著，但和其他领域的研究不断取得突破性成绩相比，辛亥革命史研究对整个中国近现代史研究的贡献已远不如从前。

尽管如此，辛亥革命的研究毕竟具有雄厚的基础，既有研究的种种努力，引导和启发了对于新课题的发掘和探索。国内外的相关研究，从宏观角度启示了对辛亥革命与新中国关系的探讨。许多研究辛亥革命的著作，都从革命和新制度建设的长远意义上，论述了辛亥革命对20世纪中国的深远影响，其中比较一致的观点，都认为辛亥革命对于近代中国的社会转型特别是

---

① 毛泽东：《如何研究中共党史》，中共中央文献研究室编：《毛泽东文集》第2卷，北京：人民出版社1993年版，第402页。

政治发展具有重要的意义。新近出版的金冲及先生的《二十世纪中国史纲》将 20 世纪作为一个完整的发展过程来进行考察和研究,将辛亥革命、中华人民共和国的成立和改革开放作为 20 世纪中国三次历史性巨变,来揭示一个世纪中国历史发展的基本脉络线索。①朱英主编的《辛亥革命与近代中国社会变迁》,重点论述了"辛亥革命与新制度"、"辛亥革命的历史遗产"、"辛亥革命与中国共产党的产生"等课题②,从研究视野和研究方法上,对于辛亥革命的长程影响,特别是对中国共产党领导革命斗争的历史的影响,都有重要的提示。

西方学界的研究则提供了另一方面的启发。早期研究辛亥革命的芮玛丽已经指出,不仅"五四"以后的革命,就是 1949 年以后的革命,都奠基于 20 世纪的第一个 10 年。③近年来西方学者关于中国近代史的研究,逐渐关注到跨越某些标志性年份的长期结构性历史趋势,从单纯重视中国共产党的革命,转变为关注中国共产党革命与民国历史的关系。不少学者达致了一种共同的认识,即中华人民共和国的成立与发展,有赖于民国时期的政治与社会建设。④在这种情况下,辛亥革命比 20 世纪其他历史事件更具有历史分水岭的意义。周锡瑞指出,中国改革开放以后,随着对计划经济政策的放弃,辛亥革命所带来的社会变化似乎比那些发生在 1949 年以后的变化更加持久。⑤尽管国外学者的研究重在一些具体的事件、阶层、团体、地区,但他们将 20 世纪中国历史视为一个整体、重视不同阶段之间的历史联系的观点,对于研究辛亥革命与新中国的关系具有重要的启示。

就本课题涉及的各部分专题而言,学术界也有一定的讨论。兹就所见分论如下:

(1) 关于辛亥革命与中国共产党领导的革命运动的关系。金冲及从宏观的角度,阐明了两种革命之间的多方面联系,指出:"辛亥革命离中国共产党的成立只有 10 年。最早的共产党人,几乎都受过辛亥革命的洗礼或影

---

① 金冲及:《二十世纪中国史纲》,北京:社会科学文献出版社 2009 年版。

② 朱英主编:《辛亥革命与近代中国社会变迁》,武汉:华中师范大学出版社 2001 年版。

③ Mary C. Wright, ed., *China in Revolution: the First Phase*, 1900—1913, Introduction, New Haven: Yale University Press, 1968, p.60.

④ 沙培德:《西方学界研究中国近代史的最新动向》,《思想史研究》第 1 辑,上海:上海人民出版社 2006 年版,第 335 页。

⑤ (美)周锡瑞:《新版前言》,周锡瑞著:《改良与革命:辛亥革命在两湖》,杨慎之译,南京:江苏人民出版社 2007 年版。

响,随后又发现它的弱点,开始进行新的探索,最后奔集到马克思主义的旗帜下。"① 林家有的两篇文章《共和国的追求——孙中山与毛泽东两位伟人的奋斗》和《孙中山与中国新民主主义革命》,对孙中山政治与革命的长程影响进行了比较基础性的论述。② 李淑兰、宗妍则提出辛亥革命是中国新民主主义革命的先导,为即将到来的新民主主义革命奠定了基础。③

(2) 关于辛亥革命与中国共产党的成立。宋亚平认为,辛亥革命为中国共产党提供了产生发育的社会条件,也为中国共产党人接受和实践马克思主义奠定了思想基础,同时也培育了干部和群众基础。④ 徐万成论述了辛亥革命的成果为中国共产党的诞生提供了有利条件,同时辛亥革命的失败又为中国共产党的产生提供了客观历史要求。⑤ 象仁骞从指示方向、奠定思想基础、提供经验教训等方面论述了辛亥革命对于中国共产党的历史影响。⑥ 刘世华、谷雨论述了辛亥革命激发的民族意识、民主革命精神对早期共产党人的启蒙作用,也论述了早期共产党人对辛亥革命的反思。⑦ 毛磊探讨了辛亥革命为中国共产党创始人接受马克思主义思想提供了条件、为中国共产党的建立创造了阶级基础、为中国共产党创始人提供了宝贵的历史教训。⑧ 朱英主编的《辛亥革命与近代中国社会变迁》探讨了在近代中国社会转型大背景下,辛亥革命与中国共产党诞生的关系。⑨

(3) 关于中国共产党人与辛亥革命具体的关系,也得到了学术界的重视。毛泽东研究是中共党史研究的热门领域,在纪念毛泽东和纪念辛亥革命交叉的年份,对于毛泽东与辛亥革命的关系,研究成果较多。阳信生对毛泽

---

① 金冲及:《辛亥革命和中华民族的伟大复兴》,《求是》2001 年第 20 期。
② 转引自林家有:《孙中山与近代中国的觉醒》,广州:中山大学出版社 2000 年版。
③ 李淑兰、宗妍:《辛亥革命——中国新民主主义革命的先导》,《江西社会科学》2001 年第 9 期。
④ 宋亚平:《辛亥革命与中国共产党的产生》,《湖北社会科学》1991 年第 9 期。
⑤ 徐万成:《辛亥革命与中国共产党的创立》,《教学与研究》1991 年第 6 期。
⑥ 象仁骞:《辛亥革命对中国共产党的历史贡献》,《求实》2001 年第 11 期。
⑦ 刘世华:《辛亥革命与中国共产党的诞生》,《东北师范大学学报》2001 年第 1 期;刘世华、谷雨:《辛亥革命与早期共产党人的思想启蒙》,《东北师范大学学报》2002 年第 6 期。
⑧ 毛磊:《辛亥革命与国共两党的合作和斗争》,《中南财经大学学报》2001 年第 6 期;《论辛亥革命与中国共产党创立之间的关系》,《世纪行》2005 年增刊。
⑨ 朱英主编:《辛亥革命与近代中国社会变迁》,武汉:华中师范大学出版社 2001 年版。

东在辛亥革命时期的政治思想进行了讨论，并考察了其观念的变化。① 王劲、任灵兰论述了青年毛泽东追随孙中山民主革命、参加辛亥革命的史实。② 郎佩芬、范忠程等论述了毛泽东参加辛亥革命的史实和后来对孙中山、辛亥革命的评价，并探讨了毛泽东对辛亥革命历史经验和教训的总结。③ 对于与辛亥革命有关的中国共产党领导人的研究，除各人的传记外，还体现在关于陈独秀④、李大钊⑤、朱德⑥、林伯渠⑦等人的研究论文中。

（4）关于中国共产党对辛亥革命的评价。白应华以蔡和森、瞿秋白、张太雷、陈独秀、毛泽东等早期党的领袖的言论为主，论述了早期中国共产党人从领导阶级、革命政党及其内外政策、社会心理、国际环境等各方面对辛亥革命的总结。⑧ 杨燕华论述了中国共产党历史上对辛亥革命评价的过程和主要观点，特别注意到不同历史时期的不同内涵。⑨ 王志蔚讨论了毛泽东对鲁迅辛亥革命反思的历史超越⑩。

---

① 阳信生：《毛泽东与辛亥革命关系新探》，《湖南农业大学学报》2004年第1期。
② 王劲、任灵兰：《毛泽东与辛亥革命》，《兰州大学学报》1993年第4期。
③ 郎佩芬：《毛泽东论辛亥革命》，《广西大学学报》1992年第1期；郎佩芬：《毛泽东与辛亥革命》，《广西大学学报》1993年第4期；范忠程：《毛泽东与辛亥革命》，《中共党史研究》2001年第6期；郎佩芬：《毛泽东从辛亥革命中吸取的历史经验和教训》，《广西大学学报》2003年第6期。
④ 陈万雄：《新文化运动前的陈独秀》，香港：香港中文大学出版社1979年版；吴根樑：《辛亥革命前后的陈独秀》，《近代史研究》1981年第3期；陈善学：《辛亥革命时期的陈独秀》，《文史哲》1988年第4期；沈寂：《陈独秀早期的民主思想》，《辛亥革命与近代中国——纪念辛亥革命80周年国际学术讨论会论文集》，下册，北京：中华书局1994年版；胡明：《辛亥革命前陈独秀的政治活动》，《浙江大学学报》2004年第1期；胡绳武、金冲及：《辛亥革命时期的思想解放》，氏著：《从辛亥革命到五四运动》，太原：山西人民出版社2010年版。
⑤ 陈万雄：《李大钊与辛亥革命运动》，《开卷》（香港）1980年12月号；刘桂生：《辛亥革命时期李大钊政论试析》，《清华大学学报》1986年第1期。
⑥ 孙石月：《辛亥革命时期的朱德同志》，《山西师大学报》1987年第2期。
⑦ 纪实：《关于林伯渠同志辛亥革命前在吉林活动的时间和公开职务》，《社会科学战线》1981年第1期。
⑧ 白应华：《早期中国共产党人对辛亥革命失败原因的分析和经验教训的总结》，《思茅师范高等专科学校学报》2002年第1期。
⑨ 杨燕华：《中国共产党对辛亥革命的评价及其意义》，《上海党史与党建》2002年4月号。
⑩ 王志蔚：《毛泽东对鲁迅辛亥革命反思的历史超越》，《毛泽东思想研究》2007年第6期。

（5）关于中国共产党人对辛亥革命和孙中山理想的继承和超越，不少学者有深入的论述。陈金龙论述了毛泽东对孙中山思想的论述和阐发、对孙中山革命实践的评价、对孙中山精神的推崇，述及了毛泽东与孙中山关系的主要史实，并从理论高度论述了毛泽东对孙中山思想的继承和超越[①]。王杰、张冰、赵艳芝论述了辛亥革命对中国共产党崛起的历史影响，以及中国共产党人对辛亥革命所开启的现代化事业的继承和超越[②]。鲁振祥全面系统地回顾了毛泽东关于辛亥革命、三民主义和孙中山历史地位和精神的论述，并考察了这些论述与现代中国政治形势和社会变迁的关联[③]。陈邵桂论述了毛泽东追随孙中山、研究孙中山、纪念孙中山的主要史迹，特别是对不同历史时期毛泽东对孙中山思想的理解、传播，以及对历史进程的影响作了阐述。[④]季鸿生论述了国民革命时期孙中山和毛泽东的主要事迹和毛泽东后来对孙中山的高度评价[⑤]。王明有论述了毛泽东对孙中山的思想和政策的评论[⑥]。陈金龙和王劲还分别提出，毛泽东思想的理论来源还应包括孙中山的思想，毛泽东思想形成的实践基础还应包括孙中山领导的中国资产阶级民主革命实践；辛亥革命是毛泽东思想形成的实践基础之一。[⑦]

（6）关于南京10年时期中间势力追寻"新中国"理想的努力，学界也累积了一定数量的研究成果。张振德提纲挈领地论述了邓演达与第三党的政治主张与基本活动[⑧]。储成仿重建了武汉时期邓演达坚持孙中山新三民主义旗帜同蒋介石等国民党右派的斗争史实[⑨]。黄振位从1924—1927年邓演达

[①] 陈金龙：《毛泽东论孙中山》，《中共党史研究》1998年第3期；陈金龙：《继承与超越——毛泽东与孙中山比较研究》，广州：广东教育出版社1998年版。

[②] 王杰、张冰、赵艳芝：《在困惑中崛起——辛亥革命后中国共产党对现代化的探索》，《广东社会科学》2001年第5期。

[③] 鲁振祥：《孙中山·辛亥革命·三民主义：毛泽东半个世纪论说述要》，《党的文献》2002年第1期。

[④] 陈邵桂：《毛泽东的孙中山情结》，《湖南省社会主义学院学报》2001年第4期；陈邵桂：《毛泽东对孙中山思想理论的研究与传播及其影响》，《湖北社会科学》2003年第12期。

[⑤] 季鸿生：《孙中山与毛泽东》，《档案春秋》2006年第11期。

[⑥] 王明有：《毛泽东论孙中山》，《兰台世界》2007年10月下半月。

[⑦] 陈金龙：《孙中山思想：毛泽东思想的重要理论来源》，《教学与研究》2008年第8期；王劲：《辛亥革命与中国共产党人》，《兰州大学学报》2001年第4期。

[⑧] 张振德：《邓演达与第三党》，《历史教学》1991年第4期。

[⑨] 储成仿：《邓演达在武汉时期同国民党右派的斗争》，《安徽师大学报》1993年第4期。

的相关论述入手，对其国民革命理论的内涵与特点有所论析①。陈红民利用胡汉民往来函电等史料，探讨了1933年前后两广与福建关系的曲折变化，认为背后要因是陈济棠采取的实用主义态度②。罗敏则转换视角，侧重梳理福建事变前后西南与中央从对立走向交涉的过程与成因，以及这种变化对福建事变所造成的重要影响③。杨天石利用美国哈佛燕京学社所藏胡汉民档案及台湾所藏胡汉民资料，对胡汉民主导或参与的倒蒋活动以及蒋、胡关系的发展演化有较为全面深入的解析④。章清以知识界占据中心地位的"胡适派学人群"为研究对象，对该群体的基本理念、参与政治的方式及具体表现有较为详尽的述评⑤。周明之对自由主义知识分子胡适在不同时期的选择由表及里进行了考察，对胡适随时应变的心态有较为细腻的把捉⑥。周淑真对中间势力的右翼——中国青年党的"全部历史"进行了重建，特别是对"历史转变关头"中国青年党与各政党、各阶层的复杂关系有所解剖⑦。

（7）对于抗战及解放战争时期国共及各种建国主张的争竞，学界给予了持续关注。周利生对抗战时期国共两党实行三民主义的表现及影响进行了比较研究⑧。田跃安对中共重提三民主义的原因、内涵及实践有所考察⑨。宋进侧重阐述与分析了抗战时期中共三民主义认识体系的形成及特点，认为中共对三民主义的研究与建构在中国思想文化史上具有典范意义⑩。房世

---

① 黄振位：《邓演达的国民革命论》，《广东社会科学》2000年第5期。
② 陈红民：《两广与福建事变关系述论》，《近代史研究》2001年第4期。
③ 罗敏：《从对立走向交涉：福建事变前后的西南与中央》，《历史研究》2006年第2期。
④ 杨天石：《胡汉民的军事倒蒋密谋及胡蒋和解》、《20世纪30年代初期国民党内部的反蒋抗日潮流》，氏著：《蒋介石与南京国民政府》，北京：中国人民大学出版社2007年版。
⑤ 章清著：《"胡适派学人群"与现代中国自由主义》，上海：上海古籍出版社2004年版。
⑥ （美）周明之著：《胡适与中国现代知识分子的选择》，雷颐译，成都：四川人民出版社1991年版。
⑦ 周淑真著：《中国青年党在大陆和台湾》，北京：中国人民大学出版社1993年版。
⑧ 周利生：《抗战中国共两党实行三民主义之比较》，《江西社会科学》1996年第2期。
⑨ 田跃安：《试论抗战时期中共关于新三民主义的理论与实践》，《人文杂志》1999年第2期。
⑩ 宋进：《撷其瑰宝 绝其淄磷——抗战时期中共与三民主义研究》，《华东师范大学学报（哲学社会科学版）》2001年第4期。

刚、栾雪飞以1939年前后国共两党的三民主义论战为视点，揭示了两党三民主义继承方式的异质性及其现实意涵①。邓野系统再现了抗战胜利前后国共围绕联合政府问题所展开的政争，认为联合政府与一党训政的争持为政治局势发展演变的枢纽，国共两党关系政治转型的失败意味着战争成为最后的选择。②

（8）对于孙科在抗战胜利前后的表现，学者也多有论及。王真以孙科与战时国民政府的对苏关系为研究对象，对孙科的角色、影响及其内外成因作了评述③。张颖、潘敬国认为孙科在抗战后期所表现出的明显民主倾向，是其政治生涯中的闪光一瞬，对战时的民主化抗争发挥了特殊的作用④。肖际唐全面考察了抗战时期孙科各方面的表现及主张，指出其思想与活动基本符合爱国、民主、自由的大方向⑤。高华撰著多文，分别对孙科的政治态度、宪政理念以及对苏外交等方面作了颇具深度的探讨⑥。

（9）对于民盟与第三条道路。除了各民主党派自己编写的研究与史料两种性质兼具的各类著述外，较为专门的研究有：闻黎明对抗战时期中间势力的成长、整合及与国共两党路线的歧异进行了系统全面的考察⑦；邓泽宏探讨了美国对华调处政策与第三条道路兴衰的关联⑧。孙佳以民盟为中心，论析了解放战争时期中间势力与国民党关系的演变⑨；肖守宁对1941—1949

---

① 房世刚、栾雪飞：《1939—1940年前后国共两党关于三民主义论战的特点论析》，《毛泽东思想研究》2011年第1期。
② 邓野著：《联合政府与一党训政：1944—1946年间国共政争》，北京：社会科学文献出版社2003年版。
③ 王真：《孙科与战时国民政府的对苏关系》，《近代史研究》1993年第5期。
④ 张颖、潘敬国：《抗战后期孙科民主倾向评析》，《党史研究与教学》2001年第5期。
⑤ 肖际唐：《孙科与抗日战争》，《广东社会科学》2006年第5期。
⑥ 高华：《孙科对国民政府的对苏外交（1932—1945）》、《抗战胜利前后孙科政治态度的转变》、《孙科的宪政理念及其限度》，氏著：《革命年代》，广州：广东人民出版社2010年版。
⑦ 闻黎明著：《第三种力量与抗战时期的中国政治》，上海：上海书店2004年版。
⑧ 邓泽宏：《美国对华调处政策和第三条道路的兴衰》，《中共党史研究》1992年第3期。
⑨ 孙佳：《解放战争时期的国民党与中间势力关系研究》，上海师范大学硕士学位论文，2006年。

年间民盟的现代化思想及其进步性进行了归纳,并给予了较高的评价①;曹建坤梳理和论证了 1945—1949 年中国自由主义势力的组成、立场及与中国共产党的关系②。

(10) 关于新中国对辛亥革命史的建构问题,是近年来开始引起重视的新课题。张海鹏对新中国成立以来中国共产党和新中国国家高层纪念辛亥革命与孙中山的活动作了梳理和总结,揭示了不同时代辛亥革命纪念活动的政治意义。③ 罗福惠《研究"辛亥革命记忆"的意义和方法》一文阐述了"记忆史"研究的意义,其中论及了新中国对辛亥革命记忆的重建问题④。高华对国共两党关于孙中山思想与形象的建构史有简要的勾勒⑤。对于新中国时期辛亥革命的研究样态,海峡两岸学界在不同时期对不同时间段的研究都有所总括与反思⑥。

---

① 肖守宁:《中国民主同盟现代化思想研究(1941—1949)》,华中师范大学硕士学位论文,2009 年。

② 曹建坤:《1945—1949 年间中国共产党与自由主义势力的关系研究》,中共中央党校博士学位论文,2007 年。

③ 张海鹏:《50 年来中国大陆对辛亥革命的纪念与评价》,《当代中国史研究》2001 年第 6 期;张海鹏:《五十年来中国大陆对孙中山的纪念与评价》,《党的文献》2001 年第 5 期。

④ 罗福惠:《研究"辛亥革命记忆"的意义和方法》,《华中师范大学学报(人文社会科学版)》2011 年第 1 期。

⑤ 高华:《海峡两岸孙中山研究的趋同》,氏著:《革命年代》,广州:广东人民出版社 2010 年版。

⑥ 比较重要的有:严昌洪:《20 世纪辛亥革命研究鸟瞰》,《华中师范大学学报》1998 年第 4 期;章开沅:《50 年来的辛亥革命史研究》,《近代史研究》1999 年第 5 期;严昌洪、马敏:《20 世纪的辛亥革命史研究》,《历史研究》2000 年第 3 期;严昌洪:《辛亥革命研究的新进展——1990—1999 年辛亥革命研究述评(代前言)》,华中师范大学中国近代史研究所编:《辛亥革命与 20 世纪中国——1990—1999 年辛亥革命论文选》,武汉:湖北人民出版社 2001 年版;章开沅、田彤:《新世纪之初的辛亥革命史研究(2000—2009)》,《浙江社会科学》2010 年第 9 期;章开沅等著:《国内外辛亥革命史研究综览》,武汉:湖北教育出版社 1991 年版;李金强:《辛亥革命的研究》,《六十年来的中国近代史研究》,台北:中央研究院近代史研究所 1989 年版;李金强:《新正统学派——中国建国以来辛亥革命研究之发展及其变化》,《中华民国建国文献:革命开国文献》第二辑,台北:国史馆 1996 年版。有关台湾的相关研究,可参见李金强《辛亥革命的研究》,《六十年来的中国近代史研究》,台北:中央研究院近代史研究所 1989 年版;张玉法《台湾地区学者对辛亥革命的研究(1950—2000)》,中国史学会编:《辛亥革命与 20 世纪的中国》下册,北京:中央文献出版社 2002 年版。

（11）关于1949年后海峡两岸统一政策的发展演变，除毛泽东、周恩来、邓小平、蒋介石、蒋经国等领导人的所有传记均或多或少有所涉及外，较为重要的有：黄修荣著《国共关系七十年》下卷分两章对台海对峙局面以及大陆对台、国民党大陆政策有较为详细的述评①；论文集《邓小平理论与祖国统一》则多角度地对两岸关系的发展演化及其背景进行了讨论②。

上述研究既是本研究的基础，也为本书提供了思路。

三、从"新中国"理想到新中国成立

在20世纪中国社会前所未有的剧烈转型过程中，有三次历史性巨大变化，即结束几千年君主专制制度的辛亥革命、新中国的成立和社会主义基本制度的建立、以改革开放为主要标志的社会主义现代化建设新时期的到来，它们各自对中国社会下一步的发展产生了极为深远的影响。在这个意义上，金冲及先生指出：如何把辛亥革命研究继续推向前进，需要更深入地把辛亥革命放在近代中国特别是20世纪中国社会嬗变的大背景下来考察。③ 章开沅先生指出：孙中山在百年以前思考的问题、探索的思路，以及追求中国现代化的各方面实践，在此后百年的中国历史进程中或多或少产生了影响。辛亥革命不仅仅是一个伟大的历史事件，它更是一个伟大的社会运动；并非起始于辛亥这一年，也并非结束于辛亥这一年。反思辛亥百年，应该在连续性与复杂性方面多下功夫，以更为超越的心态、广博的胸怀，把中华民族作为一个整体，并真正置于世界之中，作百年以上长时段的宏观考察与分析。④ 近来一些学者对此问题均有所强调。桑兵认为，对于辛亥革命的研究，应有整体的、贯通的眼光，将其作为历史的一部分，而不是作为一种断代之断代史的研究；朱英则提倡长程式的和总体史的研究，考察辛亥革命对中国百年来政治、经济、思想、文化、教育、外交以及整个社会发展变化的影响⑤。

---

① 黄修荣著：《国共关系七十年》下卷，广州：广东教育出版社1998年版。
② 苏明、苗建寅主编：《邓小平理论与祖国统一》，西安：陕西人民教育出版社1995年版。
③ 金冲及：《辛亥革命研究的回顾和展望》，《中国社会科学报》2010年12月16日。
④ 章开沅：《辛亥百年反思：百年锐于千载》，《华中师范大学学报（人文社会科学版）》2011年第1期。
⑤ 桑兵：《辛亥革命研究的整体性问题》，《社会科学》2011年第2期；朱英：《辛亥革命：百年纪念与百年超越》，《社会科学》2011年第2期。

循此趋势,本书着重研究辛亥革命与新中国之间内在联系的若干重要方面。在诸多问题中,有一些根本性的问题启发和引导着我们的研究兴趣。对于辛亥革命而言,革命后的结果,什么是稳定的?什么是延续的?对于新中国而言,什么是承继的?什么是开创的?辛亥革命本身是近代中国追求革新富强的产物,是"新中国"理想的第一次革命性实践。民国的建立将基本制度的核心和精神本质巩固地留存了下来,趋新的追求方向和激进的文化心理得到强化。辛亥革命开启中国政治和社会变革的新时代,并赋予其以新的历史内容和发展目标。辛亥革命后,革命作为推动中国现代化的首要手段,被现代中国各种政治势力不约而同地加以选择,致使20世纪的中国历史高潮迭起,中国共产党及其领导的新民主主义革命即在此历史潮流中发生、发展。新民主主义革命接续辛亥革命的历史使命,继承和超越辛亥革命的理想,由辛亥革命而派生的各种"新中国"理想的支脉,也在革命洪流中最终汇合,使近代以来的"新中国"由理想终成现实。当辛亥革命发生时,革命或者仅仅是一种可能的选择;而辛亥革命后,"革命"成为中国政治和社会发展的"常态",甚至被认为是"正态"。所有这些,显然是辛亥革命与新中国相联系的重要方面。它所影响的,尚不止于刚刚成立之初的现实的新中国,其中一些重要的因素,一直到今天都仍然在发挥着历史的影响力。

在当前学术研究喜好求新求偏的氛围中,本课题似乎不易引起读者的兴趣,因为"辛亥革命与新中国"这个题目太容易被意识形态化了,一般论述中确也有不少立论恢宏、直指普遍结论的论述。本书不打算重复这些工作,对于某些并不复杂的最终结论,既不打算依傍,也完全无意挑战。我们郑重声明,本书无意"要想发现政治家或军事家的模范,要想推翻异端的神道,要想说明旧教徒是对的,或者新教徒是对的,要想说明世界精神实现自己的步骤,或者要想说明自由是从德国森林里面出来的,永远不回去"①,因而不采取理论先行和结论统帅的办法,只是努力叙述史事和史事之间的实在关联。因为理论容易预设事实发展的所谓必然结果或不言自明的一般道理,这反而使得具体史事之间的联系被简化,使历史上的人在历史上的活动被概念化。我们希望这个不太时新的题目只是起到一个规范领域和控制话题的作用,在这些具体的话题中,尽量反映我们对于历史上人们各种表现、对历史过程复杂性的个人看法。站在今天观察者的立场看,历史本身当然有

---

① (美) J. H. 鲁滨逊著:《新史学》,何炳松译,上海:商务印书馆1924年版,第44页。

"对""错"之分，至于判断历史的"对""错"和从中总结的"得""失"，完全交由读者去完成。

本书不敢妄言有多少创新之处，涉及的每一个专题，都会充分参考和依据一些前贤的既有研究，力争在前贤研究的基础上论述我们个人对于相关问题的进一步思考。在内容和结构上，则由史生论而因论叙史，详人所略而略人所详，虽不追求全面周到，但亦尽量照顾历史和逻辑的统一。这可能在读者的阅读方面造成一定不便，我们会在需要的地方列举已有的优秀研究成果，以便读者相互参照。

第一章 "新中国"理想与辛亥革命运动

如果仅以政权的更迭作为"新"的标准，则中国历史上并不缺乏各种以改朝换代为目标的运动，即在有清一代，此类运动亦层出不穷，然而无论其规模如何巨大，甚至建立起与旧王朝分庭抗礼的政权，却不具备"新"中国的意义。鸦片战争之后不久，远在欧洲的马克思和恩格斯意识到，传统中国必然会产生一种完全脱离原有轨迹的变革。他们在1850年断言："（中国这个）世界上最古老最巩固的帝国，八年来在英国资产者大批印花布的影响下，已经处于社会变革的前夕，而这次变革，必将给这个国家的文明带来极其重要的结果。如果我们欧洲的反动分子不久的将来逃奔亚洲，最后到达万里长城，到达最反动最保守的堡垒的大门，那么他们说不定就会看见这样的字样：中华共和国——自由、平等、博爱（这几个字原文为法语）。"[①]此时清朝的各种危机远未到万劫不复的地步，马克思和恩格斯对于中国的情形也未必有深入的了解，他们只是根据自己对于世界历史的基本趋势，从理论上判定了中国必将被资本主义世界纳入到自己的体系，而使古老文明发生根本性的改变。他们预言了西方资本主义的扩张将带来中国的翻天覆地的变化，这种变化将产生的后果是，一个"中华共和国"将出现在神州大地上。

第一节 "理想小说"中的"未来中国"

一、梁启超与《新中国未来记》

近代国人是如何设想"新中国"的？我们不妨从几篇文学作品谈起。

20世纪初，在中国出现了一种新颖的文学品种，被称为"理想小说"。传统中国的小说，主要面向普通民众，虽有教化功能，题材多为神话传说、英雄故事以及现实中的社会问题，较少涉及政治。晚清时期，知识分子受西

---

① 马克思、恩格斯：《国际述评（一）》，《马克思恩格斯全集》第7卷，北京：人民出版社1959年版，第256页。

方文化（主要通过日本转介途径）影响，从社会意义上体会到了小说的重要性，且有感于国势日绌、屡挫于外敌、政治窳败的现实，因而政治性的小说开始出现，并提倡维新和爱国。① 这些带有政治关怀的小说，除影响较大的谴责小说外，"理想小说"，即今日所谓的幻想小说，也是其中引人注目的一种。

《新中国未来记》是梁启超创作的一篇在海内外很有影响，并引起研究者广泛关注的政治性"理想小说"②。梁启超对小说的政治功能十分看重，他在《论小说与群治之关系》的评论里，一口气提出了多项"新"中国的目标，而小说在其中都能够发挥其独特的功能。梁氏言：

> 欲新一国之民，不可不先新一国之小说。故欲新道德，必新小说；欲新宗教，必新小说；欲新政治，必新小说；欲新风俗，必新小说；欲新学艺，必新小说；乃至欲新人心，欲新人格，必新小说。何以故？小说有不可思议之力支配人道故。……故今日欲改良群治，必自小说界革

---

① 参见阿英：《晚清小说史》，北京：东方出版社1996年版，第1～2页。
② 关于《新中国未来记》，除阿英的《晚清小说史》有介绍外，近年来这部作品受到学术界较多关注。赤真以札记的形式介绍了梁启超的《新中国未来记》，指出这篇小说揭露和抨击了半殖民地半封建社会的政治，勾勒了未来中国的蓝图。郑永福从梁启超撰写《新中国未来记》前数年的思想发展和《新中国未来记》本身的思想内容中，具体分析了梁氏的思想和这篇小说的历史影响，认为这篇小说的发表是梁启超鼓吹革命的最高点，也是从鼓吹革命转向君主立宪的起点。王向阳、易前良以《新中国未来记》为例探讨了梁启超政治小说中的国家主义诉求，特别揭示了其在文体和思想上的影响。罗义华讨论了《新中国未来记》的内在结构，并以此揭示梁启超政治上在革命和改良之间、文化上在传统与现代之间的内在矛盾。王弟论述了《新中国未来记》中梁启超的民族国家思想。袁德娟指出，《新中国未来记》是一部知识精英想象中国的小说，表达了对于建构一个强大国家主体的期盼。汤克勤分析了《新中国未来记》中反映的梁启超作为中国社会转型时期从士大夫转型为知识分子过程中新旧杂糅的特点，既有融会新知的努力，又有难以割舍的士大夫情结。参见赤真《旧王朝的丧钟和新制度的蓝图——读梁启超〈新中国未来记〉》，《包头师专学报》1986年第1期；郑永福《〈新中国未来记〉与二十世纪初梁启超的思想》，《中州学刊》1987年第1期；王向阳、易前良《梁启超政治小说的国家主义诉求——以〈新中国未来记〉为例》，《南京社会科学》2006年第12期；罗义华《论梁启超〈新中国未来记〉的二重结构及其意义》，《中华文化论坛》2007年第3期；王弟《试论〈新中国未来记〉中梁启超的民族国家思想》，《绥化师专学报》2009年第5期；袁德娟《黑暗中的迷茫与追寻——梁启超〈新中国未来记〉对民族救亡路径的探索》，《职教论坛》2009年6月；汤克勤《从〈新中国未来记〉看梁启超由士向知识分子的转型》，《武汉大学学报》2010年第2期。

命始。欲新民，必自新小说始。①

《新中国未来记》创作于 1902 年的日本。这部不长的小说，反映了梁启超对未来中国的思考和展望。他在日本主办《新小说》杂志，就是为了刊载和推动这篇小说的创作而办的。梁启超说："余欲著此书，于兹五年矣。……顾确信此类之书，于中国前途，大有裨助，夙夜志此不衰。既念欲今俟全书卒业，始公诸世。恐更阅数年，杀青无日，不如限以报章，用自鞭策。得寸得尺，聊胜于无。《新小说》之出，其发愿专为此编也。"②《新中国未来记》凡 5 回，第 1、2 回刊登于 1902 年《新小说》创刊号，第 3、4 回分别刊登于第 2、3 号，第 5 回刊登于第 7 号，后集中收录于《饮冰室专集》（缺第 5 回）。③

梁启超这部小说的基本构思，是以一位孔子后裔的长篇演说作为形式体裁，将小说主体内容嵌入演说之中，这种形式与中国古典小说的一般做法大同小异。小说描绘了未来的中国，一洗现实中国的积贫积弱，成为世界一等强国。在第 1 回"楔子"中首先描绘了中国经过"维新"50 年后的西元 1962 年举行盛大庆典的盛况："英国皇帝、皇后，日本皇帝、皇后，俄国大统领及夫人，菲律宾大统领及夫人，匈加利大统领及夫人，皆亲临致祝。其余列强皆有头等钦差代一国表贺意，都齐集南京，好不匆忙！好不热闹！"这一愿景的实现，是因为中国在 50 年前已经实现了共和制，第一任大总统是罗在田（这里实际暗指光绪帝，清帝姓爱新觉罗，光绪名载湉）。在梁启超的理想中，这个共和国不是革命造成的，而是皇帝自动退位、出任首任大总统造成的，实际上是以和平手段通过"维新"实现。梁启超在小说中塑造了为共和制奠定基础的"立宪期成同盟党"（简称"宪政党"），其创始人为"黄克强"（与真实历史中革命党领袖黄兴偶然同名），并在小说中描

---

① 《论小说与群治之关系》，《新小说》第 1 号，光绪二十八年十月十五日。
② 饮冰室主人（梁启超）著：《新中国未来记·绪言》，《新小说》第 1 号，光绪二十八年十月十五日。
③ 关于第 5 回的作者，学界存在争议。余立新、山田敬三认为第 5 回作者不是梁启超，山田敬三认定作者是罗孝高。夏晓虹认为这些说法证据不足，不应轻易怀疑梁启超是该回作者。参见余立新《〈新中国未来记〉第五回不是出自梁启超之手》，《古籍研究》1997 年第 2 期；山田敬三《围绕〈新中国未来记〉所见梁启超革命与变革的思想》，狭间直树编《梁启超·明治日本·西方》，北京：社会科学文献出版社 2001 年版；夏晓虹《谁是〈新中国未来记〉第五回的作者》，氏著：《阅读梁启超》，上海三联书店 2006 年版。

述了这一政党的由来和纲领，赞许了它在历史上的功绩。在小说中，"黄克强"主张以君主立宪为目标，他的好友、另一位名士"李去病"则以法、美两国的革命作为理想，两人之间为着国家前景进行了激烈的辩论。"宪政党"的党章可以说是未来新中国的基础，其中第三、第四两节的规定是：

> 第三节　本党以拥护全国国民应享之权利，求得全国平和完全之宪法为目的。其宪法不论为君主的，为民主的，为联邦的，但求出于国民公意，成于国民会议，本会便认为完全宪法。
> 第四节　本党抱此目的，有进无退，弗得弗措。但非到万不得已之时，必不轻用急激剧烈手段。①

小说最终没有完成。从已刊出的几回看，梁启超对于未来新中国的构想是革命性的，是把共和制国家作为理想，但实现的途径是维新式的，不主张使用激烈手段，而是设定由皇帝自动退位并出任这一新的共和国（或称"大中华民主国"）的首任大总统，通篇用"维新"的词语来表达这种革命性的巨变。而且通过"黄克强"之口，阐述了反对革命的道理："现在的民德、民智、民力，不但不可以和他讲革命，就是你天天讲，天天跳，这革命也是万不能做到的。若到那民德、民智、民力可以讲革命，可以做革命的时候，这又何必更要革命呢？"②

这篇未完成的小说的奇异之处，在于梁启超许多完全虚构的时间、地点、人物，居然和后来历史的真实演变有那么多的巧合和近似。1912年梁启超回国后，在一次演讲中，谈到自己当年创作过这么一篇小说。他提到：

> 其理想的国号，曰大中华民主国，其理想的开国纪元，即在今年，其理想的第一任大总统，名曰罗在田，第二任大总统，名曰黄克强。当时固非别有所见，不过办报在壬寅年，逆计十年后大业始就，故托言大中华民主国祝开国五十年纪念，当西历一千九百六十二年。由今思之，其理想之开国纪元，乃恰在今年也。罗在田者，藏清德宗之名，言其逊位也；黄克强者，取黄帝子孙能自强自立之意。此文在座诸君想尚多见

---

① 饮冰室主人（梁启超）著：《新中国未来记》第2回，《新小说》第1号，光绪二十八年十月十五日。

② 饮冰室主人（梁启超）著：《新中国未来记》第3回，《新小说》第2号，光绪二十八年十一月十五日。

之，今事实竟多相应，乃至与革命伟人姓字暗合，若符谶然，岂不异哉。①

论者指出，1902 年梁启超摇摆于革命与维新之间，其外观类似于"革命"，其内容则是保留光绪帝之保全的"维新"。② 在这个意义上，梁启超虽然不能将自己的思想完全转换到"革命"这边来，但他对于"变革"的呼吁和希望未来中国强盛的愿望是十分强烈的。

二、令人神往的畅想曲：《新纪元》与《新中国》

1908 年 3 月，碧荷馆主人的长篇小说《新纪元》发表。碧荷馆主人何许人也，目前不得而知。这部小说以未来的西历 1999 年为时间坐标，讲述届时中国计划废去年号，改用黄帝纪年，以第二年（即西元 2000 年）为黄帝 4709 年，并用无线电报通电地球上与中国同种诸国，各贡献国来年一律改元，因而引起白种人国家的猜疑、恐惧和联手抵制。此时恰逢欧洲匈耶律国境内匈奴后裔的黄种人和欧裔的白种人之间发生纠纷，演变成为内乱，黄种的匈国国王和多数议院主张求助于中国大皇帝，以免分裂。据此中国出兵远征欧洲，与白种人国家联盟开展了一场世界大战。小说中的故事发生的年代（1999 年）距离小说创作的年代（1908 年）相差近 100 年，此时的中国已是一个空前强大的国家，小说开头就作了介绍：

> 原来这时候中国久已改用立宪政体，有中央议院，有地方议会，还有政党及人民私立会社甚多。统计全国的人民，约有一千兆。议院里面的议员，额设一千名。所有沿海、沿江从前被各国恃强租借去的地方，早已一概收回。那各国在中国的领事，更是不消说得，早已于前六十年收回的了。通国的常备兵，共有二百五十万。若遇有战事，并后备兵一齐调集起来，足足有六百万。国家每年的入息，有两千四百兆左右，内中养兵费一项，却居三份之一。……中国人的团体异常固结，各种科学又异常发达，所有水陆的战具，没有一件不新奇猛烈，这个少年新中国，并不是从前老大帝国可比。③

---

① 梁启超：《初归国演说辞：鄙人对于言论界之过去及将来》，《饮冰室合集·文集之二十九》，北京：中华书局 1989 年版，第 3 页。
② 山田敬三：《围绕〈新中国未来记〉所见梁启超革命与变革的思想》，狭间直树编：《梁启超·明治日本·西方》，北京：社会科学文献出版社 2001 年版，第 346 页。
③ 碧荷馆主人：《新纪元》，桂林：广西师范大学出版社 2008 年版，第 3~4 页。

作者描绘战争的过程非常曲折，塑造了若干中国式的英雄人物。就小说的情节和语言风格，与传统的描写战争的旧小说也十分相似，但场景和涉及的新事物则令人耳目一新。战争的结果是中国大获全胜，迫使白种人诸国签订城下之盟，"决定以明年为黄帝四千七百零九年，从此河清海晏，永享太平"①。西方各白种人国家与作为战胜国的中国签订和约共12条款，其中的许多内容，如匈牙利成为中国的保护国、各国向中国赔偿军费和商费等，实际上是现实中列强欺凌中国的条约翻版，作者以此表达反其道而治之的心愿。以下几条特别能够反映作者心目中强大中国的愿景：

三、此后与中国同种之国均以黄帝纪元，其仅为黄种而非中国同种，有愿以黄帝纪元者，各国俱毋庸干涉。
……
五、美、澳、非三洲内华人侨居之地方，俱画作华商租界，中国政府于各该租界内应有治外法权。
六、新加坡、锡兰岛、孟买、苏彝士河、阿德里亚基克海峡等处，俱许中国屯泊军舰，并许中国军舰有航行苏彝士河及地中海之权。
七、中国人准在欧、美两洲无论何国境内传中国之孔子教，各该国政府当力任保护之责。②

近代以来，在与外敌的战争中，中国总是战败。这部《新纪元》幻想中国在未来的大战中取胜，自然十分振奋民心，这也是作品特别吸引读者的原因。通过这种幻想式的创作，作者代表中国人表达了有朝一日中国终能强盛的愿望，从一个并不新鲜的循环史观中，讲述了要中国人自发努力的道理。作者最后的结篇诗是这样写的：

强若由来无定许，全凭人力挽天行。
等闲莫把天机泄，留待将来再说明。③

与其相类似的作品，还有陆士谔的小说《新中国》，又名《立宪四十年后之中国》。陆士谔（1878—1944）是上海著名的医生，但爱好创作，一生

---

① 碧荷馆主人：《新纪元》，桂林：广西师范大学出版社2008年版，第147页。
② 碧荷馆主人：《新纪元》，桂林：广西师范大学出版社2008年版，第145～146页。
③ 碧荷馆主人：《新纪元》，桂林：广西师范大学出版社2008年版，第147页。

共创作了 100 多部小说。《新中国》创作于 1910 年。整部小说以记载作者的一个梦为形式，描写作者在好友李友琴女士的陪同下，在梦境中漫游未来的上海。梦境进入的未来时间，是"大清宣统四十三年正月十五日，西历一千九百五十一年二月二十七号，礼拜日"。这时的中国，因 40 年前国人为抵制外国侵略，万众一心，提倡国货，拥护国债，开矿淘宝，发明机器，彻底实现了国富民强。对内而言，早已实行了立宪，"国会开了，吾国已成了立宪国了，全国的人上自君主，下至小民，无男无女，无老无小，无贵无贱，没一个不在宪法范围之内"。对外而言，早已摆脱了各种不平等条约的压迫，各国"领事裁判权废掉，租界交还。不过要求着要与吾国人民杂居贸易。吾国钦使也要求各国许中国人民杂居贸易，要与各国人民一般看待"。①

由于实现了立宪，国力异常强大。尤其表现在海军方面，作者特别描述了那时的中国海军，"一等巡洋舰五十八艘、战斗舰八十艘、驱逐舰一百艘、鱼雷艇七百艘，合并拢来共有一千艘。以吨位计算起来，共有三十二亿六万九千八百七十四吨。海军力为全地球第一"②。这显然是在甲午战争后中国海军一蹶不振，而世界霸权又主要体现在海军实力的现状对国人追求强盛所产生的刺激，刺激的结果便导致对于未来的幻想通过虚幻的海军力量表达出来。不仅海军居世界第一，到那时候，中国的一切莫不凌驾于列国之上。在社会方面，不似欧美国家阶级矛盾尖锐、社会问题严重。"我国厂主，鉴于欧美各国，富的自富，贫的自贫，遂酿成社会主义均贫富风潮，厂主、厂工都受着无穷之害，所以特想出了个改良妙法：赚了钱，除掉开销，摊作四六两分；厂主取六分，经理人取一分，其余三分办事人与工人公拆。所以吾国的工人，差不多个个都是小康了"③。在政治方面，实行君民一体的立宪制度，既消除了原来专制制度的害处，又克服了欧美国家政党政治纷争不休的弊端，上下同心同德，比任何他国都要优越。"这会子海、陆两军，都是全球第一，国势一层不必说了。人心则君民一德，上下一心，比了政党纷歧、同国水火的欧美各邦，自不可同年而语。就是学问，无论那一种科学，比了各国总要胜起两三倍还不止"④。

所有极端的幻觉，都源于现实中极端的不足和对现状的极端不满。在小

---

① 陆士谔：《新中国》，上海：上海古籍出版社 2010 年版，第 18 页。
② 陆士谔：《新中国》，上海：上海古籍出版社 2010 年版，第 22～23 页。
③ 陆士谔：《新中国》，上海：上海古籍出版社 2010 年版，第 54 页。
④ 陆士谔：《新中国》，上海：上海古籍出版社 2010 年版，第 51 页。

说中,与当时中国通商口岸洋货挤压中国民族工业的现状相反,中国立宪40年后,"全世界无论那一国,所用各东西几乎没有一样不是中国货"①。作者描绘未来中国强大之后,"汉文汉语,差不多竟成了世界的公文公语"②。反观现实,令人感喟的是,20世纪初的上海,作为中国最重要的通商口岸和现代化城市,英语在上层社会占据重要地位。城市青年只要英语好,就有机会进入待遇较高的与外国人联系密切的行业谋职,如通商口岸的商业和金融业,或政府部门中的电报、铁路、海关等机构,成为"高等华人"。英语实际上是远比华语高贵的语言,社会上崇拜英语的风尚盛行,能够提供良好的英语训练的教会学校,对中国青年具有极强的吸引力。③《新中国》中对未来中国商品和汉语地位的想象,正是对现实的精神胜利法的反抗。

在作者的心目中,未来中国能有如此辉煌的前途,完全是拜立宪所赐。这从小说中李友琴女士向作者介绍的10本故事新剧的题材中可以略见一斑。这10本新剧恰好反映了中国从弱到强的过程,每本的题目如下:

第一本:《甲午战争》
第二本:《戊戌政变》
第三本:《庚子拳祸》
第四本:《预备立宪》
第五本:《请开国会》
第六本:《筹还国债》
第七本:《振兴实业》
第八本:《创立海军》
第九本:《召集国会》
第十本:《改订新约》④

从第一本到第十本,反映的不仅仅是一个时间顺序,更重要的是一个逻辑过程。作者通过与李友琴女士的一段对话,明确表达了立宪对于国家强大的作用:

我道:"欧洲人在当时何等骄傲,何等瞧我们不起!谁料今日商务

---

① 陆士谔:《新中国》,上海:上海古籍出版社2010年版,第54页。
② 陆士谔:《新中国》,上海:上海古籍出版社2010年版,第51页。
③ 费正清主编:《剑桥中华民国史》第1部,上海:上海人民出版社1991年版,第188页。
④ 陆士谔:《新中国》,上海:上海古籍出版社2010年版,第27页。

工艺,色色都会败在我们手里的。"女士道:"中国人勤俭耐劳,平和谦让,本非他邦人所急得上。智慧聪明,又远胜于他国人。当时所以委靡不振者,都缘政体不良之故。"我道:"这话很确。我国倘然不立宪,这会子不知弄到什么地步了。"①

小说以梦醒结束,作者又回到现实中,"依旧是宣统二年正月初一。国会依旧没有开"。但作者在小说最后仍然表示了对未来强盛中国的坚定信念。同样通过对话反映出来:

我遂把梦里头事,细细告诉了女士。女士笑道:"这是你痴心梦想久了,所以才做这奇梦。"我道:"休说是梦,到那时真有这景象也未可知。"女士道:"我与你都在青年,瞧下去自会知道的。"我道:"我把这梦记载出来,以为异日之凭证。"②

与《新纪元》不同的是,作者在《新中国》中只描绘了未来中国强盛的状态,没有直接描写中国与外国的战争。但同一心理在作者的其他作品中也同样存在。在另一部小说中,陆士谔也提到"当时欧洲七十二国,为中国所征服"③。

综观这些"理想小说",反映的基本社会心理是:第一,未来中国空前强盛,举世无可匹敌;第二,中国强盛后必将一洗国耻,统帅世界;第三,中国强盛的原因在于立宪。小说主要反映立宪主张,这是当时自然的情形,在当时,革命党人也可以利用文学形式进行舆论宣传,但作为面向大众的作品,革命题材不便在国内流行。而这些"理想小说"寄托的未来新中国的强盛理想,虽多以立宪为主题,但不仅仅是一派、一时的愿景,实际上,近代以来的众多阶层,都不乏对祖国富强、雄冠全球的期盼。"新中国"的愿望,由来久矣。

---

① 陆士谔:《新中国》,上海:上海古籍出版社2010年版,第65页。
② 陆士谔:《新中国》,上海:上海古籍出版社2010年版,第157页。
③ 陆士谔《新野叟曝言》,原为上海改良小说社1909年初版,后来上海亚华书局1928年有铅印本发行。

第二节　变革思潮与体制内外

一、体制内外的"求变"意识

"新中国"的意识是基于对原有状态、原有秩序不满而产生的。近代以来，仁人志士为改变中国的命运、寻求富强的路径，以各种方式探寻使"中国"得以"新"之路。他们的探索出发点不一，要求变革的程度不一，实践的效果更不相同。这种"求变"意识，是维护原有体制，还是推翻原有体制，首先在政治上产生分途。

洪秀全和他领导的太平天国起义从体制外提出了推翻清朝、建立"天国"的理想。这个"天国"概念源自于西方基督教，希望改变现实的不平等，在中国建立一个全新的"凡间小天堂"。这一理想伴随太平天国运动的始终，直到1861年，洪秀全还发布了一道有名的《万象皆新诏》，连续提出了"天地新"、"朝廷新"、"天国新"、"天堂新"、"世界新"、"爵职新"、"山海新"、"臣民新"、"景瑞新"、"万象新"等各种"新"的理想。① 实际在太平天国运动中，最具备"新"的意义的，当属洪仁玕的《资政新篇》。洪仁玕在香港对西方文明有切实的接触，1859年到达太平天国的都城天京，被洪秀全封为开朝精忠军师顶天扶朝纲干王，总理朝政。洪仁玕向天王呈献了《资政新篇》，凭借自己对西方文明的深刻了解与体会，主张用近代文明改造旧制，全面革新，建设一个"兵强国富，俗厚风淳"的"新天新地新世界"。茅家琦先生指出，洪仁玕写的包括《资政新篇》在内的一系列著作，基本内容是学习西方"富强之邦"、"革故鼎新"，建立"礼义富足"的国家。这些革故鼎新的内容在当时都是针对时弊、有利于中国社会发展的。②

毕业于美国耶鲁大学的容闳是当时中国罕有的具有全新现代意识并有志于以此改造中国的人。他的新知识和新意识来自于完整的西方教育，他自己对此有明确的自觉，表示："在大学的最后一年即将结束以前，我心里已经计划好了将来所要做的事情。我决定使中国的下一辈人享受与我同样的教

---

① 《万象皆新诏》，太平天国历史博物馆编：《太平天国文书汇编》，北京：中华书局1979年版，第54～55页。

② 茅家琦：《走出"14年"的思想束缚，以广阔的视角观察太平天国历史》，《清史研究》2007年第1期。

育。如此，通过西方教育，中国将得以复兴，变成一个开明、富强的国家。"① 他的理想，是要以西方的文明来改造中国。如何实现这一抱负？容闳最初选择了体制外的途径。他对改造中国最先寄予厚望的正是太平天国。1860 年，容闳访问了太平天国，向洪仁玕提出一个革新方案，包括以下七项内容：

1. 组织一个合乎科学原则的军队。
2. 设立一所军事学校，以培养有才干的军官。
3. 设立一所海军学校。
4. 组织文官政府，由有能力有经验的人担任各个行政部门的顾问。
5. 建立银行系统和规定度量衡标准。
6. 为民众建立各级学校教育制度，并以圣经为教科书之一。
7. 建立一套工业学校系统。②

容闳的方案归纳起来有军事、政治、经济、教育四个方面。他希望太平天国能够采纳他的建议，在这个前提下自己愿意为太平天国服务。不过，虽然太平天国给容闳留下了"富有生气和特色"的印象，但只是在政治上建立起与清王朝相对立的政权，而相对传统中国的原有秩序和文化，并没有真正产生"体制外"的变革。实质上，太平天国政权没有摆脱传统封建王朝的范畴，如容闳所见，"他们没有给中国带来新的政治思想，也没有新的政治理论或主义，作为一个新型政府的理论基础。所以不论是在宗教方面或政治方面，中国人和外国人都没有从这次运动受到什么益处。这次叛乱的唯一良好后果，就是上帝借助它作为一种动力，打破了一个伟大民族的死气沉沉的气氛，使他们觉醒，意识到需要有一个新国家"③。"新国家"是好的理想，可是太平天国本质上仍是传统的王朝。

就在太平天国运动逐渐步入衰落之际，清王朝的体制之内已经出现谋求

---

① 容闳著：《我在美国和中国生活的追忆》，王蓁译，北京：中华书局1991年版，第26页。
② 容闳著：《我在美国和中国生活的追忆》，王蓁译，北京：中华书局1991年版，第61～62页。
③ 容闳著：《我在美国和中国生活的追忆》，王蓁译，北京：中华书局1991年版，第69页。

改变的声音。① 在平定太平天国的过程中,以奕䜣、文祥、曾国藩、左宗棠、李鸿章为代表的洋务派,广泛开展以学习西方技术为目的的自强运动,成为中国近代化的初步,客观上开启了传统中国与近代世界相融合的历程。以"内外"来衡量,毫无疑问自强运动是为了维护中国制度和文化体制;以"新旧"来衡量,"自强运动则师长技以重整旧秩序,可谓旧问题之新答案"②。自强运动的一个思想前提,就是对当时中国所处"变局"的认识。自鸦片战争以后,国人已逐步认识到已经进入"变局"时代,1861 年,冯桂芬已经明言"自五口通商,而天下之局大变"③,此后,"三千年未有之变局"、"四千年未有之创局"之类的感叹接踵而来。领导自强运动的洋务官僚和鼓吹变革的洋务知识分子,从事采西学、制洋器、开矿山、振商务、译西书、改科举等实践,为清朝开启了"同治中兴"的局面。在社会制度和思想文化方面,自强运动也典型地反映出"体制内变革"的特点。论者指出,作为自强运动指导思想的"中体西用"观念,既暗合着中国社会正由中世纪缓慢走向近代化的倾向,又反映了传统文化—心理模式在适应激烈动荡的近代现实生活和走出中世纪的困惑、艰难;既体现了以儒学为主干的传统思想希望实现转换的近代要求,也凸显了以保持现有的有机系统(社会秩序、专制政体……)的和谐稳定为原则的特定。④ 曾经一度把目光投向太平天国的容闳,也转而谋求在清王朝体制内实现自己的理想。他从自强运动中看到了使中国能够输入文明的可能,随即拜见了曾国藩,改弦易辙,主动为清廷服务。1867 年,容闳向江苏巡抚丁日昌提出了派遣学生到美国留学的设想,得到丁的支持,并由容闳起草条陈四则,其中第二条就是由政府选派颖秀青年,送之出洋留学,以为国家储蓄人才。于是有了 1872 年开始的幼童留美之举,影响深远。

二、挣扎于"新""旧"和"内""外"的维新派

维新派以及后来由它衍生出来的"保救大清皇帝公司"("保皇会"),在外在形式上是维护清朝体制的,但他们的变革主张与体制本身不免冲突,

---

① 参见郭汉民《咸同年间的变革思潮》,氏著:《中国近代思想与思潮》,长沙:岳麓书社 2004 年版。

② 汪荣祖:《论晚清变法思想之渊源与发展》,氏著:《晚清变法思想论丛》,北京:新星出版社 2008 年版,第 67 页。

③ 冯桂芬:《筹国用议》,《校邠庐抗议》,郑州:中州古籍出版社 1998 年版,第 147 页。

④ 陈均:《儒家心态与近代追求》,武汉:湖北人民出版社 1990 年版,第 180 页。

客观上在许多方面突破了原有体制。其中，一部分人在一定的时期表现出对清廷或多或少的背离倾向，他们心目中的"新中国"，体现了"新"与"旧"、"内"与"外"的种种纠结。

维新派同样是因对现状的不满而求"新"的。康有为指出："积习既深，时势大异，非尽弃旧习，再立堂构，无以涤除旧弊，维新气象。"① 在戊戌变法之前，维新派就提出要"兴民权"，批评君主专制政治的蒙昧和野蛮，同时也触及了专制主义的思想和文化。康有为、梁启超虽然仍在"中体西用"的旗号下鼓吹变法，梁启超曾说："舍西学而言中学，其中学必为无用；舍中学而言西学，其西学必为无本。无用无本，皆不足以治天下。"② 而康梁的真实意图是改变祖制，并对"中体西用"的具体主张多有抨击。洋务派后期的主要领军人物、身为清廷重要封疆大吏的张之洞在1898年刊出《劝学篇》，阐述旧学新学关系，目的就在于"绝康梁"③，在理论上将维新派划出正统意识形态界限之外。

维新派鼓动光绪皇帝施行变法，刷新政治。戊戌变法时，光绪帝提出："欲求自强之策，不得不舍旧图新。"④ 不过，光绪皇帝的目的与康有为等人的企图并非完全一致。康有为在主观上多大程度是为清朝廷着想，今人仍有争论。黄彰健的研究表明，康有为等维新派在变法之前，确有"保中国，不保大清"的思想。康有为强调上海强学会"专为中国自强而设"；《强学报》以光绪纪年，同时又以"孔子卒后二千三百七十三年"纪年，未在光绪年号上加大清二字；甚至康有为及其弟子往来信件中普遍使用孔子纪年，以及有"大同国"的提法，这些都是康有为并未真心维护清王朝体制的反映。只因旧党对此攻击极大，康有为遂不得不利用君权，希望透过光绪，实行改革，逐渐掌握国家实权。⑤

---

① 康有为：《上清帝第四书》，姜义华、张荣华编：《康有为全集》第2集，上海：上海古籍出版社1990年版，第83页。

② 梁启超：《西学书目表后序》，《饮冰室合集·文集之一》，北京：中华书局1989年版，第129页。

③ 辜鸿铭：《张文襄幕府纪闻》，《辜鸿铭文集》，海口：海南出版社1996年版，第419页。

④ 《上谕》第125条，中国史学会主编：《戊戌变法》（二），上海：上海人民出版社、上海古籍出版社2000年版，第52页。

⑤ 参见黄彰健《论康有为"保中国不保大清"的政治活动》、《论康有为"保中国不保大清的策略的转变》，氏著：《戊戌变法史研究》上册，台北：中央研究院历史语言研究所1970年版。

戊戌变法失败后，原属维新派的许多人士，思想上和行动上都有激烈表现。1900年的自立军之役，充分体现了维新派在改革与革命、维护体制与抛弃体制的矛盾中挣扎。1900年7月，上海维新志士于张园开国会。到会者有文廷式、容闳、严复、章炳麟、吴葆初、沈荩、龙泽厚等数百人，公举容闳、严复为正副会长，唐才常为总干事，林圭、沈荩为干事，"刊布会章，曰新造自立之国，其规条有'不认满洲为国家'等语"①。在随后的大通起事中，发布告示，表明要"保全善良，革除苛政，共进文明，而成一新政府"②。在准备汉口起事的过程中，曾起草通告各国侨民的告示，表示"我等谓满洲政府不能治理中国，我等不肯再认为国家。变旧中国为新中国，变苦境为乐境，不特为中国造福，且为地球造福，系我等义士所应为之责"③。尽管自立军最后还是决定采用"勤王"作为旗帜，但所谋求的新造"自立之国"，是一个废专制的君主立宪之国，在制度上实际已走向体制之外。

梁启超在流亡日本后，其思想之激进更为彰显。梁启超年轻时在国内就已经接触到一定的西学知识，戊戌变法前，梁启超已与谭嗣同等"倡民权共和之说，则将其书（指黄宗羲的《明夷待访录》——引者注）节钞，印数万本，秘密散步，于晚清思想之骤变，极有力焉"④。到日本后，通过日本知识界的转介，西学知识突飞猛进，民权思想也更为彰显。就在前节提到的小说《新中国未来记》中，梁启超也通过主人公李去病之口，说出了"主权若是在少数人，一定是少数人有利，多数人有害；主权若是在客族，一定是客族有利，主族有害"⑤ 这样的反清、反帝制的话来。梁启超认为中国需要"新政体"、"新学界"、"新道德"，是基于对中国当时的"过渡时代"特征的认识。他在1901年已经指出："人民既愤独夫民贼愚民专制之政，而未能组织新政体以代之，是政治上之过渡时代也。士子既鄙考据词章庸恶漏劣之学，而未能开辟新学界以代之，是学问上之过渡时代也。社会既

---

① 张篁溪：《自立会始末记》，杜迈之、刘泱泱、李龙如编：《自立会史料集》，长沙：岳麓书社1983年版，第8页。
② 冯自由：《自立会起事始末》，杜迈之、刘泱泱、李龙如编：《自立会史料集》，长沙：岳麓书社1983年版，第15页。
③ 赵必振：《自立会纪实史料》，杜迈之、刘泱泱、李龙如编：《自立会史料集》，长沙：岳麓书社1983年版，第37页。
④ 梁启超：《清代学术概论》，上海：上海古籍出版社1998年版，第18页。
⑤ 饮冰室主人（梁启超）著：《新中国未来记》第3回，《新小说》第2号，光绪二十八年十一月十五日。

厌三纲压抑虚文缛节之俗，而未能研究新道德以代之，是理想风俗上之过渡时代也。语其小者，则例案已烧矣而无新法典，科举议变矣而无新教育，元凶处刑矣而无新人才，北京残破矣而无新都城。数月以来，凡百举措，无论属于自动力者，属于他动力者，殆无一而非过渡时代也。"① 1902 年底，梁启超专门撰文，讨论"改革"与"革命"。在矛盾的思想中，梁启超明确提出了中国必须实行"大变革"。他写道："国民如欲自存，必自力昌大变革、实行大变革始。君主官吏，而欲附于国民而自存，必自勿畏大变革、且赞成大变革始。呜乎！中国之当大变革者，岂惟政治，然政治上尚不得不得革，由遑论其余哉？"② 如何能够使中国"新"？梁启超提出了从"新民"入手，"苟有新民，何患无新制度，无新政府，无新国家？……夫吾国言新法数十年而效不睹者何也？则于新民之道未有留意焉者也。"③ 这种"新民"，必须具有国家思想、权利思想、自由思想、自治能力。

  梁启超在日本的前期，鼓吹"破坏主义"，这种"破坏"是有意识的"人为的破坏"，是为了建设的破坏。"破坏"需要从两个方面进行：一是政治上破坏。"必取数千年横暴混浊之政体，破碎而齑粉之，使数千年如狼如虎如蝗如蛹如蚁如蛆之官吏，失其社员城狐之凭借，然后能涤荡肠胃以上于进步之途也"④。他在日本一年后，计划前往檀香山，并有志考察欧美资本主义国家，在一首诗里表示"誓将适彼世界共和政体之祖国，问政求学观其光"⑤。二是思想上破坏。"必取数千年腐败柔媚之学说，廓清而辞辟之。使数百万如蠧鱼如鹦鹉如水母如畜犬之学子，毋得摇笔弄舌舞文嚼字为民贼之后援，然后能一新耳目以行进步之实也"⑥。欧洲的兴起，正是由于"以新学说变其思想"，这在最初时，就不能不有所破坏，而中国正需要这样的

---

 ① 任公（梁启超）：《过渡时代论》，《清议报》第 83 册，1901 年。
 ② 中国之新民（梁启超）：《释革》，《新民丛报》第 22 号，光绪二十八年十一月十五日。
 ③ 中国之新民（梁启超）：《新民说·论新民为今日中国第一急务》，《新民丛报》第 1 号，光绪二十八年正月初一日。
 ④ 中国之新民（梁启超）：《新民说·续论进步》，《新民丛报》第 11 号，光绪二十八年六月初一日。
 ⑤ 梁启超：《二十世纪太平洋歌》，《新民丛报》第 1 号，光绪二十八年正月初一日。
 ⑥ 中国之新民（梁启超）：《新民说·续论进步》，《新民丛报》第 11 号，光绪二十八年六月初一日。

破坏，"孔子之不适于新世界者多矣，而更提倡保之，是北行而南辕也"。①梁启超的破坏观，是基于中国终不免于破坏，与其由民贼乱民去破坏，不如由正人君子来破坏。他借《新中国未来记》中主人公之口说："若是仁人君子去做那破坏事业，倒还可以一面破坏，一面建设，或者把中国回转得过来。"② 张朋园先生在深入研究梁启超在辛亥革命前的所作所为后，指出这一阶段梁启超完全是"深信中国之万不能不革命"③ 的革命者了。④

但维新派毕竟没有一往无前地向体制外革命发展。梁启超一方面是不能与其师康有为决裂，一方面是周游北美后对西方有了更贴近的认识。1903年以后，梁启超转向反对革命，认为中国人只能受专制，不能享自由，需要经过很长时期的"陶冶锻炼"，才有与谈民主自由的资格。梁启超觉得："吾祝吾祷，吾讴吾思，吾惟祝祷讴思我国得如管子、商君、来喀瓦士、克伦威尔其人生于今日，以铁以火，陶冶锻炼吾国民二十年三十年乃至五十年，夫然后与之读卢梭书，夫然后与之谈华盛顿之事。"⑤

维新派之前与孙中山革命派曾经一度联络，1903年以后，双方关系也变得敌对，发生了分别以《民报》和《新民丛报》为阵地的革命与保皇的论战。与革命派坚定不移地从事反清的武装斗争不同，梁启超联络开明官僚和立宪派人士，参与立宪运动。立宪运动在政治的形式上，保留原有的王朝体制和皇帝统系，在政权形式上是维护现有体制的，但在政治学的意义上，立宪的目标，是改原来的君主专制制度为民主制度。1907年，主张改良和君主立宪的《中国新报》在日本东京创办。杨度发表了《中国新报叙》，他鉴于当时的世界列强都已是"完全之军国社会"，同时又"皆以经济之争而有军事，又以军事之争而有经济"，总的来说，是"经济战争国，又曰经济的军国"，因此对于中国而言，"吾人所欲建设之完全国家，乃为经济战争国，故吾人之主义乃世界的国家主义，即经济的军国主义。以此主义，可以立国于世界，而无不适故也。然欲成一经济的军国，则不可不采世界各军国

---

① 梁启超：《与夫子大人书》，丁文江、赵丰田编：《梁启超年谱长编》，上海：上海人民出版社1983年版，第278页。
② 饮冰室主人（梁启超）著：《新中国未来记》第3回，《新小说》第2号，光绪二十八年十一月十五日。
③ 梁启超：《与勉兄书》，丁文江、赵丰田编：《梁启超年谱长编》，上海：上海人民出版社1983年版，第320页。
④ 张朋园：《梁启超与清季革命》，长春：吉林出版集团有限责任公司2007年版，第106页。
⑤ 梁启超：《新大陆游记》，北京：社会科学文献出版社2007年版，第157页。

之制度，而变吾专制国家，为立宪国家，变吾放任政府，为责任政府"。只要能够成为立宪国家，就可以建成完全的"军国"，而"凡立宪之国家无不有责任之政府者，故吾民今日之事业，惟有改造责任政府为惟一之事业。而改造责任政府之方法，则有一至重极要之物，为必不可缺者。其物为何？则议会是也"。① 立宪的政治主张，虽则仍保留清廷和君主，但从本质的意义上，已经突破了旧的体制。

三、新政与"内""外"矛盾的总爆发

庚子之役后，清廷自主进行大规模全方位的改革，即清末10年的新政和立宪改革。清廷新政改革的上谕称："懿训以为，取外国之长，乃可补中国之短"，"恭承慈命，一意振兴，严禁新旧之名，浑融中外之际"。② 表现出革旧求新的愿望。从主观上看，清廷最后的改革，仍是为了维护已经到达崩溃边缘的王朝，通过改革实行自救的性质十分明显。但体制内的改革终于导致体制外革命的发生，王朝最终在短时间内土崩瓦解，却是远远超出了改革主事者的意料。

延续自强运动的基本轨迹，清廷的求新，仍然首先表现在军事上。甲午战争的失败，促成了新军的编练，最先出现的新式装备和新式训练的军队，是袁世凯主持的北洋新建陆军和张之洞支持的南洋自强军。新政之后，全国规模的新军编练开始兴起。为此清廷设立练兵处和各地的新式军事学堂，初步建立了接近近代化军队的新军制和新兵种分类，军队气象为之一新。法律和法制方面的改革，是清末新政的另一项重要内容。1903年，设修订法律馆，以沈家本、伍廷芳为首着手修订旧法、制定新法。旧律的修改和新律的制定，在中国初步产生了模仿西方法律的新的法系，西方法律和法制的一些元素被介绍甚至移植进来。政治改革方面，在初期的整顿吏制、改革机构的同时，创设了若干新的机构，如督办政务处；或把旧机构改组为新机构，如改总理各国事务衙门为外务部。经济方面，1903年设立商部，以振兴商务，推行奖励实业的政策，颁布各种与经济活动有关的法律、章程。教育方面，

---

① 杨度：《中国新报叙》，《中国新报》第1号，1907年1月2日。
② 中国第一历史档案馆：《光绪宣统两朝上谕档》第26册，桂林：广西师范大学出版社1996年版，第461页。

废科举，办学堂，制定新学制，鼓励留学。①

1905年以后，清末的改革在政治方面进入高潮，其他方面也续有进展。政治改革纳入宪政改革的轨道，并极大地鼓舞了此时势力日益膨胀的国内立宪派。《时报》评论：朝廷派五大臣出洋考察政治，这是政治改革的第一步，"人人意中皆有大希望之在前，以为年月之间比将有大改革以随其后，人心思奋，则气象一新"②。许多人把清廷颁布预备仿行宪政上谕的光绪三十二年七月十三日（1906年9月1日）看作一个去旧迎新的划时代的日子，表示"自其过去者言，则十三日之上谕，所以结十三日以前数千年专制之局；自其未来者言，则十三日之上谕，所以开十三日以后数百年或数千年立宪之幕"③。统治集团和立宪派的基本要求，共同之处在于维护清朝，不愿意看到革命推翻既有政权的结果。但统治集团更注重的是极力保证满族权贵的权力不受到削弱和威胁。无论从政治上，还是从"礼教"上，清廷立宪改革的目标，都不能与朝廷之"根本"相悖。上谕明示："各国君主立宪法政体，率皆大权统于朝廷，庶政公诸舆论，而施行庶政治，裁决舆论，仍自朝廷主之。……中国从来敦崇礼让，名分严谨，采列邦之法规，仍须存本国之礼教。"④ 统治集团中也不乏要求革新的人士，但其出发点是决不能危害到清朝的统治。肃亲王善耆的新思想比较显著，他曾向日人解说自己的真实思想：

> 清朝的旧组织如腐朽糜烂的房屋，无论怎样修补支柱也无济于事。必须彻底破坏之，重要的是要建新建筑。若朝廷能以自己的能力实现之，家主依然是属于爱新觉罗氏；若没有实现之能力，迟早必由他人经营，此乃革命，"大清"二字于兹不得不归于消亡。若单为中国自身而谋划，宁可采取革命手段，不是明快且轻而易举吗？然而，余既然出生于大清之家，在谋求保全中国之同时，亦有务必维持大清之命运的义务，因而不能不试图在他人来毁坏之前，决然起而自己毁掉旧房屋，筑

---

① 关于清末新政和立宪运动的近期研究成果，参见耿云志等《西方民主在近代中国》第三、四章，北京：中国青年出版社2003年版；张海鹏主编《中国近代通史》第五卷《新政、立宪与辛亥革命》，南京：江苏人民出版社2006年版。
② 《读十四日上谕书后》，《时报》1905年7月19日。
③ 《敬注十三日上谕》，《南方报》1906年9月3日，转引自侯宜杰：《二十世纪初中国政治改革风潮》，北京：人民出版社1993年版，第75页。
④ 《令宪政编查馆会同民政部妥拟政事结社条规奏请颁行谕》，故宫博物院明清档案部编：《清末筹备立宪档案史料》，北京：中华书局1979年版，第53页。

起新建筑。余一生之志向、使命仅此而已。然而事情谈何容易，其成败当然不能逆睹。余只是朝着确定的目标迈进而已。①

立宪运动的领导者则在维护清朝体制的同时，谋求社会的改革，逐步建立宪政，这在制度上根本突破了既有的君主专制。他们所希望的和能够打动统治者的是维护清廷，避免革命的结果。张謇、汤寿潜、赵凤昌向清廷建言：

> 中国历史，一姓享国之久，至多者不过数百年，宪法国行，则以外邦经验之良规，成中国创行之新政，千载一时，适于皇太后皇上廓宏规而开景运，我大清亿万年有道之长，可以预卜。臣等参考各国政史，其最善而可经久者，莫如宪法。近年东西之留心政法者，亦言中国处此地步，非于政体有所更动，别无治标之策。②

如梁启超所言，立宪派以"开明专制"作为立宪制度的过渡和预备③，其后利用所控制的主要国内舆论，极力鼓吹国会、请愿、君主立宪。清廷的统治集团囿于自身立场，惧怕大权旁落，猜忌汉人，对立宪只作应付，并无诚意，实际上丧失了对于立宪派加速政治改革的要求的感应能力和判断能力，而不能对局势作出正确的因应。与统治集团不同，立宪派人敏锐地看到，体制内改革的延宕，必将带来体制崩溃的结局。梁启超警告清廷，"徒以今之政治组织，循而不改，不及三年，国必大乱，以至于亡，而宣统八年召集国会，为将来历史上必无之事"④。立宪运动屡遭挫折，引起立宪派人士极大不满。武昌起义发生前，已有许多立宪人士情绪激烈地表示对清廷政治绝望，密谋地方革命。武昌起义后，立宪派大力参与到体制外的革命活动中，在起义各省和未起义各省，都发挥了重要的甚至左右大局的作用。⑤

---

① 川岛浪速：《肃亲王》，章开沅、罗福惠、严昌洪主编：《辛亥革命史资料新编》第2卷，武汉：湖北人民出版社2006年版，第373页。

② 《张謇、汤寿潜、赵凤昌改定立宪奏稿》，章开沅、罗福惠、严昌洪主编：《辛亥革命史资料新编》第2卷，武汉：湖北人民出版社2006年版，第42页。

③ 饮冰室主人（梁启超）：《答某报第四号对本报之驳论》，《新民丛报》第79号，光绪三十二年四月一日。

④ 沧江（梁启超）：《论政府阻挠国会之非》，《国风报》第1年第17号，1910年7月27日。

⑤ 关于立宪派在辛亥革命中的作用，参见张朋园《立宪派与辛亥革命》，台北：中央研究院近代史研究所1983年版；长春：吉林出版集团有限责任公司2007年版。

体制上有"内""外"之防,而"新""旧"的嬗变却带来意想不到的结果。陈旭麓先生指出,新政在主观上是为了防止革命掀揭屋顶而挖开的一个窗洞,但在客观上却成为时势假手不愿改革者而实现的一场改革。清政府原想借此实现王朝的自我挽救,但新政非但没有延长它的寿命,从某种意义上还加速了它的灭亡。① 尤其是新政改革中的各种"新",本质上会带来对旧体制在文化和政治上的双重突破,以"新"的改革维护"旧"的体制,本身就存在不可克服的矛盾。任达深刻认识到新政带来思想和体制转变影响之深远,指出新政在思想方面,语言和思想内涵都发生了变化,在体制方面,改变了中国长期以来的政府组织,改变了形成国家和社会的法律和制度。从最根本的含义来说,这些变化是革命性的。② 李细珠的研究表明,清末新政为辛亥革命提供了物质条件、人才条件和思想条件,改革一方面暴露了旧制度的种种弊端,唤起了人们的觉醒;另一方面造就了新兴社会力量,加速了革命进程,促使旧制度走向崩溃,因此清末新政与辛亥革命有着直接的关系。③

第三节 辛亥革命前孙中山对"新中国"的追求

一、走向世界与走向革命

孙中山的文化形象是一个争讼颇多而又令人饶有兴趣的问题。在辛亥革命成功之前,章士钊就将孙中山描述为一个趋新的象征,指出:"孙逸仙者,非一氏之新私号,乃新中国新发露之名词也。"④ 1920 年代,林语堂谓孙中山"三分中国人,七分洋鬼子"⑤。而国民党建政后,则将孙中山树立为中国正统思想的承继者,以建立所谓"道统",通过赋予孙中山文化观的官方正统解释和规定,来统一国家的文化意识形态。孙中山个人则表示,自

---

① 陈旭麓:《近代中国社会的新陈代谢》,《陈旭麓文集》第 1 卷,上海:华东师范大学出版社 1996 年版,第 408～409 页。
② 任达著:《新政革命与日本》,李仲贤译,南京:江苏人民出版社 2006 年版,第 193 页。
③ 李细珠:《张之洞与清末新政研究》,上海:上海书店出版社 2003 年版,第 368 页。
④ 黄中黄:《孙逸仙》,《自序》。该书由章士钊根据宫崎寅藏《三十三年之梦》译编,1903 年初次刊行,1906 年古今图书局重印。
⑤ 《林语堂致钱玄同函》,《语丝》第 23 期,1925 年。

己的思想来源有三，一是因袭中国固有思想，二是规抚欧洲学说事迹，三是自己创获独建。

客观地说，孙中山能够成为近代中国历史上最重要的政治人物和思想家，是走出传统、走向世界的结果。孙中山生长于广东香山，他生长的地方不仅在地理上离澳门近，在人员流动上更是十分便利。澳门在当时是新思想观念传入中国的重要窗口，广东产生了一批具有全国性甚至世界性影响的趋新人物，如郑观应、康有为、梁启超等，是澳门持续向内地，特别是邻近地区发生思想辐射的必然结果。孙中山的家庭受到西方文化的影响较深，他的哥哥孙眉很早就远渡重洋，到夏威夷谋生，多少受过西方文化的陶冶，孙中山年幼起就经常耳闻关于西洋各国的情形。与此同时，孙中山一家受清王朝的政治和文化体制的影响较小，"历来无人考试及捐纳职衔之类，不受满清半点之污。……闻孙家七八十年来，且未曾纳过一文钱粮，尤可谓清白"①。1878年，孙中山12岁的时候，从澳门启程，也去了檀香山，"始见轮舟之奇，沧海之阔，自是慕西学之心，穷天地之想"②。孙中山幼年"从学村塾，仅识之无"③，到檀香山后，接受了西方式的教育，后来又在香港接受西式教育。就他个人而言，西方教育对他一生思想和事业的影响远远大于中国传统的教育。

走向世界的孙中山广纳新知，志存高远。1895年，《镜海丛报》有一则评论写道："香山人孙文，字逸仙，少从亚美利加州游学，习知外洋事态、语言文字，并精西医。壮而还息乡邦，尚不通汉人文，苦学年余，遂能读马、班书，撰述所学，盖亦聪颖绝伦之士也。惟是所志甚大殊，皆楚项籍学剑学书之意，期于高远，忽于席位，缘是而所就事，多不克襄厥成。"④ 孙中山早年也曾提出改革的主张，希望依靠朝廷大员的力量推动社会改良，并且自述在澳门时，还一度倾心于所谓"少年中国党"的政治运动，"其党有见于中国之政体不合于时势之所需，故欲以和平之手段、渐进之方法请愿于朝廷，俾倡行新政。其最要者，则在改行立宪政体，以为专制及腐败政治之

---

① 《孙大总统之家史》，《申报》1912年1月19日，"要闻"。
② 孙中山：《致翟理斯书》，中国社会科学院近代史研究所中华民国史研究室、中山大学历史系孙中山研究室、广东省社会科学院历史研究室合编（下略）：《孙中山全集》第1卷，北京：中华书局1981年版，第47页。
③ 孙中山：《在广州岭南学堂的演说》，《孙中山全集》第2卷，北京：中华书局1982年版，第359页。
④ 《是日邱言》，《镜海丛报》1895年11月6日，澳门基金会编：《镜海丛报》影印版，上海：上海社会科学院出版社2000年版，第365页。

代。予当时不禁深表同情，而投身为彼党员，盖自信固为国利民福计也"①。但孙中山的思想本来就不在体制之内，孙中山这一说法完全是在伦敦蒙难后，为了迎合英国人的保守心理和避免革命党在香港的活动受到妨碍而故意作不合事实之虚构，"少年中国党"等事均属子虚乌有之谈。② 实际上，在兴中会成立前，孙中山与陈少白、尤列、杨鹤龄经常聚会，"高谈造反覆满，兴高采烈，时人咸以四大寇称之"③。据冯自由回忆，1895年兴中会第一次广州起义失败后，孙中山等人东渡日本时，才接受日人对revolution（"革命"一词）的翻译，自称"革命党"，④ 而"革命"的思想和活动则早于此，孙中山曾自述："及予卒业之后，悬壶于澳门、羊城两地以问世，而实则为革命运动之开始也。"⑤

从根本上说，孙中山的政治思想来自于西方，孙中山所要学习的，则是西方最进步的制度，"取法乎上"。"吾侪不可谓中国不能共和，如谓不能，是反夫进化之公理也，是不知文明之真价也。且世界立宪，亦必以流血得之，方能称为真立宪。同一流血，何不为直截了当之共和，而为此不完不备之立宪乎？语曰：'取法于上，仅得其中。'择其中而取法之，是岂智者所为耶？鄙人愿诸君于是等谬想淘汰洁净，从最上之改革着手，则同胞幸甚！中国幸甚！"⑥

二、革新中国的政治考量

取法乎上，革新中国，是孙中山的政治理想。在孙中山看来，国家最大的问题就是政治。要改变中国，就必须在根本上改变中国的政治。孙中山认为，中国传统的制度下，"除权贵世家可以在各级官府纵容下，假借名义，

---

① 孙中山《伦敦蒙难记》，《孙中山全集》第1卷，北京：中华书局1981年版，第50页。

② 冯自由：《孙总理修正伦敦蒙难记第一章恭注》，《革命逸史》第3集，北京：中华书局1981年版，第121～128页。

③ 《兴中会四大寇订交始末》，冯自由：《革命逸史》初集，北京：中华书局1981年版，第9页。

④ 《革命二字之由来》，冯自由：《革命逸史》初集，北京：中华书局1981年版，第1页。

⑤ 孙中山：《建国方略》，《孙中山全集》第6卷，北京：中华书局1985年版，第229页。

⑥ 孙中山：《在东京中国留学生欢迎大会的演说》，《孙中山全集》第1卷，北京：中华书局1981年版，第283页。

遣兵逞暴之外，概无政府、无组织、无法制、无行政管理机构"①。孙中山的政制观从一开始就具有明确的现代性，虽不排斥社会上传统的要求变革的力量，但他将传统政治变迁的模式与现代政治的要求相联系。他对清王朝的指责和控诉，是基于现代民主、文明社会的要求来进行的。孙中山眼中的旧中国是这样的不文明和不合理：

  在满清二百六十年的统治之下，我们遭受到无数的虐待，举其主要者如下：
  （一）满洲人的行政措施，都是为了他们的私利，并不是为了被统治者的利益。
  （二）他们阻碍我们在智力方面和物质方面的发展。
  （三）他们把我们作为被征服了的种族来对待，不给我们平等的权利与特权。
  （四）他们侵犯我们不可让与的生存权、自由权和财产权。
  （五）他们自己从事于或者纵容官场中的贪污与行贿。
  （六）他们压制言论自由。
  （七）他们禁止结社自由。
  （八）他们不经我们的同意而向我们征收沉重的苛捐杂税。
  （九）在审讯被指控为犯罪之人时，他们使用最野蛮的酷刑拷打，逼取口供。
  （十）他们不依照适当的法律程序而剥夺我们的各种权利。
  （十一）他们不能依责保护其管辖范围内所有居民的生命与财产。②

在孙中山的"新中国"理想中，共和思想是民权主义的中心。必须通过政治制度和社会制度的变革，"以共和政体来代替帝政统治"③。清廷开始进行新政改革后，孙中山认为，新政不可能带来政治上的近代化变革，寄希望于清廷自身的改革，中国绝无出路。他在1904年8月说："自义和团战争以来，许多人为满清政府偶而发布的改革诏旨所迷诱，便相信那个政府已开

---

① （英）埃德温·J. 丁格里著：《中国革命记：1911—1912》，莫世祥译，《辛亥革命史丛刊》第7辑，北京：中华书局1987年版，第256～258页。
② 孙中山：《中国问题的真解决——向美国人民的呼吁》，《孙中山全集》第1卷，北京：中华书局1981年版，第252页。
③ 孙中山：《与林奇谈话的报道》，《孙中山全集》第1卷，北京：中华书局1981年版，第211页。

始看到时代的征兆,其本身已开始改革以便使国家进步;他们不知道,那些诏旨只不过是专门用以缓和民众骚动情绪的具文而已。由满洲人来将国家加以改革,那是绝对不可能的,因为改革意味着给他们以损害。实行改革,那他们就会被中国人民所吞没,就会丧失他们现在所享受的各种特权。"① 对于康有为、梁启超一派宣扬立宪和保皇,孙中山指出:"有人说我们需要君主立宪政体,这是不可能的。没有理由说我们不能建立共和制度。中国已经具备了共和政体的雏形。"对于改良主义者认为政治变革应当遵循程序一步一步变化,先应实现君主立宪,孙中山反驳道:"又有谓各国皆由野蛮而专制,由专制而君主立宪,由君主立宪而始共和,次序井然,断难躐等;中国今日亦只可为君主立宪,不能躐等而为共和。此说亦谬,于修筑铁路可以知之矣。铁路之汽车,始极粗恶,继渐改良,中国而修铁路也,将用其最初粗恶之汽车乎,抑用其最近改良之汽车乎?于此取譬,是非较然矣。"②

孙中山心目中已经明确了以共和制的"中华民国"来取代清政府的志向,取代旧政权的,必须是"一个新的、开明的、进步的政府"。他曾在向美国人民的呼吁中提到,"在中国人民中有许多极有教养的能干人物,他们能够担当起组织新政府的任务;把过时的满清君主政体改变为'中华民国'的计划,经慎重考虑之后,早就制订出来了"。③ 孙中山展望了这样一个"新中国"的诞生对于中国和世界的不同寻常的意义,指出"一旦我们革新中国的伟大目标得以完成,不但在我们的美丽的国家将会出现新世纪的曙光,整个人类也将得以共享更为光明的前景。普遍和平必将随中国的新生接踵而至,一个从来也梦想不到的宏伟场所,将要向文明世界的社会经济活动而敞开"④。

在建立这个新国家的步骤上,孙中山也提出了一些具体方案。1905 年 2 月,孙中山到巴黎,在向法国人介绍自己的政治纲领时,孙中山提出了建立"华南各省的联邦共和国"的设想。他提出:"废除满洲人的外族皇朝,在中国南方建立一个联邦国家,包括广东、广西、贵州和湖南四省,仿照欧洲

---

① 孙中山:《中国问题的真解决——向美国人民的呼吁》,《孙中山全集》第 1 卷,北京:中华书局 1981 年版,第 251 页。

② 孙中山:《在东京中国留学生欢迎大会的演说》,《孙中山全集》第 1 卷,北京:中华书局 1981 年版,第 283 页。

③ 孙中山:《中国问题的真解决——向美国人民的呼吁》,《孙中山全集》第 1 卷,北京:中华书局 1981 年版,第 254 页。

④ 孙中山:《中国问题的真解决——向美国人民的呼吁》,《孙中山全集》第 1 卷,北京:中华书局 1981 年版,第 255 页。

模式，借鉴日本倒幕运动以来完成的业绩，改革中国的制度。这个华南合众国应采用与美利坚合众国相仿的共和形式。"① 当时法国人误以为孙中山和他的同志者对中国其他省份不感兴趣，实际上这是孙中山向外人宣传的一种策略，是试图先在部分区域取得革命成功并力图使外国人相信，特别是说服法国人支持中国革命的一种方案，是为了"给其拥护者的活动一个更为实际的目标"②。1906 年，法国人得到了孙中山的一份私人信函，在论述未来的中国革命的政治概况时，孙中山指出自己的纲领"旨在用一个中华民主政府取代满清当局"。由革命政府主持的这场变革将包括三个阶段：第一阶段是专政阶段。第二阶段是"国民公会"阶段。"当新生的共和国把它的权力扩展到相当广阔的土地上，敌人被赶走了，那里一派井井有序的和平景象，而由革命政府开创的新的政治体系又走上了发展的正道，到那时，民众将以国民公会的形式被邀请参加政府工作"。第三阶段是立宪制阶段，建立"国民议会"，"革命政府在这新阶段中仍继续行使一段时间的职能，时间长短将由国民公会决定，但它将用新的'中华共和国'的称号，并将对国民议会负责"，"未来的中华共和国宪法将是欧洲许多国家的宪法和美国宪法的某种新的折衷"。③

三、政治革新中的社会建设目标

辛亥革命前，孙中山曾指出，三民主义是为了建设"民族的国家、国民的国家、社会的国家"④，政治与社会本身密不可分，孙中山早就萌生政治革命与社会革命"毕其功于一役"的设想，政治设计与社会建设的目标有机统一，相互影响。

孙中山从中国社会的具体情形出发，以社会建设为目标进行政治设计。中国的政治革新，不仅仅是制度设计的问题，而且首先是认识中国政治的社会基础问题。孙中山从事革命，就是为了建立一个清明的社会。1906 年发布的中国同盟会革命方略中已经指出，军政府要"扫除积弊。政治之害，

---

① 《法国外交部档案·与孙逸仙的谈话》，章开沅、罗福惠、严昌洪主编：《辛亥革命史资料新编》第 7 卷，武汉：湖北人民出版社 2006 年版，第 3 页。

② 《法国外交部档案·1905 年 12 月总报告》，章开沅、罗福惠、严昌洪主编：《辛亥革命史资料新编》第 7 卷，武汉：湖北人民出版社 2006 年版，第 263 页。

③ 《法国外交部档案·1905 年 6 月总报告》，章开沅、罗福惠、严昌洪主编：《辛亥革命史资料新编》第 7 卷，武汉：湖北人民出版社 2006 年版，第 305~306 页。

④ 孙中山：《在东京〈民报〉创刊周年庆祝大会的演说》，《孙中山全集》第 1 卷，北京：中华书局 1981 年版，第 331 页。

如政府之压制、官吏之贪婪、差役之勒索、刑罚之残酷、抽捐之横暴、辫发之屈辱，与满洲势力同时斩绝。风俗之害，如奴婢之畜养、缠足之残忍、鸦片之流毒、风水之阻害，亦一切禁止。并施教育，修道路，设警察、卫生之制，兴起农工商实业之利源"①。

在孙中山政治设计的主要方面，如地方自治、五权宪法、权能区分、革命程序等，都体现了孙中山用政治的力量、国家的力量来支配和领导中国社会改造的思想特征，孙中山所设想的未来中国的社会管理，是以国家政治权力为主导的，以国家力量的扩大来解决政治与社会的对立紧张关系。孙中山很早就将地方的社会事业方面的建设纳入其地方自治的范畴。1904 年孙中山宣传其基本主张时说：要在军法、地方自治法之间，绾以约法，"地方既下，且远战地，则以军政府约地方自治。地方有人任之，则受军政府节制，无则由军政府简人任之，约以五年，还完全地方自治，废军政府干涉。所约如地方应设学校、警察、道路诸政如何，每县出兵前敌若干，饷项若干"②。这里所说的"约法"，大体相当于后来所说的"训政"，其间的主要事务，已经包含学校、警察、道路等社会事业。以中国国土之广、人口之众，地方自治是实现主权在民、扩大政治参预的必由之路。孙中山推行地方自治，是达到国家与社会整合的重要途径。有论者指出，孙中山的目的，是通过地方自治的实现，以达到对县以下基层社会的控制和实现全民政治的理想。③ 地方自治是社会建设的政治基础。训政是孙中山政治设计中独具匠心的程序安排，也是基于对中国社会的特殊性的考虑而设计的。孙中山虽然对美国的文明和政治体制十分推崇，但认为美国的政党政治、议会选举制度也有弊端，"美国国会内有不少蠢货，就足以证明选举的弊病"④。由于政党频繁轮替，"美国政治腐败散漫，是各国所没有的"⑤。应让人民有权管理政治，决定大事，而让专家管理政府。孙中山政治设计中的革命程序论，正是针对这样一种社会情形。

---

① 孙中山：《中国同盟会革命方略》，《孙中山全集》第 1 卷，北京：中华书局 1981 年版，第 297 页。
② 《孙文之言》，《大陆》第 2 卷第 9 号，1904 年，第 55 页。
③ 林家有：《孙中山与中国近代化道路研究》，广州：广东教育出版社 1999 年版，第 411～412 页。
④ 孙中山：《与该鲁学尼等的谈话》，《孙中山全集》第 1 卷，北京：中华书局 1981 年版，第 320 页。
⑤ 孙中山：《在东京〈民报〉创刊周年庆祝大会的演说》，《孙中山全集》第 1 卷，北京：中华书局 1981 年版，第 330 页。

综上所述，无论在政治层面，还是在社会层面，孙中山对于中国的革新，从一开始就有既取法乎上、又结合中国特殊情形的设想。他对于未来中国的政治和社会考量，充分体现了以最文明制度为目标的现代性，同时以体制外革命作为实现这一理想的基本途径。孙中山的"新中国"理想，在辛亥革命前已经初步成型，对于后来的革命运动和整个20世纪中国历史，产生了深远的影响。①

第四节　"新中国"理想与革命之兴起

一、革命派的"新中国"

历史潮流到了20世纪初，急速发展。维新派的思想尚未及在实践中证实其合理性，其在近代思潮中的先进地位转眼已经为革命思潮取代。1904年的舆论已经指出，"康党在戊亥之现在，固亦人人目为新者，而君等訾为迂拙，彼亦不任受也。然在卯辰之现在，而犹以归政、复辟、立宪、保皇为务，则比之诸新党，而大见其迂矣，訾为迂拙，谁曰不宜？"② 革命党人的主要活动在海外，因而首先在海外，实际上有了"新中国"理念的雏形。欧榘甲谈到在海外的广东人，能谈时事，开报馆，遣子弟入外国学堂，"而近年又有一大会以团海外数百万人为一体，讲爱国爱种之策，俨成一外中国新中国焉"③。1905年，中国同盟会成立时，将兴中会时期提出的"创立合众政府"口号，改为"建立民国"，正式提出了共和革命目标。在此前后，"民国"、"中华国"、"新中华国"、"共和国"等概念在革命者的言论中汹涌澎湃。

革命派对"新中国"理想进行了广泛的勾勒和宣传。1901年，秦力山提出了"亡旧国，建新国"。他在东京与沈翔云等人创办了留日学生宣传革命思想的第一份刊物《国民报》，提出奴隶是无国可保的，"天下断未有新

---

① 刘学照全面总结了孙中山"建设新中国"的思想主张，阐述了辛亥革命以及后来孙中山的革命思想与"新中国运动"的关系，指出孙中山的共和革命具有明确的"建设新中国"的目的，开创了"新中国运动"。参见刘学照《孙中山与新中国运动》，《史林》2003年第3期；刘学照《论孙中山建设新中国思想》，《历史教学问题》2007年第5期。

② 敢生：《新旧篇》，《觉民》第1～5期合本，1904年7月8日。

③ 欧榘甲：《新广东》，张枬、王忍之编（下略）：《辛亥革命前十年时论选集》第1卷上册，北京：三联书店1960年版，第271页。

旧杂糅而可与言国也。慧所以除旧布新也，旧之亡也勃焉，新之兴也勃焉。支那欲立新国乎，以自亡旧始"①。革命派认为，20世纪的中国的最主要的标志，对内是建立"组织完全之国家"，对外则能够抵御列强侵略，其创办革命刊物《二十世纪之支那》的宗旨，即在于此。"吾人不可不有以捍救之，捍救之方策如何？亦曰挑发而引导之，使其德其智其力，皆有所进也，然后对于内足以组织完全之国家，对于外足以御类强之吞噬，于是树二十世纪新支那之旗于世界。此则我《二十世纪之支那》杂志所以发刊之趣意也"②。理想中的20世纪，中国必当成为一个新国家："吾人将以正确可行之论，输入国民之脑，使其有独立自强之性，而一去其旧染之污，与世界最文明之国民，有同一程度，因得以建设新国家，使我二十世纪之支那，进而为世界第一强国，是则吾人之主义，可大书而特书曰：爱国主义。"③柳亚子提出了"皇汉共和国"的概念，他在《复报》撰文写道："须晓得中国是中国人公共的中国，不是独夫民贼的中国，更不是蛮夷戎狄的中国。诸君诸君，认定宗旨，整刷精神，除暴君，驱异族，破坏逆胡专制的政府，建设皇汉共和国的国家，这就是诸君的责任了。民权主义万岁！民族主义万岁！中国万岁！"④留学生杂志《江苏》上有论者撰文，从政治学的理论出发，指出当时的中国根本不是一个"国家"，中国尚陷于"无国之域"，因而国民需要负起政治上的责任，"合我血统同、地理同、历史同、文字同之一黄帝民族，组织一民族的国家者也。组织民族的国家之道维何？则首在建设新政府"。而建设新政府，就要破除旧的专制政体，推翻旧政府，"专制政体如何而可破？旧政府如何而可倒？非我先有共和政体之精神，何能破专制政体？非我先有新政府之模范，何能倒旧政府？故吾扬共和政体之精神，即为破坏专制政体之先声。我树新政府之模范，即为倾倒旧政府之根基"。因此，建设新政府，是中国刻不容缓的大问题，"建设新政府之模范，即为开

---

① 《亡国篇》，《国民报》第4期，1901年8月10日。在民国成立后收入《黄帝魂》时，末句改为"中国而欲新其国乎，则必自亡旧始"。黄中黄编：《黄帝魂》，1912年版，出版者、出版地不详。

② 卫种：《二十世纪之支那初言》，《二十世纪之支那》第1期，《辛亥革命前十年时论选集》第2卷上册，北京：三联书店1963年版，第62页。

③ 卫种：《二十世纪之支那初言》，《二十世纪之支那》第1期，《辛亥革命前十年时论选集》第2卷上册，北京：三联书店1963年版，第63页。

④ 弃疾（柳亚子）：《民权主义！民族主义！》，《复报》第9期，1907年3月30日。

浚人民之政治思想，培养人民之政治智识，习练人民之政治能力之一大机关"。①

邹容在日本写成《革命军》，对于革命党人的政治宣传起到了巨大的作用。《革命军》在当时通过各种途径，秘密流传，尤其是书中最后的呼唤："中华共和国万岁！中华共和国四万万同胞的自由万岁"② 对于进步青年和革命党人着重渗透的新军士兵产生了振聋发聩的效果。在《革命军》中邹容列举了驱逐满人后建立新国家的基本原则。在邹容的心目中，这个新国家应当建立中央政府为全国办事机关。各省举总议员一人，组成总议会，选举总统和副总统。各府州县各设议会。男女平等，男子有军国民义务。人民有担负国税义务。人民的天赋人权不容剥夺，享有言论、思想、出版自由并受国家法律保护。邹容认为，理想的新国家，是以美国作为蓝本的，故邹容"模以美国革命独立之义"，列举了革命后的新国家的基本面貌。《革命军》第8～19条为：

......

一、建立中央政府，为全国办事之总机关。

一、区分省分，于各省中投票公举一总议员，由各省总议员中投票公举一人，为暂行大总统，为全国之代表人。又举一人为副总统。各州府县，又举议员若干。

一、全国无论男女皆为国民。

一、全国男子有军国民之义务。

一、人人有承担国税之义务。

一、人人有致忠于此所新建国家之义务。

一、凡为国人，男女一律平等，无上下贵贱之分。

一、各人不可夺之权利，皆由天授。

一、生命自由，及一切利益之事，皆属天赋之权利。

一、不得侵人自由，如言论、思想、出版等事。

一、各人权利，必须保护，须经人民公许，建设政府，而各假以权，专掌保护人民权利之事。

一、无论何时，政府所为，有干犯人民权利之事，人民即可革命，

---

① 汉驹：《新政府之建设》，《江苏》第5期，1903年8月23日。

② 邹容：《革命军》，《辛亥革命前十年时论选集》第1卷下册，北京：三联书店1960年版，第677页。

推倒旧日之政府，而求遂其安全康乐之心。迫其既得安全康乐之后，经承公议，整顿权利，更立新政府，亦为人民应有之权利。若建立政府之后，少有不洽众望，即欲群起革命，朝更夕改，如弈棋之不定，固非新建国家之道。天下事不能无弊，要能以和平为贵，使其弊不致大害人民，则与其颠覆昔日之政府，而求伸其权利，毋宁平和之为愈。然政府之中，日持其弊端暴政，相继施行，举一国之民，悉措诸专制政体之下，则人民起而颠覆之，更立新政府，以求遂其保权之心，岂非人民至大之权利，且为人民自重之义务哉？我中国人之忍苦受困，已至是而极矣，今既革命独立，而尤为专制整治政体所苦，则万万不得甘心者矣。此所以不得不变昔日之政体也。①

对于这个新国家，邹容为其确定了基本的名称和性质。《革命军》中所列第 20～25 条，明确规定了这个新国家名为"中华共和国"，是独立自由之国，与各大国平等。其文曰：

一、定名"中华共和国"。
一、"中华共和国"为自由独立之国。
一、自由独立国中，所有宣战、议和、订盟、通商及独立国一切应为之事，俱有十分权利与各大国平等。
一、立宪法悉照美国宪法，参照中国性质立定。
一、自治之法律悉照美国自治法律。
一、凡关全体个人之事，及交涉之事，及设官分职国家上之事，悉准美国办理。②

如何建立新国家？一部分革命党人提出，"地方先行自图自立"可以成为一种方案。欧榘甲指出："故窥现今之大势，莫如各省先行自图自立，有一省为之倡，则其余各省争相发愤，不能不图自立。各省既图自立，彼不能自立之省，必归并于能自立之省。省省自立，然后公议论建立中国全部总政府于各省政府之上，如日耳曼联邦、合众国联邦之例，即谓全中国自立可也。"为此，欧榘甲作《新广东》，倡议"自立自广东始"，"以念我广东人

---

① 邹容：《革命军》，《辛亥革命前十年时论选集》第 1 卷下册，北京：三联书店 1960 年版，第 675～676 页。
② 邹容：《革命军》，《辛亥革命前十年时论选集》第 1 卷下册，北京：三联书店 1960 年版，第 676 页。

欲享新国之福份者"。① 杨笃生则提倡湖南自立,"新中国必新湖南"。而"新湖南"的目的,仍在于"新中国","必使各个人自任一部之位置,各个人发见其独体之亲和力,则湖南独立矣。在公共之中国中,必使各分省自任一部之位置,各分省发见其独体之亲和力,则中国独立矣"。② 将新湖南人改造成为具有独立性的国民,是为了最终将中国人改造成为具有独立性的国民;将湖南改造成为具有独立性民族之国,是为了最终将中国改造成为具有独立性民族之国。"吾党所谓新湖南之事业,以何等程限为满足乎?吾党必曰:以制造湖南人得为独立性之头等国民为程限,以制造湖南得为独立性民族之头等国为程限。然则所谓独立性民族之头等国者,以湖南为范围乎?抑非以湖南为范围乎?吾党必曰:吾党必制造中国为独立性民族之头等国,必制造中国国民为独立性之头等国民"③。

革命党人宣传的推翻清廷的革命形式上是一场反满的种族革命,但同时是一场共和革命。在这一点上,仅以"排满"责之革命党人拘守于"种族主义",是不公允的。在大多数革命党人那里,种族革命与共和革命是合而为一的,1910 年夏秋间,革命党人卢信"敬告中国人":"不推倒满清政府,则世乱无已时;不设立共和政府,则太平无可望。"革命后建立的新中国是否会导致满、蒙等民族的反抗或者分离,卢信设想,推翻清廷后,满蒙各族可以同为共和国民,获得平等政治权利,"如满人同为中华共和国国民,微论区区五百万人,转瞬间已混化为汉种,即不然,政权已失,岂能为汉人患哉?"④"若夫满州政府既倒之后,凡汉、满、蒙、苗诸族,同受治于共和政治之下,同享有平等之权利,满、蒙诸族其有抱负不凡者,起而为中华民国之总统可也。"⑤

---

① 欧榘甲:《新广东》,《辛亥革命前十年时论选集》第 1 卷上册,北京:三联书店 1960 年版,第 270 页。
② 湖南之湖南人(杨笃生):《新湖南》,《辛亥革命前十年时论选集》第 1 卷下册,北京:三联书店 1960 年版,第 643 页。
③ 湖南之湖南人(杨笃生):《新湖南》,《辛亥革命前十年时论选集》第 1 卷下册,北京:三联书店 1960 年版,第 646 页。
④ 卢信:《革命真理——敬告中国人》,章开沅、罗福惠、严昌洪主编:《辛亥革命史资料新编》第 1 卷,武汉:湖北人民出版社 2006 年版,第 8 页。
⑤ 卢信:《革命真理——敬告中国人》,章开沅、罗福惠、严昌洪主编:《辛亥革命史资料新编》第 1 卷,武汉:湖北人民出版社 2006 年版,第 25 页。

二、"革命主义"

革命派的政治主张，归结为一点，就是"革命主义"。1906年，胡汉民在《民报》宣传《民报之六大主义》，提出："然则二十世纪，苟创设新政体者，必思涤除专制惟恐不尽。"要建立立宪的新政体，必须进行革命，"必革命而后可言立宪，而一度革命，更不可不求至公至良之政体，而留改革之遗憾"。① 胡汉民指出，《民报》持六项"主义"，分别是"倾覆现今之恶劣政府"、"建设共和政体"、"土地国有"、"维持世界真正之平和"、"主张中国日本两国之国民的连合"、"要求世界列国赞成中国革新之事业"，而这六大主义，又分为两种，前三项"所以对内也"，后三项"所以对外也"，"而又得合为一大主义，则革命也。为革命言，为知革命言，故革命所挟持之目的，所预备之实力，及其进行之事业，不可不避之手段，为种种方面之研究，而俱函括于六主义之内"。②

革命派强调，要实现新中国的前途，不能走维新的路，必须走革命的路。"革命之权，国民操之，欲革命则竟革命。维新之权，非国民操之，不操其权，而强聒于政府，亦终难躐此革命之一大阶级也。悲夫！放弃国民之天职，而率其四万万神明之同胞，以仰一异种胡尔之鼻息，是又昌言维新者所挟以自豪乎？无量头颅无量血，即造成我新中国前途之资料，畏闻革命者，请先饮汝以一卮血酒，以壮君之胆，毋再饶舌，徒乱乃公意"③。留学生杂志《江苏》上刊出《新中国传奇》的曲本，描绘殉难于戊戌变法的谭嗣同的魂魄，受革命风潮感染，热心观看"海上青年"将革命军中实人实事编成的《新中国传奇》，有人问道："你老又是保皇党的魁首，并非革命军的班头，今日睹二三莽男儿革命旗鼓，想与你老目的不同，谅来以秀才造反三年无成一笑置之罢了。"谭嗣同回答："你们有所不知。幽明异路，今是昨非。自由革命的主义，究竟是万劫不磨的。老夫昔日理想幼稚，所以堕落魔障。生为保皇党魁，死作革命雄鬼，正是昨非今是处。"在这里，革命派的留学生虽然也表示了对谭嗣同为中国流血牺牲的敬意，但有意将他塑造为转向革命，并自认为自己的流血"只算革命间接的流血"，希望昔日保皇

---

① 汉民（胡汉民）：《民报之六大主义》，《民报》第3期，1906年4月。
② 汉民（胡汉民）：《民报之六大主义》，《民报》第3期，1906年4月。
③ 《驳革命驳议》（续完）（录苏报汉种中之一汉种），《鹭江报》第38册，1903年7月24日。

党尽早醒悟。①

陈天华在《狮子吼》文中，也提出要以激烈的手段建立新的政府："做百姓的即要行那国民的权利，把那皇帝、官府杀了，另建一个好好的政府"②。徐锡麟在所拟《光复军告示》中说："怀抱公愤，共起义师，与我同胞，共复旧业，誓扫妖氛，重建新国，图共和之幸福，报往日之深仇。"③在这种激进情绪的支配下，许多革命党人都视"革命"为改造旧中国、建设"新中国"的唯一手段。邹容写道："我中国今日不可不革命。我中国今日欲脱满洲人之羁缚，不可不革命。我中国欲独立，不可不革命。我中国欲与世界列强并雄，不可不革命。我中国欲长存于二十世纪新世界上，不可不革命。我中国欲为地球上名国，地球上主人翁，不可不革命。"④ 在1911年广州"三二九起义"中，黄兴集合参加起义的革命党人"选锋"，发表阵前演说，说："革命是救国的唯一良方，是我们的天职。只要我们肯牺牲，革命是一定会成功的。革命一成功，不仅是推倒满清，还要建立民国，平均地权，人人有田种。……革命一成功，我们就不再受外国人的欺负和满清政府的压迫，大家都可以过自由幸福的生活。"⑤

革命党人开展大规模的革命宣传。在兴中会时期，以东京和上海、香港、横滨等地为宣传中心，宣传革命的主义，揭露清廷的暴政，报道各地革命或者反抗清廷的活动。同盟会时期，宣传工作的规模和范围更为扩大，东京、新加坡、檀香山、旧金山、香港、上海、广州、武昌、长沙等地，都成为革命宣传声势浩大且卓有成效的地方。据学者统计，1899—1905 年，宣传革命的报刊有 36 种，宣传革命的书册有 49 种；1905—1911 年间，宣传革命的报刊有 96 种，宣传革命的书册有 40 种。⑥ 革命党人也开展了锲而不

---

① 横江健鹤：《新中国传奇》，《江苏》第 4 期，1903 年 6 月 25 日。
② 陈天华：《狮子吼》，《陈天华集》，长沙：湖南人民出版社 1982 年版，第 126 页。
③ 徐锡麟：《浙案纪略》，中国史学会编：《辛亥革命》（三），上海：上海人民出版社、上海古籍出版社 2000 年版，第 77 页。
④ 邹容：《革命军》，《辛亥革命前十年时论选集》第 1 卷下册，北京：三联书店 1960 年版，第 651 页。
⑤ 韦能宝述：《我所经历的"三·二九"广州起义》，中国人民政治协商会议全国委员会文史资料研究委员会编：《辛亥革命回忆录》（七），北京：文史资料出版社 1982 年版，第 230 页。
⑥ 参见张玉法《清季的革命团体》第八章《从统计数字看革命势力的分布和成长》，台北：中央研究院近代史研究所 1982 年版。

舍的武装斗争行动。自兴中会成立后出现的革命团体，1897—1905 年间有 66 个，1905—1911 年间有 127 个。① 1894—1911 年间重要的暴力革命事件共 39 次，其中暗杀 10 次，群众起义 29 次。② 革命党人长期不懈的奋斗，终于在辛亥这一年迎来了实现理想中"新中国"的希望。

---

① 参见张玉法《清季的革命团体》第八章《从统计数字看革命势力的分布和成长》，台北：中央研究院近代史研究所 1982 年版。
② 张玉法：《中国现代史》，台北：东华书局 2001 年版，第 46 页。

第二章　民国肇造与"新中国"追求的继续

1911年在整个中国历史上都是一个不平凡的年份，这一年，新政、立宪、民变、革命的各种历史线索到此有了一个复杂的交集。有一篇时评是这样形容辛亥年的："辛亥之上半年，尤为暗黑时代，比八九月之交，而光明乃大启，及至岁暮，而南北两政府，互相让步，巩固其和平之基础，则且一变而为景星卿云之世界矣。我国民幸生其际，乐也奚如。即后此者，亦且以是为纪念，其光荣乃永永其无极焉尔。"① 但民国的建立，并非一劳永逸地实现了"革新"的理想，以孙中山为首的革命党人为维护共和持续开展新的革命活动，在新的探索中终于突破性地走向重建共和国家的社会基础的道路，使"新中国"的探索和现代中国的政治走向均发生根本性的变化。

第一节　新国家的建立与憧憬

一、新期望　新憧憬

在革命高潮中，孙中山自海外归来，受到热烈欢迎。他长期为建立民国所作出的努力深得人心，他的归来为新国家的建立带来了有利条件。舆论报道："先生归来，国基可定，新上海光复后一月，当以此日为最荣。"② 南京临时政府建立，孙中山当选为临时大总统，宣誓建设一个民主富强的国家，引起国内外巨大反响。年轻的许德珩在江西九江投笔从戎，"真是无比的快乐"，在倍感兴奋之际，写了一首新诗表达心迹：

> 从军乐，从军乐，剪掉辫子，解放小脚，砸烂鸦片烟枪，去旧迎新真快乐！
> 从军乐，从军乐，推翻君主，扫除暴虐。千年皇帝打倒，民主共和

---

① 《辛亥年之回忆》，《盛京时报》宣统三年十二月二十九日（1912年2月16日），"论说"。
② 血尔：《欢迎……欢迎》，《民立报》1911年12月25日，"上海春秋"。

真快乐!

　　从军乐,从军乐,孙文黄兴,领袖先觉。东方一声春雷,震惊世界真快乐!

　　真快乐,真快乐! 走上革命,誓作新民,不愧邹容秋瑾,一往无前真快乐!①

　　新国家的建立不同于一般的改朝换代,它具有划时代的意义,顺应了世界文明的潮流。1912 年初,从世界各地向南京发来的贺电不胜枚举,在向新政府和新任大总统表示祝贺的同时,也纷纷表达追慕泰西、向往文明、建设新国家的心愿。泰州民政长李岳蘅、司令长张淦清暨市乡商学各法团致孙中山贺电中称:"中华民国共和政府成立,划除二千余年之专制,恢复五万余里之河山,灌输二十世纪之文明,公谋四万万同胞之幸福,诚为我黄帝子孙改革政治之第一大纪念。"② 这种语句在各地贺电中颇具代表性。舆论认为,新的中华民国的建立,开辟了中国进入 19 世纪末以来国人普遍向往的文明世界的途径。1912 年 5 月 8 日,署名"中华民国国民"的刘钟俊向孙中山呈文,从小学教育的角度,表达了对新中国跻身于世界文明国家行列的展望,文中写道:"今当民国初立,拟请速令广设小学堂,子弟至七岁,无论贫富,有不入学者,罪其父兄,强迫教育。数年之后,又使之各随所近,以精其艺。根本既端,而谋生有术。我国四万万之众,又何不可日进文明而与东西洋并驾齐驱哉。"③ 许多人将中国比作美国、法国,将孙中山比作华盛顿和拿破仑等世界伟人,"功比华拿"的赞誉屡见报端。1912 年 1 月 2 日,上海福字敢死队司令长刘福彪向孙中山的贺电中称:"今吾公担任民国总统,海内外同胞举手庆祝。愿中国为第二之美利坚,吾公为第二之华盛顿。"④ 苏州军界也电贺孙中山就任临时大总统,"四千年日月重光,亿万兆

---

①　许德珩:《许德珩回忆录:为了民主和科学》,北京:中国青年出版社 2001 年版,第 7~8 页。
②　《泰州各法团电》,《申报》1912 年 1 月 15 日,"公电"。
③　《刘钟俊呈孙中山陈办屯垦以安插游民等事文》,翠亨孙中山故居藏档:B11-69。广东省中山市翠亨孙中山故居藏有民国初年一批与孙中山相关的电报、函札、公牍、呈文、规章、演说等藏品,其中 500 多件已由黄彦、李伯新选编为《孙中山藏档选编·辛亥革命前后》,由中华书局于 1986 年出版。蒙黄彦先生指示及鼓励,笔者专赴中山市翠亨孙中山故居,将部分函电与原件照片逐一进行了校订。
④　《福字敢死队司令电》,《申报》1912 年 1 月 2 日,"公电"。

人民幸福,河山依旧,气象更新,虽泰西之华盛顿,奚以加焉"①。

受此感染,一些团体纷纷以西方文明国家为榜样,以成为与西方国家社会组织类似的团体自况。1912年5月2日,粤省商团欢迎孙中山颂词中说:"先生周流〔游〕列国,于泰西商团之办法若何,成绩若何,一一目击,知必有以时赐教言、匡予不逮者。"并指出这是商团特别欢迎孙中山的重要原因之一,希望孙中山对于新成立的广州商团给予鼓舞、提倡、维持和调护。② 1912年初,在南方革命政府任职的马相伯向孙中山密陈,新政府的税收政策应以西方文明国家作为效法对象,"中央政府收税之法,自当则效文明国制度。如中央政府只取特别税,而普通税则属之地方"③。

"吾国以后脱专制之羁绊,各使用其应有之权利而谋当然之福利,行见秩序逐渐整齐,国力逐渐充实,凌驾各强国,夫复何难"④。共和国家的建立,造就了建设文明强盛国家的契机,舆论渴望进入"建设"时代。1912年2月3日,南北军界统一联合会通电,希望"共和不日颁布,南北公举临时大总统,组织临时新政府,内政外交,万端待举。吾军界同人,自应振刷精神,首先提倡化除私见,辅助统一之大总统,组织一劲强完全之新政府,巩立于环球之上,为最有权利、最有势力之中华民国"⑤。在这一简短的电文中,已体现出建设世界上最强盛国家的赶超意识。

许多函电对于新国家的各个方面建设贡献意见。在实业方面,京津同盟会会员马云骧、屈启龙、梁作祯、罗廷钦,南京支部、民族大同会会员周震勋、吴鉴等上书孙中山,赞誉孙中山辞职后致力于倡导实业建设,上书中表示,只有振兴实业,才能完成共和革命,完成真正建立民国的历史使命:"顾实业不能振兴,即真正幸福无由自至,而吾造成民国之功仍未竟也。于是解职总统,投身社会,苦口婆心,随处演说,欲以唤起吾民实业之思想,振起吾民实业之精神,因以发展吾民经济之能力,以求吾民真正之幸福,要使四万万里四万万人同为席丰履厚之境,共乐持盈保泰之天,夫而后先生造成民国之心始得踌躇而满志也。此即震勋所谓非常之人能竟非常之功者。舍先生其孰能当之。"⑥

---

① 《苏州电》,《民立报》1912年1月1日,"恭贺孙大总统电报"。
② 《粤省商团欢迎孙中山颂词》,翠亨孙中山故居藏档:B10-21。
③ 《马良密陈孙中山论收税办法等事专折》,翠亨孙中山故居藏档:B5-1。
④ 《辛亥年之回忆》,《盛京时报》1912年2月16日,"论说"。
⑤ 《陈其美致孙中山、黄兴等电》,《民立报》1912年2月4日,"沪军政府电报";《临时政府公报》第九号,1912年2月6日。
⑥ 《马云骧等上孙中山书》,翠亨孙中山故居藏档:B6-2。

在教育方面，一些人士列举了世界各国以国民教育为国家富强之基础，新国家必须以教育为先，教育是使国家富强的关键，"盖环球文明之国，罔不以国民教育为立国之本"①。1912年4、5月间，广东学界在欢迎孙中山的颂词中说："夫教育者，所以指导人民德慧术智之进步，扶植社会农工商业之发达，非可苟焉而已也。世界诸雄国，莫不以国民教育为富强之基础"。他们认为，在清朝统治下，徒有教育的形式，十多年来，侈言教育，却毫无教育的效果。"故今民国缔造，虽百度之未遑，而不可不先注重于教育。譬犹测影者先正其表，树艺者先植其苗，所谓根本上之解决也"。②

还有人提出了宗教强国的观念。孙中山本人对于宗教十分重视，1912年5月在广州期间，多次出席基督教、天主教和佛教团体的活动，在演说中提出希望以宗教补政治之不足。南京临时政府时期，一位署名为"摩"的人士向孙中山呈文，要求改良佛教，其实际落脚点，是希望政府能够认识到将来国家之强弱，决定于宗教上战争之胜负，政府要担负起提倡宗教建立强国的责任。呈文中称："今之天下，一宗教自由之天下也。有宗教者，其国强；无宗教者，其国弱。……方今强权时代，无界不争，优胜劣败，天演有例。将来国势之安危，必视宗教上战争之胜负为标准。惟宗教虽足辅政府之不逮，而提倡之权则端赖乎政府。"③他在呈文最后提到了与孙中山演说相一致的观念，即宗教也可以起到辅助政治的作用："政治可以挽教务之重兴，而教务亦可以辅政治之不逮也。兹故深望于政教合一，有以维持于弗替也。"④

如果没有强大的实力，仅仅改换国号、国体，并不能保障中国在国际上的国家地位，因而军事建设对于新国家至关重要。1912年4月，原任南京临时政府海军部次长、后又任北京唐绍仪内阁海军部次长的汤芗铭致函孙中山，以中国在世界海权中的实际地位为例，说明要成为世界头等国家，并不仅仅看国体性质如何，更要看国力的实际强弱。"中国甲午一战，全军覆没，海牙会议至列我于三等之国，奇耻大辱，莫此为甚。乃者帝政倾覆，民国肇基，千年睡狮，酣梦方觉。吾其遂可抗衡列强乎？虽然，所谓世界头等国者，非仅仅国体良否之问题，乃国力强弱之问题。今民国实力不加增，欲以虚名之改革，一雪海牙之耻，难矣。"汤芗铭进一步指出，海军对于国家

---

① 《袁希洛致孙中山函》，翠亨孙中山故居藏档：B7-8。
② 《广东学界欢迎孙中山颂词》，翠亨孙中山故居藏档：B10-17。
③ 《摩呈孙中山改良佛教办法文》，翠亨孙中山故居藏档：B7-13。
④ 《摩呈孙中山改良佛教办法文》，翠亨孙中山故居藏档：B7-13。

富强，具有十分重要的意义，具体表现在巩固海防、提升国家外交地位、维护海外贸易、保护全球华侨，因而呼吁孙中山要以"诚能以社会主义增进民福，又以海军政策张大国威"。①

二、新国民　新责任

1912年1月1日是中国的辛亥年十一月十三日，对于一直使用中国历法的国人，这一天本来并不特别易被当作划分时间的标志，然而，它却具有永垂青史的意义，"此乃空前绝后、亚东出现共和国纪念之元旦"。这个元旦，作为立国的纪念日，当与美国的7月4日独立纪念日并举。② 这一天的《民立报》社论说："今孙中山赴宁就大总统职，临时政府之组织亦将即日发表，则中华开国四千六百另九年中，惟此日为最足纪念。同胞其□（此字不清——引者注）负共和国民之责任，以努力进行乎！"③《申报》"自由谈"栏目也发表了一篇《新祝词》，作者兴奋地写道："今日为新中华民国新元旦，孙大总统新即位，我四万万同胞如新婴儿新出于母胎，从今日起为新国民，道德一新，学术一新，冠裳一新，前途种种新事业，胥吾新国民之新责任也。"④ 在新国家诞生之际，新国民、新责任的意识觉醒成为当时舆论的热点之一，引人注目。

近代中国的"国民"思潮初兴于甲午战争之后。进入20世纪，国民思潮蔚为大观。《国民报》有论说言："中国而有国民也，则二十世纪之中国，将气凌欧美，雄长地球，固可翘足而待也。中国而无国民也，则二十世纪之中国将为牛为马为奴为隶，所谓万劫不复者也。"⑤ 此处所定义之"国民"，就是有权利，有责任（即义务），有自由、平等、独立之精神的人民，即有国家观念的人民。⑥ 相较于传统社会的"臣民"观念，"国民"观念的兴起蕴含着近代民族意识和民主意识觉醒的现代性意义，在部分先进的中国人中迅速展开。

南京临时政府的建立推动了国民观念在舆论中的高潮，并坚定地赋予其

---

① 《汤芗铭致孙中山函》，翠亨孙中山故居藏档：B2-11。
② 《恭贺新年》，《申报》1912年2月21日，"自由谈"。据原按，"此作系指新历元旦，因当时不及登载，故于旧历新年中补录之。"因而刊载于旧历元旦后的2月下旬。
③ 血儿：《民国唯一之纪念日》，《民立报》1912年1月1日，"社论"。
④ 钝根：《新祝词》，《申报》1912年1月1日，"自由谈·游戏文章"。
⑤ 《说国民》，《国民报》第2期，1901年6月10日。
⑥ 严昌洪、许小青：《癸卯年万岁——1903年的革命思潮与革命运动》，武汉：华中师范大学出版社2001年版，第121页。

"共和国民"的明确内涵,"自由"、"平等"成为衡量国民幸福内涵的主要指针。做"自由之国民",被视为新时代的理想。华侨对于自由观念浸润较久。加拿大域多利(今译维多利亚)致公总堂致孙中山,赞颂孙中山"以成今日之中华民国,使四万万之同胞得享平等之自由,斯功斯德,诚公之所造成者也"①。该埠林礼斌致函孙中山:"今且公举为总统,登大舞台,演大手段,建莫大之奇勋。去满洲之专制,为吾人谋自由之幸福,此其时矣。他日中华民国可加列强之上者,皆足下所赐也。"② 基督教人士也对"自由"观念多有鼓吹,共和政权建立后,宗教界看到了信仰自由时代的来临。1912年2月,梧州基督教致电孙中山:"二十载经营,成功一旦。从兹信仰自由,惟公是赖。"③ 基督教组织在提出禁止鸦片的要求时,也采用"自由"观念来演绎,上书孙中山"鸦片流毒,其害甚于专制。鸦片一日不除,民国一日不得真自由。恳请大总统速请英国复我自由禁烟之主权"④。

"责任"观念与"自由"同步而来。如刘钟俊一般,以"中华民国国民"的名义在文电中署名的做法,一时十分流行。刘钟俊在其呈文中称:"汉族光复,民国成立,凡属分子,匹夫有责",一再强调自己"亦系一份子",有进言的责任。⑤ 当时舆论热衷于宣传,必须使人民认识到对国家所负的国民责任,才能巩固共和,避免亡国亡种的命运。1912年2月8日,楚谦兵舰教练官、同盟会会员萧举规从国民对于国家的责任的角度,论述了反对袁世凯担任大总统,以防止"名为赞成共和,实则君主立宪"。他指出,专制政体的国家属于皇帝,君主立宪制的国家偏重于皇帝,只要有皇帝,就无法唤起人民作为国家主人的国民责任心,最终导致国家的沦亡。"中国历史以来,数百年而一革,遂至人民昧于天职。外族侵入,自此以前皆文化不逮于我者,我犹可锄而去之;若此后不巩固共和政体,使人民负国家责任心重,几何其不变为印度、波兰也。是吾党之不能不悉心体察者正在于此也"。⑥

---

① 《域多利致公总堂致孙中山电》,翠亨孙中山故居藏档:B9-2。
② 《林礼斌致孙中山函》,翠亨孙中山故居藏档:B9-3。
③ 《梧州基督教致孙中山电》,《临时政府公报》第八号,1912年2月5日。
④ 《基督教五公会致孙中山电》,《临时政府公报》第五十二号,1912年3月30日。
⑤ 《刘钟俊呈孙中山陈办屯垦以安插游民等事文》,翠亨孙中山故居藏档:B11-69。
⑥ 《萧举规上孙中山论袁世凯不宜当大总统等情事书》,翠亨孙中山故居藏档:B4-4。

在国民思潮蓬勃兴起之时,"女国民"思潮也应运而生。革命党人对于女性国民地位的确立起到了主导性的作用,从各个方面推动女性人格范式的重塑和女权运动的兴起。他们积极宣传妇女解放,提倡女权,期望妇女与之共同担负起对国家的责任。辛亥革命对于"女国民"思潮的发展和提升起到了强劲的推动作用,女子要求平等平权和享有参政权,成为民国元年妇女运动的重要诉求。新加坡劳佩华、李娇、赵陈氏、卢子珊等发起女神界救济捐,以承担作为国民的义务,表示"为我中国人民,应皆担一份子义务。然星洲一埠,侨居中国之民亦应担一份之义务。而男界有广东救济捐、福建保安捐,然我女界亦中国一份子,同人等故持倡女界救济捐"①。参加革命的女性将"女权堕落"与专制相联系,将"发扬女权"与"共和"相联系,以为女权运动助力。女子同盟会吴木兰、林复于1912年2月14日在向孙中山呈文中,历数几千年政治专制和家庭专制导致女权不振,"女学不昌,道德不明,专制淫威有以劫制之而已矣。是故国家专制,则不惜焚书坑儒,销锋铸金,以愚黔首;家庭专制,则不惜钳口裹足,蔽聪塞明,以误青年。世人识字忧患始,女子无才便是德,盖皆恐学理一明,必难驾驭,故为此诐说淫词,冀以一手掩尽天下目,俾得甘为奴隶、牛马、赘物、玩具,然后宰割、烹醢、驱策、戏弄,可以任意行之而莫敢予毒,莫或予抗矣"。而女子在新国家中理应认识到自己的国民责任,扶助民国,促进共和,不应"坐享自由,放弃责任,自甘雌伏,贻羞巾帼?"女子同盟会的设立,即以扶助民国、促进共和、发达女权、参预政事为唯一宗旨,并以普及教育为前提,以整军经武为后盾,其缘由就是"醉心共和,尊重女德,倡导女学,藉以发扬女权,为共和前途光"。② 上海女子参政同志会主要成员唐群英等,在致孙中山的呈文中,以孙中山所论述的政治革命、社会革命的关系,来阐述女子参政的必要。她指出,历史上造成的男女不平等,是儒家三纲五常压迫所致,"同是人类,何不平等若是之甚欤?兹幸神州光复,专制变为共和,政治革命既举于前,社会革命将踵于后。欲弭社会革命之惨剧,必先求社会之平等;欲求社会之平等,必先求男女之平权;欲求男女之平权,非先与女子以参政权不可"。唐群英要求孙中山以大总统身份,将女子参政问题作为议案,提交参议院决议,"于宪法正文之内订明,无论男女,均有选举权及被选举权;或不须订明,即于本国人民一语申明系包括男女而言。另以正式公文解释宣布,以为女子得有参政权之证据,再由大总统公布全国,使

---

① 《劳佩华、李娇等致孙中山函》,翠亨孙中山故居藏档:B9-7。
② 《吴木兰、林复呈孙中山文》,翠亨孙中山故居藏档:B8-8。

我女界同胞闻而兴起"。①

三、新旗帜　新纪元

新国家展现的,首先是与旧王朝截然不同的新气象。中华民国临时政府建立后,立刻谋求各国承认革命政权。在请求各国承认新国家的电文中,伍廷芳主要阐述了两个方面的理据:一是中国成为共和国的新国家,已经具有新的气象,这一新气象有待于进一步发展。二是新中国有效法西方文明国家的意愿,希望通过进于文明而与列国建立友好关系。"中华以革命之艰辛,重产为新国,因得推展其睦谊及福利于寰球,敬敢布告吾文明诸友邦,承认吾中华为共和国","吾人之所以欲求列强承认者,盖若是则吾人身世上之新气象可以发展,外交上之新睦谊可以联结"。②

新国家需要自己的新的国家外观。南京临时政府成立后,迅速颁布了新的国旗、国歌和新的纪元方式,使新国家的国家外观焕然一新。1911年12月31日,孙中山在当选临时大总统后,派黄兴到南京参加各省都督府代表会议,议决改用阳历,以中华民国纪元。当天,各省代表会就向各省都督府、谘议局和各报馆发电,通告"今日议决改用阳历,并以中华民国纪年,明日即为中华民国元年正月一日,临时大总统于是日到宁发表临时政府之组织,请即公布"③。1912年1月10日,临时参议院决定以五色旗为国旗。1912年2月,南京临时政府公布了以"亚东开发中华早,揖美追欧,旧邦新造。飘扬五色旗,民国荣光,锦绣山河普照。我同胞,鼓舞文明,世界和平永保"④为歌词的中华民国国歌。

各省都督府代表会议关于改用阳历的电文在12月31日当天由南京以一等电发出。《时报》晚至第二天晚上10时接到此电,对改历一事,尚存担忧,认为此举"乃由代表会自议自行,不知果有效力否"⑤。但形势发展之快、各方反应之速,远出意料。当天,沪电政总局电各局称:中华民国改用阳历,以黄帝纪元四千六百九年十一月十三日为中华民国元年。希速宣布各

---

① 《唐群英等呈孙中山要求女子参政权文》,翠亨孙中山故居藏档:B8-12。
② 《伍廷芳请各友邦承认中华共和国电文》,时事新报馆编辑:《中国革命记》,第六册,文牍,第九、十一页,上海自由社,1912年6月。
③ 《时报》1912年1月2日,"中国革命消息·南京公电"。
④ 《南京临时政府公报》第22号,1912年2月25日。
⑤ 《时报》1912年1月2日,"中国革命消息·南京公电"。

局号数及册款均结至本日为止。① 1月1日，各地接到改元通告，纷纷发表贺电。②

改元看上去只是历法的变更，但这却是孙中山和革命党人十分重视的一个问题。当1911年12月27日，各省都督府代表联合会迎孙代表在上海拜访孙中山时，讨论到关于建国的重要问题，其中之一就是改用阳历。孙中山向他们主动提出："本月十三日为阳历一月一日，如诸君举我为大总统，我就打算在那天就职，同时宣布中国改用阳历，是日为中华民国元旦，诸君以为如何？"欢迎代表当时回答："此问题关系甚大，因中国用阴历，已有数千年的历史习惯，如毫无准备，骤然改用，必多窒碍，似宜慎重。"孙中山强调："从前换朝代，必改正朔、易服色，现在推倒专制政体，改建共和，与从前换朝代不同，必须学习西洋，与世界文明各国从同，改用阳历一事，即为我们革命成功第一件最重大的改革，必须办到"。③ 孙中山揭示了新历法的两个重要性质，一是关系到政治，即革命的"正朔"问题；二是关系到文明，即与世界各先进国一致的问题。事实上，1912年初南北对峙时期，历法的使用基本可视为对革命态度的一种指针，南方革命各省的军政府机关广泛采用了阳历。黎元洪接到改用阳历的电报后，"极表赞同，并电贺孙大总统就职之典礼"④。伍廷芳记录革命过程的《共和关键录》和曹亚伯同类著作《武昌革命真史》，均在孙中山就职之日后改以阳历记事。⑤ 而北方各省仍坚持使用阴历，导致各地使用韵目代字拍发电报时，同一代字指代的日期有阴阳之别。如1912年2月9日各地发给孙中山的电报中，革命党领导人伍廷芳、蔡锷、江北民政长何锋钰均使用"佳"、"青"，而段祺瑞则使用

---

① 《陈炯明致孙中山电》，《时报》1912年1月9日，"来件·南京总统府电信汇纪"。

② 见《申报》1912年1月3日"公电"、《民立报》1912年1月3日"恭贺孙大总统电报"中各电。

③ 王有兰：《迎孙中山先生选举总统、副总统琴历记》，尚明轩、王学庄、陈崧编：《孙中山生平事业追忆录》，北京：人民出版社1986年版，第780页。

④ 曹亚伯：《武昌革命真史》（下），上海：上海书店1982年版，第533页。

⑤ 观渡庐编：《共和关键录》，《近代中国史料丛刊续编》第86辑，台北：文海出版社有限公司影印；曹亚伯：《武昌革命真史》，上海：上海书店1982年版。

"祂"、蒙古王公联合会使用"养"。① 南北统一后,袁世凯继承了南方政府改用阳历的政策,规定"自壬子年正月初一起,所有内外文武官行用公文,一律改用阳历"②,原来在北洋系控制下的北方各省各地始改用阳历的电报韵目代字。

改用阳历在政治上意义巨大,官方机构和官办的学校踊跃遵行,广东法政学堂在阳历1月15日重新开学,将旧历年假正式取消。③ 主管广东教育的钟荣光看到政府既改用新历,而商家、报馆等仍用旧历,决定广东省城学校首先严格实行新历。根据教育部的要求,新历元旦前后,学校放年假14天,旧历元旦之前放假者,以违背部令议罚。钟荣光在旧历元旦前派员巡视城内各校,"有公立小学数所,学生放假过半,乃将校长记过。更有一校,教员学生,全不上课,乃罚校长俸薪半月,及开校员会议时,教育司长当众宣布,学界稍知新历之重"④。但在社会上,推行却遇到困难。"商界中人咸以往来帐款,例于年底归束,今骤改正朔,急难清理,莫不仓皇失措。即民间一应习惯亦不及骤然改变,咸有难色"⑤。商界和民间仍惯以旧历结算,商界要求,"中华民国纪元改用阳历,业经宣布。惟念各商业向例于阴历年终结帐,设骤改章,实于商务大有妨碍,故拟请即通电各都督转饬商会,晓谕商户,以新纪元二月十七(即阴历除夕)作为结帐之期,嗣后即照阳历通行"⑥。改元令下之后,共和建设会也致电临时大总统孙中山,要求"商界收帐暂照旧历,以安市面"⑦。倾向革命的人士对扭转这一传统习惯有时也作出了一定的努力,如但效果有限,新政府为此作出一定的妥协。沪军都督府告示,所有商业账务,仍以阴历十二月三十日(阳历1912年2月17

---

① 《关于优待条件之要电》,《申报》1912年2月11日,"要闻";《蔡锷致孙中山、黎元洪等电》,《天南电光集》第73电;谢本书等编:《云南辛亥革命资料》,昆明:云南人民出版社1981年版;《江北民政长电》,《申报》1912年2月10日,"公电";《保定来电》,《南京临时政府公报》第十五号,1912年2月14日,"附录·电报"《蒙古王公联合会致孙中山及各省通电》,《临时公报》,辛亥年十二月二十九日。

② 《北京袁总统电》,《申报》1912年2月21日,"公电"。

③ 《法政学堂不放旧历年假》,《华字日报》(香港),1912年1月27日,"广东新闻"。

④ 钟荣光:《广东人之广东》,林家有主编:《孙中山研究》第3辑,广州:中山大学出版社2010年版,第310页。

⑤ 《商民暂准沿用旧历》,《申报》1912年1月3日,"本埠新闻"。

⑥ 《宣布除夕结帐之电文》,《申报》1912年1月9日,"本埠新闻"。

⑦ 《共和建设会上大总统电》,《申报》1912年1月3日,"本埠新闻"。

日)"暂照旧章,分别结算"①。袁世凯在命令官署改用阳历的同时,规定"仍附阴历,以便核对,民间习惯用阴历者,不强改"②。湖北黎元洪为顺民意,在旧历年前命警察沿途鸣锣传谕,"准民间依旧历祝岁,惟商店不得关门停贸"③。因而新历的使用并不彻底,此后较长一段时期,实际上是公历、农历同时使用,官方和上层机构使用公历,民间和商业机构多使用农历,出现了因政府和民众在历法问题上的分歧而产生的上层社会与下层社会并立的"二元社会"现象。④ 改用阳历的努力一直延续到后来的革命中。1928年国民党建政后,通过政治强力废除旧历。此时国民党将废除阴历的运动视作民国初年"革命"的继续,其政策的思路仍延续辛亥革命时期的做法,以新历的使用与"革命"的正朔联系起来。

在改元同时,各地纷纷升旗庆贺。国旗究竟应当体现什么样的意义,所有革命者和关注中国革命的人士都花费了不少的心思。1911年10月11日,武昌起义成功发动后,湖北军政府谋略处作出几项重要决议,其中包括宣布以铁血旗为革命军旗等。10月28日的《申报》以"中华民国国旗"的标题刊登了铁血旗的图式,图下的说明是:"红地,由中心外射之线九,色蓝,线之两端各缀一小星,其数十八,或云以表示十八省焉。"⑤ 而东南各省,光复后使用五色旗,广东使用青天白日满地红旗。12月4日,各省都督府代表联合会的部分留沪代表与江、浙、沪都督等人在上海开会,研究筹组中央政府事宜,讨论国旗时,湖北代表提议用铁血旗,福建代表提议用青天白日旗,江浙方面提议用五色旗,最后形成了以五色旗为国旗、铁血旗为陆军旗、青天白日满地红旗为海军旗的折中方案。《申报》于12月8日将三旗图案公之于众。⑥ 1912年1月10日,临时参议院通过专门决议,使用五色共和旗(即五色旗)作为国旗,"以红黄蓝白黑代表汉满蒙回藏五族共和"⑦。

---

① 《沪军都督陈示谕》,《申报》1912年1月3日,"本埠新闻"。
② 《帝国与民国过渡之条件》,《申报》1912年2月21日,"要闻"。
③ 《共和乐与新年乐欤》,《时报》1912年2月25日,"要闻"。
④ 参见左玉河《评民初历法上的二元社会》,《近代史研究》2002年第3期;《论南京国民政府的废除旧历运动》,中国社会科学院近代史研究所编:《中华民国史研究三十年(1972—2002)》下卷,北京:社会科学文献出版社2008年版。
⑤ 《中华民国国旗》,《申报》1912年10月28日,"专电"栏目中央。
⑥ 《确定中华民国旗式》,《申报》1912年12月8日,"译电"栏目中央。
⑦ 曹亚伯:《武昌革命真史》(下),上海:上海书店1982年版,第533页。

五色旗其实并不符合孙中山对于国旗的理想①。孙中山提出："夫国旗之颁用，所重有三：一旗之历史，二旗之取义，三旗之美观也。"他心中属意的国旗是青天白日满地红旗，"天日之旗，则为汉族共和党人用之南方起义者十余年。自乙未年陆皓东身殉此旗后，如黄冈、防城、镇南河口，最近如民国纪元前二年广东新军之反正，倪映典等流血，前一年广东城之起义，七十二人之流血，皆以此旗，南洋、美洲各埠华侨，同情于共和者亦已多年升用，外人总认为民国之旗。至于取义，则武汉多有极正大之主张；而青天白日取象宏美，中国为远东大国，日出东方，为恒星之最者。且青天白日，示光明正照自由平等之义，著于赤帜，亦为三色"。②其他一些国际友人，出于对中国革命的关心，以及对孙中山的友善，也向孙中山提出了饶有趣味的建议。有一位外国友人通过梦中的一个小女孩之口，阐述了自己对于新的中国的认识。他向孙中山建议："有个小女孩找到我的办公室，要我画张中国国旗的设计图，接着她就说出设计图的样子，并告诉我太阳代表东方；火焰代表自由；太阳的光芒代表各省，国旗的红色代表中国人民为自由所抛洒的热血。瞧，多么有趣的梦啊。"③更有意思的是，另一位友人、美国北方长老会传教团查尔斯·里曼特意向孙中山提出，新国旗用五色条纹来代表五族共和的话，比例似乎不当，仅仅一条红色条纹并不能充分代表汉族的18个省份，而且将来省份数目增多，就更无法反映。他综合美国的星条旗和中国的五色旗的特征，提出的修改意见是：18个汉族省份由红色条纹中的18颗星代表，黄色条纹中两颗星代表关东两省，蓝色条纹中的一颗星代表蒙古，白色条纹中的一颗星代表新疆，而无星的黑色条纹则代表西藏，因为西藏当时尚待划为一个省份。里曼所追求的，不仅国旗要美观，而且要含义丰富，他所寄托的含义，就是"希望贵国在诸多方面比如国旗、政府、经济、权利、公正等等与我们美国尽量相似，人人遵守法纪，从善如流"④。

但五色旗实际上已经被各地各界作为新国旗使用。为举行孙中山就任临时大总统典礼，各省联合会通电各地"一律悬挂国旗，以志庆贺"⑤。国旗意味着统一和对革命的归附。新国旗确定之初，袁世凯尚未反正，对新旗不

---

① 关于民元围绕国旗问题的讨论，参见李学指《民元国旗之争》，《史学月刊》1998年第1期。
② 《大总统复参议会论国旗函》，《南京临时政府公报》第6号，1912年2月3日。
③ 《海外友人致孙中山信札选》（一），《民国档案》2003年第1期。
④ 《海外友人致孙中山信札选》（四），《民国档案》2003年第4期。
⑤ 《孙大总统今日履任》，《申报》1912年1月1日，"中国光复史"。

以为然,他对他的外国顾问莫理循说:五色未必然成,恐遇风雨,变成糊涂也。① 后来得到反清后推举为临时大总统的承诺,才转而接受了民国国旗。在南北对峙期间,两方面军队冲突不断。清帝退位后,负责议和的伍廷芳和唐绍仪要求袁世凯"通饬各处军队一律改悬中华民国五色旗以示划一,此后见同一国旗之军队,不可挑衅。如见从前清国军队尚未改悬国旗者,应即通告,嘱其遵照袁君电命,改悬民国旗。如果始终甘为民国之敌,则必为两方所共弃"②。北伐海军总司令汤芗铭上书孙中山,要求"大总统电谕鲁、燕各港口,暨在港各军队。自清帝退位之日起,升挂民国五色旗一月。铭当率各舰亲往查视。其有不遵命令,不悬国旗者,当照伍代表之处办理"③。民国旗帜成为政治上正当性、正义性的标志,在议和结束、南北统一的过程中,有个别地区南军与北军的纷争并未完全停止,此时民国旗帜更成为争夺正统性的工具。树立民国旗帜,在政治上意味着掌握了优势。清帝退位后,东北赵尔巽、张作霖在铁岭、开原等处,仍以兵力攻击服从于革命党人蓝天蔚的吴鹏翱、刘永和部民军,刘永和部不仅力不能当,而且向孙中山、黄兴痛诉"待以五色旗悬,有碍进行,不啻明季燕王炮击济南城,铁铉悬明太祖神主以退敌,致使我军公愤私仇,均无所泄,对旗痛哭,可谓伤心"④,显示了理与势双重受制的困境。国旗对于争取外交承认也有重要作用。在列强尚未承认南京临时政府时,广东都督府得到消息,美国南支那舰队曾受政府命令,倘遇中华民国军舰下驰施礼时,应一体回礼。美国驻广州总领事将这一信息告诉了广东外交部员,请约定期日,以一军舰对美军舰施礼,俾得回礼,并暗示美海军承认中华民国国旗后,法、德、日、葡等国必随之。广东都督陈炯明意识到"此事关系甚大"⑤,立刻向孙中山请示进行。

革命后的升旗活动,因各地情形不同,大略出现三次高潮。第一次是临时政府成立时的元旦前后,各地"遵电改元,并升旗庆贺"⑥。第二次是阳历1月15日,因许多地方元旦时没有来得及开展庆贺活动,因而在15日补行庆祝。上海"工商全体休息一天,升旗悬灯,公贺总统履任,补祝纪元"⑦,"南北商务总会、商务总公所及各商家谨于十五日举行庆祝礼,一律

---

① 曹亚伯:《武昌革命真史》(下),上海:上海书店1982年版,第533页。
② 《南京临时政府公报》第十七号,1912年2月20日,"附录·电报"。
③ 《南京临时政府公报》第二十一号,1912年2月24日,"附录"。
④ 《南京临时政府公报》第四十九号,1912年3月27日,"附录·电报"。
⑤ 《南京临时政府公报》第六号,1912年2月3日,"电报"。
⑥ 《宿迁各界电》,《申报》1912年1月3日,"公电"。
⑦ 《上海去电》,《民立报》1912年1月15日,"贺电"。

悬旗点灯,共伸诚意"①。安徽"补行庆祝元旦大典,国旗焕采,百度维新"②。第三次是清帝退位、北方实现共和后,北方各地和原来未承认新政府的由外国人控制的机关更换新旗。在辽宁绥中,"本邑人士凡稍有国民之程度者,无不手舞足蹈,欢呼中华万岁。近日间竟有乡人不惮数十里之遥来城以睹五色旗者"③。上海江海新关本由税务司管理,上海光复后,已将龙旗偃卷,但却不肯张民国新旗,清廷宣布退位后,该关遂高揭五色国旗。④ 3月19日、20日,东北《盛京时报》专文介绍国旗历史,"自今而后,或即用五色旗,或改更定他种之旗式,要皆足以照耀大地,为吾汉旗增无限之光荣。世有侮辱吾国徽者,誓与吾同胞共击之"⑤。

民国国旗的敌对象征是清廷的龙旗,革命的过程,同时也是五色旗战胜龙旗的过程。旧历新年这一天,民军代表与东北公主岭的各官衙和商务分会交涉,一致赞成共和,撤去龙旗,改为五色民国旗。⑥ 忠于清室者对龙旗仍恋恋不舍。1912年3月,天津《民约报》反映,"宗社党到处煽惑,已查有私制龙旗等据",提醒"南方军队,无论如何,一时切勿解散"。⑦ 1912年4月,南京发生兵变时,南京留守处搜获龙旗二面,认定是"宗社党从中煽惑"⑧。直到1917年张勋复辟,龙旗还曾昙花一现,在复辟和讨伐复辟的过程中,有人观察到这样一种有趣的现象:"数日之前,京师城厢内外,店肆铺户,俱悬黄龙旗。自辫子兵战败后,前门及外城一带,均改悬五色国旗,惟禁城之内,商民因慑于张勋之势,则仍龙旗飘扬空际。说者谓龙旗乃伪清之标识,五色旗乃民国之代表,今五色旗围绕于外,而龙旗困处于内,亦如义军四面包围逆军,使之不能出禁城一步也。咸以为五色旗战胜龙旗云。"⑨

---

① 《举行大祝典之盛况》,《申报》1912年1月16日,"本埠新闻"。
② 《安庆孙都督电》,《申报》1912年1月17日,"公电"。
③ 《五色旗翻万民志遂》,《盛京时报》1912年3月3日,"东三省新闻"。
④ 《新关悬挂新旗》,《申报》1912年2月21日,"本埠新闻"。
⑤ 《中华民国旗之历史(续)》,《盛京时报》1912年3月20日,"共和肇国记"。
⑥ 《北满民党之举动》,《申报》1912年2月29日,"要闻二"。
⑦ 《民约报致民立报转孙中山等电》,《民立报》1912年3月24日,"天津电报"。
⑧ 《南京兵变三记·黄留守通电》,《申报》1912年4月15日,"要闻一"。
⑨ 汪增武、天忏生撰:《劫余私志 复辟之黑幕》,北京:中华书局2007年版,第135页。

第二节　革命后的"新"与"旧"

一、从"皇朝"到"人民的世纪"

辛亥革命是中国历史上一场空前的政治和社会变革。在旧历辛亥年即将结束之际，清廷正式灭亡，当人们迎接壬子新年到来时，发现自己的身份已经由帝国制时代的臣民，变为民国时代的国民。"辛亥中国之尾声，乃为清帝退位诏书。夫清帝既退位，则中华国者，乃真我五族人民之中华，非一姓满洲之清国矣。中华民国之主权，乃始完全而无缺"①。南京临时政府通过颁布政策、法令，确立了民主共和的政治原则，开启了一个全新的现代政治的大门。景耀月、马君武等人起草的《大中华民国临时约法草案》第一条就明确"大中华国永定为民主国"。在《人民权利、义务》一章中，全面规定了人民的平等、自由、自主和各种合法权利不受侵犯的条款。②袁世凯就任临时大总统后的《中华民国临时约法》，虽然没有"永定为民主国"的字样，但也在《总纲》中写明："中华民国之主权属于国民全体"③，自此以后，这一基本的政治原则便以根本大法的形式确立下来。抛开民主制度建立后的实际效果不论，首先在是非的层面上，确立了国民的国家主人地位，确立了"天下为公"的正当性。《时报》1912年1月1日的评论中对比了大总统与皇帝的本质差别，写道："大总统者，以国为公有者也；皇帝者，以国为私有者也。大总统者，以国人之利害为利害者也；皇帝者，以一人之利害为利害者也。大总统者，公举者也；皇帝者，世袭者也。大总统者，数年一任者也；皇帝者，终身者也。中国之有皇帝数千年矣，中国之有大总统，则自今日始。"④民主共和国成为得到全国各主要政治力量和各阶级阶层公认的根本国家形式，无论新国家、新政治的道路多么坎坷，牺牲多么巨大，但纵观20世纪，毕竟是从"皇朝"进步到了"人民的世纪"。⑤英国伦敦《泰晤士报》发表了这样一篇评论：

---

① 《辛亥年之中国》（三），《时报》1912年2月13日，"时评一"。
② 《大中华民国临时约法草案》，《申报》1912年2月1日，"要件"。
③ 《中华民国临时约法》，《临时公报》大中华民国元年三月十五日。
④ 《大总统与皇帝之别》，《时报》1912年1月1日，"时评"。
⑤ 这是作家秦牧1945年在《中学生》杂志上发表的一篇评论的标题，参见秦牧《从皇朝到人民的世纪：杂谈辛亥革命》，《中学生》第91～92期，1945年。

天子已退位，清朝统治不复存在，世界上最古老的君主国已经正式成为一个共和国。历史上很少见到如此惊人的革命，或许可以说，从来没有过一次规模相等的、在各个阶段中流血这样少的革命。革命的最后阶段是否已经达到目的，这是未来的秘密。一些最了解中国情况的人不能不怀疑，在一个拥有四亿人口的国家里，自从最遥远的历史早期以来，皇帝就像神一样统治着他们；在这样的国家里，是否能够突然用一个同东方概念和传统格格不入的共和国政府形式，来代替君主政体？中国，总之，就是这个中国，决心要这样做。中国已经高高兴兴地着手做这样伟大的事情。我们衷心希望，这会给中国带来一个它所切望的进步和稳定的政府。①

在思想上，辛亥革命也从根本上确立了人权、平等、自由的基本理念，尽管启蒙的任务仍然艰巨，但基本方向已确定无疑，名义上的民国主人总比实际上的皇朝奴隶要好得多。胡绳武、金冲及先生指出，对于辛亥革命在思想解放方面的意义不应评价过低，实际上，辛亥革命时期，革命党人在鼓吹民主革命的同时，对牢牢禁锢着人们头脑的以王权为中心的封建专制主义的旧制度、旧思想、旧观念、旧习俗也进行了猛烈的冲击，开展了一场有声有色的思想解放运动。② 林家有先生也指出，辛亥革命造成了中国社会观念的巨大变革③。20 世纪初，正是中国政治急剧变动的时代。政治上变动的一个基础，便是人民思想上和心理上的变化。文化趋新与政治变革互为因果，辛亥革命后，国人思想进一步解放，这里面因为文化宣传而导致的西方政治观念的确立不无其功。其结果，如瞿秋白体验到的：

二十世纪开始的时候，是我诞生的时候，正是中国史上的新纪元。中国香甜安逸的春梦渐渐惊醒过来，一看已是日上三竿，还懒懒的朦胧双眼欠伸着不肯起来呢。从我七八岁时，中国社会已经大大的震颤动摇之后，那疾然翻复变更的倾向，已是猛不可当，非常之明显了。幼年的社会生活受这影响不小，我已不是完全中国文化的产物，更加以经济生

---

① 谢缵泰：《中华民国革命秘史》，章开沅、罗福惠、严昌洪主编：《辛亥革命史资料新编》第 1 卷，武汉：湖北人民出版社 2006 年版，第 182 页。
② 胡绳武、金冲及：《辛亥革命时期的思想解放》，氏著：《从辛亥革命到五四运动》，西安：陕西人民出版社 2010 年版，第 26～27 页。
③ 林家有：《辛亥革命与中国社会的变革》，氏著：《孙中山与近代中国的觉醒》，广州：中山大学出版社 2000 年版，第 574 页。

活的揉捏，万千变化都在此中融化，我不过此中一份而已。①

总之，辛亥革命极大地催化了20世纪中国的进步。还在抗日战争的过程中，中国共产党的理论工作者李平心就指出："我们不能单以成败论革命。辛亥革命的失败并未磨减它在新中国生长过程中的特有的光辉。指出这个革命带有种族革命色彩，并非意味着它是一个单纯的种族革命。事实上，辛亥革命颠覆了世界上最古老的君主专制政体，透露了东方民主共和国的曙光。几千年来的皇帝的威权由此倒下来了，长期被奴役的中国人民由此在民主国家的第一块基石上站立起来了。"②

二、新期望的迅速幻灭

辛亥革命最大的成果是建立了新的共和国。但是这个"中华民国"的建立，是否真的意味着真正的共和确立起来了？南京临时政府刚刚建立之初，已有论者看到，形式上的共和并不代表共和的真正实现，"精神共和"更需要致力。"精神上共和者，其全国内一切立法、司法、行政之活动，及改革一政治，施行一政策，无不顺乎大多数国民之趋向与社会之心理。其发表于外部而见诸实行者，恰与舆论相符合，此精神上共和也。……即如中国今日，十九信条如果完全实行，永久遵守，是亦守君主形式，而共和其精神也。若根据少数人民之意见，公推一大统领，而美其名曰共和，共和国体国若是之易臻乎哉？其不流为共和之专制，盖亦仅耳"③。如果说这种担忧还过于笼统抽象的话，一些敏锐人士对于革命后的当权者则早有不祥的预期。

1911年12月，容闳给谢缵泰的信中，提醒革命者注意列强支持袁世凯等控制新政府，他写道："新中国应该由地道的中国人管理，而不应当由骑墙派和卖国贼掌管，因为他们让欧洲掠夺者干预我国的内政。"他鼓励革命派顺应民意，"中国人民正处于自己主权的最高峰，他们一直呼吁成立一个共和国，而你们，他们的领导者，也一向支持这个呼声。民声即天声；听从这种声音，他们就对了。"容闳要求革命派团结，不要陷入相互纠纷和内部争执，"自相残杀的战争肯定会导致外国干涉，这就意味着瓜分这个美好的国家，而英明的上帝本来把它留给中华民族，以建立一个模范共和国。想想

---

① 《瞿秋白自传》，南京：江苏文艺出版社1996年版，第14~15页。
② 青之（李平心）：《论新中国：中国的现在和未来》，香港：香港书店1941年版，第255页。
③ 《形式共和与精神共和》，《盛京时报》1912年1月14日，"代论"。

你们的革命给你们和子孙后代开辟了一番多么壮丽的事业！"①

革命党人不仅没有实现容闳所期望的"团结"，而且在革命后根本没有力量掌握全国政权。东北的《盛京时报》有一则评论，一针见血地指出了共和制度虽然建立，但执政者仍是"政界之最腐败者"，民国前途堪忧。评论说："革命成功，共和始立，盖革命者共和之代价，共和者革命之效果，二者相依，前后相符，绝不容有种类不同者屡杂于其间，致为共和政体之蠹。而今日共和政体之新舞台正在开幕，其脚色果为革命党员乎？抑为旧政界之蟊贼乎？"评论指出，新的国家，必赖革命党人持革命主义，才能实现共和政治的结果，"自革命蹶起于武昌，响应于全国，清朝退位，不过已达其推翻旧政府之目的耳。将来新政府之组织、旧积弊之铲除，仍赖革命主义相为始终，始克见共和完全成立之结果。今观临时政府之人物，仍以旧政界之最腐败者当其冲，而革党亦即漠然相视，反生乐观。若谓革命大功已经告成，共和政体已经成立者，是耶非耶？真耶假耶？语云：一失足成千古恨。革命大功成泡影亦易事耳。记者每为吾国之前途惧"②。这种担忧不幸成为事实，清帝退位前后，有人在《申报》上发表一篇调侃文字，认为民国虽新，实际上是"半新半旧"：

> 或问今日之风景如何，余曰，半新半旧之新年；
> 或问今日之人民如何，余曰，半新半旧之新国民；
> 或问今日之学说如何，余曰，半新半旧之新学说；
> 或问今日之服装如何，余曰，半新半旧之新服装；
> 或问今日之国家如何，余曰，半新半旧之新共和国；
> 或问今日之政府如何，余曰，半新半旧之新共和政府。③

10 年之后的 1922 年，《共进》上的一篇评论在回顾民初历史时，打了一个很有意思的比喻，指民国十余年来，"国民把政权委托给他们（指亡清的文武士大夫——引者注），无异左手把政权从他们手里拿来，右手又恭恭敬敬地给他们送去。这一件滑稽的事情，不幸在我们中国近世史上看见"④。

正如新国家的外观特别引人注目一样，革命的实际成果又基本被局限在

---

① 谢缵泰：《中华民国革命秘史》，章开沅、罗福惠、严昌洪主编：《辛亥革命史资料新编》第 1 卷，武汉：湖北人民出版社 2006 年版，第 179～181 页。
② 《五色旗下之革党》，《盛京时报》1912 年 3 月 1 日，"时评"。
③ 钝根：《半新半旧》，《申报》1912 年 2 月 21 日，"自由谈"。
④ 杨钟健：《国庆日》，《共进》第 23 号，1922 年 10 月 10 日。

这种"外观"上。后世有人观察到,"有的外国电影表现中国这一历史的变革,没有任何激烈的场面,只是一面杏黄色旗帜卸下来了,一面五色旗升了上去而已"①。民国成立后,旧的社会矛盾并没有解决,新的纷乱和争斗层出不穷,社会乱相迭呈,民不聊生。李大钊在1913年6月看到的时局是"党争则日激日厉,省界亦愈划愈严。近宋案发生,借款事起,南北几兴兵戎,生民险遭涂炭。人心诡诈,暗杀流行,国士元勋,人各恐怖,而九龙、龙华诸会匪,又复蠢蠢欲动,匪氛日益猖炽,环顾神州,危机万状"②。1913年12月,孙中山致函咸马里夫人:"独夫政治现又得逞,其压迫较之当初的满清,更加令人无法忍受。"③袁世凯之后,各派军阀的统治更加专制,中央一再推行武力统一,地方军阀各为私利,实行抗拒和割据,国内战事不断,社会日趋混乱。孙中山痛感社会之不靖、人民之困苦,对民初社会乱局和军阀政治进行了严厉的批判,指出自袁世凯当政后,"民国遂从此多事。帝制议起,舆论哗然。虽洪宪旋覆,而余孽尚存。军阀专擅,道德坠地,政治日紊,四分五裂,不可收拾"④。"去一满洲之专制,转生出无数强盗之专制,其为毒之烈,较前尤甚。于是而民愈不聊生矣"⑤。后来中国国民党改组时,孙中山又批评"满清鼎革,继有袁氏;洪宪堕废,乃生无数专制一方之小朝廷。军阀横行,政客流毒,党人附逆,议员卖身,有如深山蔓草,烧而益生,黄河浊波,激而益溷,使国人遂疑革命不足以致治,吾民族不足以有为"⑥。

不仅革命者如此认识,反对革命的人也以此攻击共和的新制度。康有为从反对革命的立场,抨击共和革命后的现象:"今中国六年以来为民主共和之政,行天下为公之道,岂不高美哉?当辛亥以前,未得共和也,望之若天上。及辛亥冬,居然得之,以为国家敉宁,人民富盛,教化普及,德礼风

---

① 秦牧:《从皇朝到人民的世纪——杂谈辛亥革命》,《中学生》第91~92期,1945年。

② 李大钊:《隐忧篇》,《言治》第1年第3期,1913年6月。

③ 孙中山:《致咸马里夫人函》,《孙中山全集》第3卷,北京:中华书局1984年版,第73页。

④ 《孙文宣言就任大总统通电》,中国第二历史档案馆编:《中华民国档案资料汇编》第4辑(上),南京:江苏古籍出版社1986年版,第22页。

⑤ 孙中山:《建国方略·孙文学说》自序,《孙中山全集》第6卷,北京:中华书局1985年版,第158页。

⑥ 孙中山:《中国国民党改组宣言》,《孙中山全集》第8卷,北京:中华书局1986年版,第429页。

行，则可追瑞士，媲美法，可跻于上治，而永为万年有道之长矣，岂非吾人之至望至乐？嗟夫！宁知适得其反耶！"① 康有为将民初乱局归罪于共和，这显然没有真正看到问题的实质。陈独秀反对康有为的结论，指出共和建立后政治上的反动与黑暗并不是共和造成的，而是相反，是因为共和受到反对和破坏。"吾人创业艰难，即一富厚之家，亦非万苦千辛莫致，况共和大业，欲不任极大痛苦，供极大牺牲而得之者，妄也。其痛苦牺牲之度，以国中反对共和之度为正比例。……中华民国六年之扰乱，亦惟袁氏及其余臭反对共和之故耳，岂有他哉？"②

从"希望"到"失望"，在民初极短的时间内，人们的心理就发生了剧烈的变化。正是由于这种"希望"之强烈和"失望"之苦恼，促成了国人在跌宕坎坷中进一步追求革新之路，新的政治运动和文化运动紧接着开展起来。

第三节 从维护框架到重建基础

一、《建国方略》与孙中山"新中国"理想的改弦更张

孙中山痛感辛亥革命后虽然建立了中华民国，但是，"有民国之名，而无民国之实"，革命只不过完成了推翻清廷的任务，"辛亥之结果，清帝退位而止"。③ 辛亥革命后，虽一再发动二次革命、护国运动，以维持共和的政治架构，但孙中山领导革命的理想远未实现，更遑论开展新国家的建设。1918年，处于政治生涯低谷的孙中山看到："民国成立之后，则建设之责任当为国民所共负矣，然七年以来，犹未睹建设事业之进行，而国事则日形纠纷，人民则日增痛苦。午夜思维，不胜痛心疾首！夫民国建设之事业，实不容一刻视为缓图者也。"④ 如何取得"民国之实"？如何使得建设能够进行？孙中山一派革命党人进行了新的探索，为中国寻求新的出路。

只注重政治革命，而忽视政治的社会基础，是孙中山为辛亥革命总结的重要教训之一。孙中山指出：辛亥革命"由军政时期一蹴而至宪政时期，

---

① 康有为：《共和平议》，《不忍杂志》第9、10合期，1917年。
② 陈独秀：《驳康有为共和平议》，《新青年》第4卷第3号，1918年3月15日。
③ 孙中山：《中国革命史》，《孙中山全集》第7卷，北京：中华书局1985年版，第66、69页。
④ 孙中山：《建国方略》，《孙中山全集》第6卷，北京：中华书局1985年版，第159页。

绝不予革命政府以训练人民之时间,又绝不予人民以养成自治能力之时间。于是第一流弊,在旧污未由荡涤,新治未由进行。第二流弊,在粉饰旧污,以为新治。第三流弊,在发扬旧污,压抑新治。更端言之,即第一为民治不能实现,第二为假民治之名行专制之实,第三则并民治之名而去之也"。假如不能奠定主权在民的社会基础,不能做好适应国情的合理的制度安排,必然"政治无清明之望,国家无巩固之时,且大乱易作,不可收拾"。①

为此,孙中山致力于社会建设的相关理论撰述,《孙文学说》、《实业计划》和《民权初步》就是在这一背景下完成的。《会议通则》(《民权初步》)的撰写着手于1916年,1917年2月完成,孙中山"以革命之先觉为共和之导师,今日锐意著述,思举共和政治必不可缺之要素,一一为国民指示之。先著《议事通则》一书,详述文明先进国家集会结社之要则,以为国民准绳。全书凡五卷,先生为普及起见,不取版权,交中华书局印行"②,是年4月出版单行本。后改名《民权初步》,编为《建国方略之三(社会建设)》。书成后,1917年5月,孙中山特意将100本寄给时任云南都督府参谋处长的李宗黄,"请代为分致当道及各同志"③。又寄数十本给保定军校学生,"请分送同志研习"④。

1917年7月,孙中山在广东学界欢迎会上,公告了"近日欲著一书,言中国建设新方略。其大意:一精神上之建设,一实际上之建设。精神上之建设,不外政治修明;实际上之建设,不外实业发达"⑤。其后,《实业计划》和《孙文学说》开始进入撰写阶段。1918年1月21日,孙中山在广州宴请欧美留学生,用英语演说,特别提到了"各人宜趁此时机,力图实业教育之发展。至交通不便,实为中国进步之大阻力,尤宜特别注意"⑥。1918年11月,孙中山开始写作《国际共同发展中国实业计划书》,"以累年

---

① 孙中山:《中国革命史》,《孙中山全集》第7卷,北京:中华书局1985年版,第66~67页。
② 《孙先生牖民之作》,上海《民国日报》1917年3月5日,"本埠新闻"。
③ 孙中山:《复李宗黄函》,《孙中山全集》第4卷,北京:中华书局1985年版,第36页。
④ 孙中山:《批保定军校学生函》,《孙中山全集》第4卷,北京:中华书局1985年版,第38页。
⑤ 孙中山:《在广东省各界欢迎会上的演说》,《孙中山全集》第4卷,北京:中华书局1985年版,第123页。
⑥ 《军府之留学生宴会》,上海《民国日报》1918年2月4日,"要闻"。

研究者与海内商榷"①，并与国际开发的计划工作者亨德利克·安德森进行过"广泛的通讯讨论，彼此将自己的计划与对方切磋琢磨"②。1918 年 12 月，孙中山在复陈炯明的信中说："兄（指陈炯明——引者注）在闽措施，既切近时需，而规画又复宏远，闻之曷胜欢喜。文（指孙中山自己——引者注）对于种种建设，此时专期《实业计画》有所著述，此编告竣，始从事其他。"③

实业计划的各个部分，首先由《远东杂志》从 1918 年 3 月到 1920 年 11 月不时刊登。1919 年 3 月，孙中山将计划述略（英文本）送交美国商务部长列飞尔并得到其首肯。④ 1920 年和 1921 年，该书的英文本全书和中译本全书分别由上海商务印书馆和民智书局出版。1921 年 4 月，孙中山致函康德黎，专门寄上一本《实业计划》，并且通过康德黎向柯尔逊爵士（Lord Carzon）索序，表示自己愿意将此书在英国和美国出版。⑤《孙文学说》的撰写历时 3 个月，1919 年春定稿，5 月付印。该书出版时，孙中山亲自动手进行第三校。⑥ 出版后又命廖仲恺寄 5 本给胡适，请其在《新青年》或《每周评论》上发表书评，后来又续寄了《实业计划》给胡适。⑦

1919 年 8 月，《建设》月刊在上海创刊。这份中华革命党的机关杂志，最初胡汉民想命名为《改造》，孙中山不以为然，指出："建设为革命之唯一目的，如不存心建设，即不必有破坏，更不必言革命。"遂定名为《建设》。⑧ 孙中山亲任社长，并撰写了发刊词，指明创刊的目的，是为了"鼓

---

① 孙中山：《复〈新中国〉杂志社函》，《孙中山全集》第 5 卷，北京：中华书局 1985 年版，第 50 页。

② （美）韦慕廷著：《孙中山——壮志未酬的爱国者》，杨慎之译，广州：中山大学出版社 1986 年版，第 106 页。

③ 孙中山：《复陈炯明函》，《孙中山全集》第 4 卷，北京：中华书局 1985 年版，第 530 页。

④ 《列飞尔致孙中山函》，《建国方略之一——发展实业计划》，《建设》第 1 卷第 1 号，北京：人民出版社 1980 年影印，第 7～8 页。

⑤ 孙中山：《致康德黎函》，《孙中山全集》第 5 卷，北京：中华书局 1985 年版，第 485 页。

⑥ 《与邵元冲的谈话》，《孙中山全集》第 5 卷，北京：中华书局 1985 年版，第 80 页。

⑦ 《廖仲恺信四通》，耿云志主编：《胡适遗稿及秘藏书信》第 38 册，合肥：黄山书社 1994 年版，第 399、402 页。

⑧ 胡汉民：《今后的革命军人》，胡汉民讲、王养冲编：《革命理论与革命工作》下册，上海：民智书局 1932 年版，总第 967 页。

吹建设之思潮,展明建设之原理,冀广传吾党建设之主义成为国民之常识,使人人知建设为今日之需要,使人人知建设为易行之事功。由是万众一心以赴之,而建设一世界最富强最快乐之国家为民所有、为民所治、为民所享者"①。从创刊号起,《发展实业计划》中译稿开始连载于《建设》杂志。

以上几篇文献,共同构成了孙中山著作中非常重要的《建国方略》,这是孙中山关于中国建设的总体设想。原计划覆盖的范围尚不止以上各项。原计划的第四部分是《国家建设》,包括《民族主义》、《民权主义》、《民生主义》、《五权宪法》、《地方政府》、《中央政府》、《外交政策》、《国防计划》八册。因 1922 年"六一六事变",孙中山所成草稿及备考之西文书籍全数被毁,因而没有全部完成,后续出版的部分著作也未纳入《建国方略》中出版。②

《建国方略》是孙中山在其遗嘱中特别提到的几篇最重要文献之一,这部巨著是在孙中山广泛阅读西方各种社会理论著作的基础上完成的,是孙中山呕心沥血之作。姜义华先生通过研究上海孙中山故居藏书指出,孙中山在撰写《实业计划》时,除去关于欧美各国工业革命、工业发展史等一批西文名著外,仅关于交通、港口、铁路方面的西文著作,就参考了不下 60 种,城市规划与城市管理方面的西文著作近 10 种,银行、信贷方面的西文著作和经济学理论著作各 60 种。《孙文学说》的基本观点同故居藏书及丸善购入书籍中数十种人文主义著作有关,《孙文学说》从 10 个方面为"知难行易"说作证时用作依据的有近百种西文书籍。③《建国方略》反映出孙中山的思想发生了什么样的变化,可以从他本人所打的一个比喻中来理解。1916 年 7 月,护国运动落幕不久,孙中山在上海张园举办茶话会,向在沪国会议员、名流、商学军政各界人士和新闻记者发表关于建设的演说,以"建屋"喻"共和",指出:

> 中西人筑屋,有一异点,可于其礼见之。国人筑屋先上樑,西人筑屋先立础。上樑者注目于最高之处,立础者注目于最低之地。注目处不同,其效用自异。吾人作事,当向最上处立志,但必以最低处为基础。

---

① 《发刊辞》,《建设》第 1 卷第 1 号,1919 年 8 月。
② 孙中山:《三民主义》,《孙中山全集》第 9 卷,北京:中华书局 1986 年版,第 183 页。
③ 参见姜义华《使外国之资本主义以造成中国之社会主义——〈实业计划〉战略构想析评》,上海中山学社《近代中国》1991 年第 1 期;《论〈孙文学说〉人文精神的新构建》,《学术月刊》1994 年第 1 期。

最低之处，即所谓根本也。国之本何在乎？古语曰：民为邦本，故建设必自人民始。①

由此可见，《建国方略》的意义在于，孙中山经过民国初年的反复努力和困顿，在屡败屡起的过程中，不仅没有消磨革命意志或丧失建设目标，反而在思想和认识上产生了新的飞跃。从"维护框架"（二次革命、护国运动、护法运动莫不如此），转向"建设基础"，把目标定在争取有社会基础的真正的民主共和，为革命之再起勾画蓝图和创造条件。因此，当《建国方略》完成后，孙中山公开表示，原有的政治架构中的政治元素已经完全不值得维护；其中的政治势力已经完全不值得期待，中国的政治问题需要根本解决。1919年10月，孙中山在向寰球中国学生会的演说中，批评了辛亥革命的缺陷，在于"那一般革命党人，以为把满清政府推倒后，就算革命成功了。这就是没有根本解决的觉悟"。他指出：

> 根本解决的办法，怎样去做呢？南北新旧国会，一概不要他，同时把那些腐败官僚、跋扈武人、作恶政府，完完全全扫干净他，免至他再出来捣乱，出来作恶，从新创造一个国民所有的新国家，比现在的共和国家还好得多。②

此后，孙中山果断结束了"护法"的提法，改弦更张，对革命和建设有了新的规划。1922年1月，孙中山明确表达了自己对于新国家的新主张，在向桂林广东同乡会的演说中，孙中山说："法、美共和国皆旧式的，今日惟俄国为新式的。吾人今日当造成一最新式的共和国。新式者何？即化国为家是也。人人当去其自私自利之心，同心协力，共同缔造。……吾人今日由旧国家变为新国家，当铲锄旧思想，达发新思想。新思想者何？即公共心。"③孙中山转向重视人民、重视政治的社会基础，促成了他思想的进一步升华，也显示出即使在厄境中，他对于中国建设的目标之高远始终不渝。正如时论所评："即孙氏非一军阀派，乃一民治家也。故其一切措施，乃真正共和民主之要素，为中国当今急需之美意良法。若舍而不用，则中国前途

---

① 《记孙中山先生之政见演说会》，上海《民国日报》1916年7月18日，"要闻"。
② 《孙中山先生在寰球学生会的演说词（续）》，上海《民国日报》1919年10月22日，"专件"。
③ 孙中山：《在规律广东同乡会欢迎会的演说》，《孙中山全集》第6卷，北京：中华书局1985年版，第56页。

断难得若何之成效。"①

二、革命党的建设和革命的转型

从维护框架转向重建基础，为孙中山革命实践的转变作了思想观念上的重要铺垫。而要实行这种建设，作为政治家的孙中山，仍然意识到必须通过政治革命，才能推动中国的革新和发展。傅斯年在20世纪30年代回忆，当新文化运动在北京蓬勃兴起时，孙中山在上海致力于政治上的思考和设计，"中山先生在上海创办《建设》杂志，实给此运动以绝大的政治动向。我们从他当时所表现的议论中清楚的看出，他是觉得单是一种文化的革新是不足的，必有政治的新生命，中国才能自立，必有政治的新方案，中国才能动转。中山先生提倡'把中国近代化'的功烈，是后来中国人所不能忘的"②。这一时期，孙中山开始重视革命政党的建设，并着力寻找真正的革命力量，完善自己的政治主张，一步步走向国民革命。

需要依靠什么样的精英团体来管理中国社会，是孙中山政治考量中十分重视的一个方面。"党"在不同的政治理念、政治目标和政治体制下，其性质并不相同。孙中山开展反清革命时期的中国同盟会，属于"革命党"的性质，而民国建立后在议会政治的框架下成立的国民党，属于"政党"的性质。章士钊就认为以反清或建立民国相号召的党都不能算是政党："凡政党者，皆求于现行国家组织之下，相迭代用，以施行其政策者也。故凡政党，不得含有革命性质"。因此，"革命党者，非政党也"。③ 孙中山在反清的武装起义时期领导了中国同盟会这一"革命党"，民国刚建立时，他也一度希望能够建立起真正意义的"政党"，最终又致力于建设一个高度集中的"革命党"。他始终重视"党"这一特殊的高度政治性的社会组织的作用，认为作为革命先进和社会管理的中坚，持有主义和先知先觉的"革命党"应当担负起领导全社会实现现代目标的重任。因此，他对于"党"在社会政治生活中应扮演什么样的角色，应如何沟通社会与政治，有自己独特的思考。

辛亥革命后，孙中山原来领导的同盟会发生了很大的变化。"自黄花岗

---

① 莫安仁：《〈建国方略〉·莫安仁序》，第2页。《孙中山全集·二集》上册，上海：三民公司1927年版。

② 傅斯年：《论学校读经》，天津《大公报》1935年4月7日，"星期论文"。

③ 章士钊：《帝国统党党名质疑》，《章士钊全集》第1卷，北京：文汇出版社2000年版，第477~481页。

一役，老同盟会的革命先锋，已失去大半。再经过辛亥革命，党中真正能奋斗而肯牺牲的分子，又多死亡。所遗留下来的，除极少数外，不是懦弱无能之流，即属梦想升官发财之辈。至辛亥后加入的国民党员更不用说了。所以国民党自新辛亥以来，除孙中山一二领袖外，百分之九十是倾向于妥协的"①。民初国民党建立时，孙中山一度希望能有真正的两党制意义上的政党的。但由改变政纲、更换名目拼凑起来的国民党，地方系统不明，组织庞杂涣散，官僚政客投机，实际不过是仅具竞选价值的政治工具。袁世凯对国民党的镇压和专制统治，使孙中山认识到，中国实行英美式的政党政治还完全没有条件，进而从两党制转向一党制的"以党建国"、"以党治国"，主张只有一个政党单独治理国家。1924年以苏俄党为榜样再度改组国民党，使之成为名副其实的"革命党"。②

　　孙中山有挥之不去的革命情结。在经历一系列失败之后，孙中山总结出来的最大教训就是自己所领导的党的"革命性"还不够。③ 孙中山对革命的党的要求，是需要一个能够承担"以党治国"重任的革命的党。"吾人立党，即为未来国家之雏形"。中国国民党成立以后，孙中山对党和国的关系阐述为"我们中华民国算是一棵大树，我们革命党就是这树的根本……党事为革命源起事业，革命未成功时要以党为生命，成功后仍绝对用党来维持，所以办党比无论何事都要重要"。④ 他认为最需要防止的，就是党的无信仰、无革命精神、不服从、不团结和组织成分混杂。他认为要建成一个有社会权威和有社会基础的革命党，"夫所贵乎有党者，盖在集合国民力能活动之分子结为团体，在一主义之下为一致之奋斗。故其要义，一在有主义，二在有团结，三在有训练"⑤。孙中山十分重视"革命党"的革命"主义"，民初同盟会改组为国民党，使得"本党完全要变为政党，革命精神遂以消

---

　　① 述之：《国民党右派反革命的经济背景》，《向导》第82期，1924年9月。
　　② 姜义华：《孙中山的政党作业和现代化进程中的权威转换与政治造型》，《探索与争鸣》1991年第9期。
　　③ 杨天宏：《政党建置与民初政制走向》，《近代史研究》2007年第2期，第38页。
　　④ 孙中山：《上海中国国民党本部的演说》，《孙中山全集》第5卷，北京：中华书局1985年版，第262～263页。
　　⑤ 孙中山：《致全党同志书》，《孙中山全集》第9卷，北京：中华书局1986年版，第540页。

失"①,遂撰写《孙文学说》,以树立革命党人信仰。他说:"又以吾党同志向多见道不真,故虽锐于进取,而无笃守主张之勇气继之,每至中途而旁皇,因之失其所守,故文近作《学说》一卷,除祛其谬误,以立其信仰之基。"② 在党的团结和纪律方面,二次革命失败后组建中华革命党,孙中山吸取过去建党经验,针对民初的国民党组织涣散、号令不一的缺点,强调对领袖的服从,"凡进本党者,必须以牺牲一己之生命、自由、权力,而图革命之成功为条件,立约宣誓,永远遵守"③。这种做法虽然引起了当时和后来党内外人士的严厉诟病,但对民初国民党的缺陷确有所弥补。在党的组织方面,"到了革命之后,各党员知道没有抄家灭族的危险,只有升官发财的好处,所以分子越变越杂"④。1919 年中华革命党改组为中国国民党时,孙中山更加强调要防止官僚、政客混入党内,淘汰大批不良分子,团结优秀党员,"振作精神,一致为主义去奋斗"⑤。在道德上,对革命党员提出了较高的要求,"第一是要本党现在的党员,人格高尚,行为正大。不可居心发财,想做大官;要立志牺牲,想做大事,使全国佩服,全国人都信仰"⑥,希望以此建立一个由纯净分子组成纯粹革命党。三民主义的社会理想,只有通过革命党人的艰苦努力,在民众中开展宣传、组织、发动和教育,才能按照方略,渐次实现。

与此同时,中国历史和世界历史都在发生着前所未有的深刻变革。俄国十月革命的胜利,极大地开阔了先进中国人的眼界,促进了新思想的传播和接受;经历了辛亥革命风暴的猛烈冲击后,旧社会势力原有的一整套统治秩序和统治方法已被打乱,旧社会势力的统治已经分崩离析,连表面上的统一

---

① 孙中山:《在广州国民党党务会议的讲话》,《孙中山全集》第 8 卷,北京:中华书局 1986 年版,第 268 页。

② 孙中山:《复于右任函》,《孙中山全集》第 5 卷,北京:中华书局 1985 年版,第 106 页。

③ 孙中山:《中华革命党总章》,《孙中山全集》第 3 卷,北京:中华书局 1984 年版,第 97 页。

④ 孙中山:《在广州全国青年联合会的演说》,《孙中山全集》第 8 卷,北京:中华书局 1986 年版,第 321 页。

⑤ 孙中山:《在广州中国国民党恳亲大会的演说》,《孙中山全集》第 8 卷,北京:中华书局 1986 年版,第 281 页。

⑥ 孙中山:《在广州中国国民党恳亲大会的演说》,《孙中山全集》第 8 卷,北京:中华书局 1986 年版,第 283 页。

也难以维持。① 新的思想、新的政治势力在这种纷乱的局面中就要登台了，"新中国"的理想和实践即将走入一个新的阶段。

---

① 参见金冲及《二十世纪中国史纲》第二章《推倒君主专制制度的辛亥革命》，北京：社会科学文献出版社2009年版。

第三章　辛亥革命与中国共产党的创建

1921年中国共产党的成立，是中国近代革命史上具有里程碑意义的事件。虽然成立之初的中国共产党仅为少数知识分子的集合，但在斗争中成长起来的共产党通过将马克思主义与中国国情的结合找到了革命的方向，并掌握了革命事业的领导权，成为引导中国革命逐渐走向胜利的决定性力量。诚如毛泽东所论："自从有了中国共产党，中国革命的面目就焕然一新了。"①

日本学者石川祯浩在其研究中国共产党创建史的名著中，注意到共产党在东亚中、日、韩三国几乎同时成立的现象，从而得出原因"不用说就是十月革命的影响和其后共产国际在东亚各国进行的推动工作"② 的结论。这种分析当然精赅地揭示出中国共产党成立的外部原因。不过任何外部因素得以发挥作用，端赖于内部条件的成熟与呼应。1921年中国共产党的成立自然也不例外，它根植于近代以来先进国人救国救民、救亡图存的时代浪潮之中，孕育于旧民主主义革命所开创的民主革命传统之下，而成形于近代中国少有的思想狂飙激荡、学术百家争鸣的五四新文化运动之时。辛亥革命与中国共产党的创建这两大事件时间上的间隔仅为10年，就两者的关系而言，约可表现在以下数端：

其一，辛亥革命是20世纪中国发生的第一次历史性巨变，它结束了在中国延续两千余年的封建君主专制制度，为中国社会的发展演进提供了全新的基础。

其二，以辛亥革命为代表的旧民主主义革命对先进知识分子的濡染与启迪，为先进分子提供历练的同时，也提供了可资借镜的参照。

其三，与第一点相联系，辛亥革命以及由此建立的中华民国，有力地推动了中国工人阶级的发展壮大，从而为中国共产党的诞生准备了条件。

---

① 毛泽东：《全世界革命力量团结起来，反对帝国主义的侵略》，《毛泽东选集》第4卷，北京：人民出版社1991年版，第1357页。

② （日）石川祯浩著：《中国共产党成立史》之序章，袁广泉译，北京：中国社会科学出版社2006年版。

综上而论，无论是从国内条件还是人事关系着眼，中国共产党的创建均与辛亥革命有着密不可分的关联。正如毛泽东所言，辛亥革命是探讨中共党史的合适起点。

第一节　辛亥革命与中国工人阶级的壮大

一、工人阶级队伍的形成与发展

近代机器大工业在中国的出现是西力东渐的结果。始于18世纪60年代英国的工业革命，不仅是一场技术革命，而且是一场社会生产关系与劳动组织形式的根本性变革，它深刻地改变了欧洲和世界的面貌，使整个世界连为一体，世界经济一体化的进程由此拉开序幕。反观中国，在西方各国已经出现生产力的革命、相继步入近代社会之际，中国国内占主导地位的经济形态依旧是农业与家庭手工业相结合的自给自足的自然经济。这种生产方式在使中国经济长期居于世界领先地位的同时，也陷入了"或多或少停滞不前"的怪圈。[①] 特别是清朝中后期，由于康乾盛世期间人口的快速增长，人地矛盾日益突出，传统的生产方式捉襟见肘应对乏术，衰败之象日益显现。

19世纪中叶，西方通过坚船利炮强行打开中国大门，资本主义生产方式接踵而至，在西方新式企业中随之出现了中国第一批产业工人。工人阶级作为先进生产力的代表，在其诞生之后，虽然历经曲折，但还是走上了不断发展壮大的道路。总体上看，中国共产党成立之前工人阶级的发展壮大，明显可以划分为三个阶段，这三个阶段又大体可以与这一时段的三大事件即洋务运动、辛亥革命与第一次世界大战相对应。

1894年之前是近代企业与工人阶级队伍在中国出现与初步形成时期。在这一时段，外资、清政府官办、官督商办、民间商办等几种类型的近代企业在中国相继出现，一个新的群体——工人阶级在自古以农民为主体的中国社会中从无到有慢慢发展起来。由于资料缺陷，这一阶段的工人总数实很难确考。据粗略估计，这一时期中国产业工业的规模应在10万人左右。1894—1895年中日甲午战争是中国近代史上的重要转折点，在此之后，中国社会的变革进程显著加速，近代工业企业在中国的发展逐步摆脱初创时期步履蹒跚的状态，开始进入蓬勃发展的青年时期。这一方面表现在外资企业

[①] 参见（英）麦迪森著《世界经济千年史》，伍晓鹰等译，北京：北京大学出版社2003年版。

在中国有着爆发式的增长，另一方面，受帝国主义和封建主义双重压迫的中国民族资本主义，虽然发展之路布满荆棘，夹缝中求生存，但在各种因素的促进下，这一阶段的民族工业也出现了数次规模不等的发展热潮，民族工业的发展水平跃上新的台阶。与此相对应，工人群体的数量也持续跃升，工人阶级的力量初步显现。

中日甲午战争对于列强的经济意义是藉此获得了在华投资设厂的合法权。1894 年前列强虽然在中国的通商口岸创办各类近代企业上百家，但并无条约依据，实属清政府无力干预之下的非法行为。1895 年日本强逼清政府签订《马关条约》，明文规定日本在各通商口岸拥有投资设厂的权利，根据利益均沾的原则，这一权益也同时为其他列强所拥有。19 世纪末适值西方自由资本主义向垄断资本主义过渡即将完成之时，列强对殖民地的经济侵略逐渐由商品输出转向以资本输出为主。

甲午战争后，各国资本挟投资环境改善之利，大举进军中国国民经济的所有部门，并在各行业中渐成垄断之势。相关资料显示，此间外资企业不仅数量激增，而且规模膨胀，其总体发展状况远超前一阶段。以设立时资本额 10 万元以上的工业企业为例，据统计，1840—1894 年，该类外资企业共 23 家，资本总额为 763.1 万元，厂均资本额约为 33.2 万元；1895—1913 年则增加到 136 家，资本总额为 10315.3 万元，厂均资本额达 75.8 万元。① 而从国别角度观察，此间日本取代英国成为在中国开设工厂最多的国家，反映出近代日本侵华后来者居上的特点。由于缺乏这一时期各外资企业雇工的详细资料，服务于外资企业的中国工人数量很难准确估算，但以主要工厂的变化为参照，中国雇工的规模在甲午战争前 4 万人左右的基础上定有相当倍数的增长。

面对外资企业急速扩张的强劲势头，清政府被迫对轻视工商业发展的"祖宗之法"进行调整，制定颁行若干保护和奖励工商业的政策与措施。民间资本投资设厂初步获得了法律的认可与保障。与此同时，在维新派思想家的积极鼓吹下，"工业立国"②、与列强"商战"的思潮汹涌激荡，为民族资本主义的发展提供了比较有利的舆论环境。总体上看，1895—1911 年间，中国民族企业大体经历了两波发展热潮，分别发生于 1895—1898 年与

---

① 汪敬虞编：《中国近代工业史资料》第 2 辑上册，北京：科学出版社 1957 年版，第 1～2 页。

② 明确提出"工业立国"的维新派思想家是梁启超。参见《史记货殖列传今义》，《饮冰室合集·文集之二》，北京：中华书局 1989 年版，第 35～46 页。

1905—1910 年期间。① 经历了维新运动和新政时期的较快发展,辛亥革命爆发前夕的民族资本主义已经初具规模,成为国民经济的重要力量。②

1912 年中华民国的成立,从社会心理到制度环境,均对民族资本主义的发展造成刺激,再次开启了随后近 10 年间中国民族工业的快速发展阶段。民国肇建,工商实业界群情振奋,兴建各项实业的热情大为高涨。与此同时,民国政府成立后大力提倡发展实业,积极着手经济法制体系的构建,为中国现代工业的发展提供了前所未有的制度环境。正如时论所指出的:"民国政府厉行保护奖励之策,公布商业注册条例、公司注册条例,凡公司、商店、工厂之注册者,均妥为保护,许各专利。一时工商界踊跃欢忭,咸谓振兴实业在此一举,不几年而大公司大工厂接踵而起。"③

如上所述,1895—1913 年近代工业走上了快速发展的轨道,并成长为国民经济的重要部门。与此相一致,工人群体的规模水涨船高,有较为显著的跃升。不过同样由于资料缺失以及统计口径不一,各家关于工人规模的估计存在较大差异。比较保守的如陈真、姚洛,估计 1913 年中国工人总数约为 270717 人④,但该统计并未将工人较为集中的矿业与外资企业计算在内;另一代表性估计如杨铨,认为该年份工人数量达到了 630890 人,但这一数据将部分手工业工人计入在内,也没有包括矿业和外资工厂的工人。⑤ 有研究者在认真梳理已有各类统计的基础上,最后估算出 1913 年前后中国工人阶级的规模在 900000 人左右⑥。

1914 年 6 月第一次世界大战爆发,西方列强因忙于战场上的厮杀,对中国的经济侵略有所放松。同时,远在东方的日本继续扩大对中国的侵略,列强在中国的工业企业进一步呈现不均衡发展的态势。在帝国主义与封建主

---

① 杜恂诚著:《民族资本主义与旧中国政府(1840—1937)》,上海:上海社会科学院出版社 1991 年版,第 29~31 页。

② 据统计,1895—1911 年间民族资本共创办企业 490 家,资本额 111313000 元,平均每年设立近 24 家,每年投资 4813882 元。赵德馨主编,马敏、朱英等著:《中国经济通史》第 8 卷下册,长沙:湖南人民出版社 2002 年版,第 297 页。

③ 《民国三年注册中国新设之诸公司》,《中华实业界》第 2 卷第 5 期,1915 年 5 月。

④ 陈真、姚洛合编:《中国近代工业史资料》第 1 辑,北京:三联书店 1957 年版,第 55 页。

⑤ 陈真、姚洛合编:《中国近代工业史资料》第 1 辑,北京:三联书店 1957 年版,第 21 页。

⑥ 刘明逵、唐玉良主编:《中国工人运动史》第 1 卷,广州:广东人民出版社 1998 年版,第 52 页。

义双重压迫均有所减弱的情况下，中国国内资本投资踊跃，现代工业空前发展，迎来了民族资本主义经济空前发展的"黄金时期"。法国学者白吉尔将此期工业的发展称作第二次工业化运动，认为它是以发展轻工业和中小企业为先导，明显带有填补西方退出所造成的空缺、满足市场需求的特点。[1]

以中国现代工业最重要部门之一的棉纺织业为例，欧战的爆发即刻扭转了中国棉纱布进口数十年不断上升的趋势，进口总量从峰值急跌；由于供需矛盾的凸显，国内纱布市价突飞猛涨，从而为民族资本积极投资棉纺织业提供了天赐良机。据统计，1914—1922 年，纯由民族资本所开设的纱布厂共54 家，其中 1920—1922 年所开设者达 39 家，"三年的努力已超过战前二十余年中外各籍纱厂的总数 31 家"[2]。与棉纺织业的发展状况相类似，其他轻工业部门如缫丝、面粉、食品、火柴等各业此间也有长足的进步。即便是中国现代工业传统的薄弱环节重工业各部门，在"一战"前后也有程度不等的发展。统计资料显示，"一战"时期，民族资本的机器修造业发展迅速，仅上海一地的机器工厂就由 1913 年的 91 家猛增至 1920 年的 222 家，许多城市都有电厂开设，据不完全统计，1912—1920 年全国华商电厂约由 33 家增加到 70 余家，发电容量由 12000 余千瓦扩充至 29000 余千瓦，增加一倍有余。[3] 除此之外，钢铁工业、水泥工业等其他重工业部门与交通运输业也一派欣欣向荣的景象，均利用"一战"时期较为宽松的环境，提升了各自的发展水准。

对于这一时期中国工人的整体数量，众多研究者均有所估计。估值明显偏低的如陈真、姚洛，他们主要将各种有据可查的数据累计相加，估算出 1920 年中国共产党诞生前夕中国工人的总数为 557622 人，这一数据没有将矿业、外资企业以及无数据资料的工业企业包括在内，所以可视为此期中国工人总体规模的下限。[4] 而有的研究者则在现代经济各部门分别估计的基础上，合算出 1919 年前后中国产业工业的总人数达 2885000 人[5]，这一计算

---

[1] （法）白吉尔著：《中国资产阶级的黄金时代（1911—1937）》，张富强、许世芬译，上海：上海人民出版社 1994 年版，第 84~85 页。

[2] 严中平著：《中国棉纺织史稿》，北京：科学出版社 1955 年版，第 186 页。

[3] 许涤新、吴承明主编：《中国资本主义发展史》第 2 卷，北京：人民出版社 2003 年版，第 863、885 页。

[4] 陈真、姚洛合编：《中国近代工业史资料》第 1 辑，北京：三联书店 1957 年版，第 56 页。

[5] 刘明逵、唐玉良主编：《中国工人运动史》第 1 卷，广州：广东人民出版社 1998 年版，第 73 页。

方式虽较为合理，但存在估值偏差过大的可能。张宗仁估计中国共产党成立前产业工人数为1946364人，与广为流传的200万人左右的概略说法较为接近，但张对有些部门工人数量的统计采用的是1915年北京农商部的数据，所以整体估计存在偏低的可能。① 综合各种已有估算，1921年前后中国工人阶级的规模应在200万人以上，一个新型政党——中国共产党的成立已具备一定的社会基础。

二、辛亥前后工人运动的发展与演进

中国工人阶级出现与成长于特殊的环境之中，自诞生之日起，就"身受三种压迫（帝国主义的压迫、资产阶级的压迫、封建势力的压迫），而这些压迫的严重性和残酷性，是世界各民族中少见的；因此，他们在革命斗争中，比任何别的阶级来得坚决和彻底"②。当然，受阶级力量和国内外环境变化的影响，工人阶级的革命斗争也有一个发展变化的过程，并且表现出明显的阶段性。与工人阶级力量变动相一致，中国共产党成立之前的工人运动也大体经历了1840—1894年的比较原始阶段、1895—1913年的初步形成阶段与1914—1921年的逐步高涨阶段。绵延不绝的抗争磨练了中国工人阶级，他们在斗争中成长，逐渐发展壮大，在国家政治舞台中的重要性日益凸显。

由于生存环境的严酷性，中国工人阶级诞生之日即为工人抗争出现之时。工人阶级的反抗斗争不但与生俱来，而且绵延不断，具有非常鲜明的持续性的特点。一般而论，工人阶级的抗争由改变自身处境的经济斗争与改变更大群体命运的政治斗争组成。工人运动的早期阶段往往以前一类斗争为主，而伴随工人阶级的逐步成熟，政治性的斗争逐渐增加，"医己"、"医国"两者并重。中国工人运动的发展在遵循这一规律的同时，也具备若干自身特点。

1894年之前尚处较为原始阶段的中国工人运动，绝大部分抗争确属工人为改善自身处境而进行的自发的经济斗争，这在有关学者对上海地区工人罢工的研究中有清楚的体现。③ 上海作为中国近代工业最大集中地，工人运

---

① 张宗仁：《中国产业工业人数的初步统计》，中国人民解放军政治学院党史教研室编：《中共党史参考资料》第一册，北京：人民出版社1979年版，第103～105页。
② 毛泽东：《中国革命和中国共产党》，《毛泽东选集》第2卷，北京：人民出版社1991年版，第644页。
③ 裴宜理指出："这些早期的抗议带有很大的自卫性质。削减工资、非人待遇和延长工时使得冲突骤然发生。"（美）裴宜理著：《上海罢工：中国工人政治研究》，刘平译，南京：江苏人民出版社2001年版，第46页。

动的状况具有典型性和代表性。除了出于"医己"目的的经济斗争外，早期中国工人阶级"医国"的努力同样不绝如缕，在历次反帝反封建的斗争中均能看到他们的身影。这主要是因为近代以来中国人民与封建主义、帝国主义的矛盾日益激化，反帝反封建的斗争愈演愈烈，在此时空环境下，工人阶级的抗争自然就与各阶层人民的反抗斗争结合起来，汇聚到反帝反封建斗争的洪流之中。当然，由于自身力量较为弱小，工人阶级在以"医国"为目的的政治斗争中并不占据主导地位，实处于附属或支援者的地位；而且由于现代政党与工会组织尚未出现，工人在斗争中的组织主要借助秘密结社和地缘关系等传统纽带①，代表生产力发展方向的先进阶级与传统组织方式的奇妙结合，也说明这一时段的中国工人运动尚处于早期、较为原始的阶段。

1895年以后，中国新式企业与工人阶级的发展迈入了新的阶段，与此同时，中国工人运动也走过了原始萌发阶段，进入了初步发展时期。与前一阶段相比，这一阶段工人运动的突出特点是罢工次数与频率有明显加快的趋势，工会等组织业已出现，在罢工中扮演重要角色；而在以民族主义为目标的政治性抗争中，资产阶级与小资产阶级成为运动的领导者，工人阶级在成为运动主力军的同时，也彰显出与资产阶级不同的群体特质。

导致这一阶段工人罢工频密的原因较为复杂，既有清季各种民变蜂拥而起的时代背景，也有因各类新式企业的竞争激化所导致的对工人生产的进一步剥夺，同时也有研究者所注意到的部分工人维权意识的强化。② 正是在各种因素的共同作用下，此间工人阶级的罢工斗争呈现快速发展的态势。相关资料显示，1895—1913年全国共发生经济性的罢工计277次，平均每年14.58次。19年的罢工数量超过了前一阶段50多年罢工总数的3.8倍。③

与经济性的罢工相比，政治性罢工更能彰显工人运动的发展。在此阶段，资产阶级开始崛起，成为中国人民反帝反封建斗争的领导力量。工人阶级在资产阶级的领导和发动下，既参加了立宪派领导的抵制美货和收回利权运动，也没有缺席革命派领导的反清革命运动。在各式各样的政治斗争中，

---

① 赵亲、黄杜：《五四运动前中国工人运动史的分期问题》，《学术月刊》1960年第3期。

② 裴宜理在研究中指出，甲午战争后，随着工业的发展，工匠罢工方式发生了显著变化。"技术工人的要求越来越高，引发了这批原本就受到优待的工人更富冒险精神的抗议方式。"（美）裴宜理著：《上海罢工：中国工人政治研究》，刘平译，南京：江苏人民出版社2001年版，第46页。

③ 刘明逵、唐玉良主编：《中国工人运动史》第1卷，广州：广东人民出版社1998年版，第358页。

工人阶级接受了民族、民主等多种近代思想的洗礼，整个群体的政治意识逐渐趋向现代；同时，工人群体的组织与抗争方式也在现实斗争中接受检验、积累经验，逐步发展成熟。

以1905年的抵制美货运动为例，这场运动由上海地区的资产阶级发起，并很快扩展为全国性的以废除美约为目的、以抵制美货为主要形式的反美爱国运动。① 但运动在受到清政府的压制之后，资产阶级知难而退，退出了斗争的行列。与资产阶级畏首畏尾瞻前顾后截然不同，工农群众与小资产阶级表现出了更大的坚定性。运动发动后，广州地区的工会同人借关羽诞辰"举行联合庆祝，同时在神前宣誓：实行不用美货"；"城西带河基某工会……经众议决工会会员不准吸食美国香烟以及购买美国钟表等物"；"抵制美货，饼行工人最为出力，经众公议：把七月初一以前所进美国面粉用完后，誓不再进"。② 已有研究显示，由于工人运动的彻底性、直接相关性，美国政府在这场众多社会阶层参与的抵制运动中最为惧怕的就是工人运动，美国人发现工人组织"比其他组织具有更强的爱国主义精神，因为他们没什么不舍得牺牲的利益"，"他们坚信自己的斗争必胜"。③ 这场运动虽然没有达到预期的目的，但却是工人运动发展衍进过程中的一次重要事件，抵制外货运动自此成为包括工人阶级在内的中国人民反抗帝国主义侵略的一种常规武器。

在中国工人运动发展的历程中，工人阶级在资产阶级革命派的领导下参加资产阶级民主革命是一份弥足珍贵的经历，它对于工人阶级革命意志的磨练、斗争性格的形成有着不可忽视的作用。

资产阶级革命派有组织地反清活动起源于1894年11月兴中会的创立。从冯自由有关兴中会会员事迹的考辨中可以发现，是年加入兴中会的成员约124名，其中工人有36人，占总数的29%。④ 虽然36名工人绝大多数都属海外华工，但工人在首个革命派团体中的重要地位也约略反映了资产阶级革

---

① 由于这是近代中国历史上首次采用文明、理性、和平的方式反抗西方强权的运动，所以被有的研究者视作中国现代民族主义运动的开端。参见王立新《中国民族主义的兴起与近代中西方关系》，《史学理论研究》1998年第3期。

② 丁又：《1905年广东反美运动》，《近代史资料》1958年第5期（总22号），第18、19页。

③ 金希教：《抵制美货运动时期中国民众的"近代性"》，《历史研究》1997年第4期。

④ 冯自由：《兴中会会员人名事迹考》，《革命逸史》第4集，北京：中华书局1981年版，第23～36页。

命派所领导的革命活动的某些特质。兴中会成立后，资产阶级革命派旋即走上了通过武装起义推翻清政府的斗争道路。在他们领导的多次起义中，均能够看到工人阶级活跃的身影。革命派发动的首个武装起义——广州乙未起义中，据说就有数千名香港、澳门地区的苦力卷入。1905年同盟会成立后，工人更为普遍地加入到了革命派的斗争行列。1906年底爆发的萍浏醴起义是同盟会成立后第一次大规模的武装起义，矿工在其中扮演了极其重要的角色。萍乡"起义者多煤矿工人"，当地会党领袖萧克昌"任安源煤矿大工头，属下有数千人"。① 尽管举事前萧被清政府诱杀，安源矿工陷入群龙无首的境地，但起义发动后，众多矿工仍自发汇聚到义旗之下。这次起义虽然被清政府镇压下去，但其声势浩大，影响广远，"具体说明了在资产阶级领导的民主革命中，工农群众不愧于主力军的称号。而安源矿工的投身其中，更标志着中国工人阶级在其早期阶段，就以一个坚强的革命阶级而崭露头角，为整个民族的解放事业作了弥足珍视的贡献"②。

1911年的黄花岗起义既是同盟会倾注全力组织的规模最大的一次武装起义，也是武昌起义之前的革命党人发动的最后一役。革命党人以新军为主干，同时从后勤运输保障到"选锋队"（敢死队）的组成，均动用了大批工界的力量。据先后查确的86名起义牺牲烈士中，按其所从事的职业，工人共16人（其中华侨工人12人），所占比重最大；不明职业者19人，应也包含一定数量的工人。这些情况颇能说明早在资产阶级领导的旧民主主义革命中，工农群众已属革命的主力军，不过由于当时中国未有无产阶级政党的出现和领导，工农群众是以追随者的角色出现于政治历史舞台的。③

半年之后的武昌起义事发仓猝，参与发动和领导起义的革命党人虽然人数有限，但由于得到广大工农群众的强有力支持，使得星星之火顿成燎原之势，最终酿成推翻封建王朝的伟大壮举。在这次的起义浪潮中，广大地区的工人群众积极参与，不惜抛头颅洒热血，用生命谱写中国工人运动史上的精彩华章。武昌起义前夕，武汉"楚望台军械库工人，就与革命发生联系，

---

① 邹永成口述、杨思义笔记：《邹永成回忆录》，《近代史资料》1956年第3期（总10号），北京：科学出版社1956年版，第88页。

② 章开沅、林增平主编：《辛亥革命史》，上海：东方出版中心2010年版，第663～664页。

③ 丁身尊：《辛亥三月二十九日起义烈士姓名、籍贯、年龄、成份资料》，中国人民政治协商会议广东委员会文史资料研究委员会编：《广东辛亥革命史料》，广州：广东人民出版社1981年版，第65～66页。

工人群众替革命机关廉价收买子弹和炸药"①。在保卫武汉的战斗中，工农群众始终给予革命军积极的支持。汉阳兵工厂的工人"日夜开工赶造备用"，"平时每日造枪六十枝，现加至八十枝，夜工倍之"，②有力地保障了革命军的军需供应。为了阻断北洋军队对武汉地区的增援，160余名京汉铁路工人在余大猷的率领下组织起来拆毁铁路，在东篁店以扳反铊的办法，使北军军车出轨，直接支援了湖北革命政权。③湖北革命政权在工农群众的有力支持下顽强地抵挡住了清政府的反扑，避免了重蹈此前历次起义昙花一现的覆辙，从而为革命烽烟的迅速蔓延、各地民军的蜂起响应创造了条件。在被孙中山称作"时响应之最有力而影响于全国最大者"④的上海光复之役中，缺乏有效组织的革命军在进攻清军堡垒——江南制造局的战斗中，也正是得到了该厂工人的及时响应，一战而下，上海乃至整个东南地区的大局就此奠定。⑤

在广东，辛亥年间各地民军活动已是非常活跃。各地民军虽然来源不一，成分复杂，但大多数都是农民，也有一定数量的工人（包括手工业工人与海外华工），他们的浩大声势、频繁活动对广东地区的清军力量造成了相当大的威胁。⑥武昌首义的消息传来后，以广九筑路工人与部分居留港九、惠州等地的工人为主体组成的瀛字敢死军千余人潜伏城郊，随时待命准备攻城，与守城清军决战。⑦11月上旬，锦纶行工人乘全省各界绅商团体在

---

① 李春萱：《辛亥首义纪事本末》，转引自吴雁南：《工人阶级在辛亥革命时期的地位和作用》，《中州学刊》1981年第3期。
② 剑农：《武汉革命始末记》，中国史学会主编：《中国近代史资料丛刊 辛亥革命 五》，上海：上海人民出版社1957年版，第174页。
③ 刘化欧：《我参加革命经过》，中国人民政治协商会议湖北省委员会编：《辛亥首义回忆录》第1辑，武汉：湖北人民出版社1957年版，第87~88页。
④ 孙中山：《建国方略》，《孙中山全集》第6卷，北京：中华书局1986年版，第244页。
⑤ 王子骞：《攻占上海制造局亲历记》，中国人民政治协商会议全国委员会文史资料研究委员会编：《辛亥革命回忆录》第4集，北京：文史资料出版社1963年版，第29页。
⑥ 李朗如、陆满：《辛亥革命时期广东民军概况》，中国人民政治协商会议广东委员会文史资料研究委员会编：《广东辛亥革命史料》，广州：广东人民出版社1981年版，第156页。
⑦ 胡汉贤：《广东"瀛字敢死军"纪略》，中国人民政治协商会议广东委员会文史资料研究委员会编：《广东辛亥革命史料》，广州：广东人民出版社1981年版，第153页。

文澜书院集议时打出"广东独立"旗帜,振臂高呼"广东独立万岁",并组织民众 2 万余人前往督署请愿,要求张鸣岐立即宣布独立,与清廷脱离关系。① 在革命力量的强大压力下,11 月 9 日广东兵不血刃宣布独立。

综上所述,可以看出,工农群众在资产阶级革命派所领导的反清民主革命斗争中业已成为运动的主力军,在辛亥革命取得成功的过程中发挥了不可忽视的作用。值得指出的是,这一时期工人群众的组织方式除新式工会外,帮会组织也发挥了较为重要的作用。特别是在革命派发动的历次武装起义中,会党是革命派联络和发动工界力量的主要凭借,这种组织方式的广泛存在也能够说明工人运动尚处在发展与转型的过程之中。

以代表工人利益自命的现代性政党出现于中华民国创建之后。民国肇建,民权大兴,国人参与政治的热情空前高涨,各种目的的结党结社勃然而兴。② 一些政党与团体有见于工界的觉悟和蕴蓄的力量,开始将工作的重心转向工界,甚至直接以工人群体代言人的身份自命,这其中较有代表性的就是中华民国工党与中国社会党。

中华民国工党的成立大会虽然召开于 1912 年 4 月 22 日,但其总部早在是年 1 月即已设立,2 月,南京、芜湖、苏州等地的支部也已组建,可见该党派的出现以及对工界的运动明显早于成立之期。③ 中华民国工党正党长为曾担任过东方汇理银行买办以及拥有上海多家工厂股份的资本家朱志尧,而实际负责人是知识分子出身、同时兼有数家社团负责人身份的徐企文。该党"以改良工业、扩张国货、开通工人知识、灌输爱国思想为宗旨",其主要着眼点在"于吾国工业前途不无裨益"。④ 从该党宣言、简章以及高层领导人的人脉关系来看,中华民国工党是一个奉行孙中山民生主义理念、有志于我国工业发展的同盟会外围组织;在为工人争取权益的同时,主张劳资调和、合力振兴工界,自然也是该党主张的题中应有之义。中华民国工党成立后,由于以已初具规模的工人阶级队伍为深耕细作的对象,党员数量急剧膨

---

① 邓警亚:《辛亥广东独立传信录》,中国人民政治协商会议广东委员会文史资料研究委员会编:《广东辛亥革命史料》,广州:广东人民出版社 1981 年版,第 108 页。
② 参见张玉法著《民国初年的政党》,长沙:岳麓书社 2004 年版。
③ 《〈民立报〉关于中华民国工党推定正长副长报道》、《〈民立报〉关于中华民国工党重推正副总领袖及各业领袖报道》、《中华民国工党开成立大会启》,中国第二历史档案馆编:《北洋军阀统治时期的党派》,北京:档案出版社 1994 年版,第 55~56、69 页。
④ 《中华民国工党成立宣言及简章》,中国第二历史档案馆编:《北洋军阀统治时期的党派》,北京:档案出版社 1994 年版,第 74 页。

胀，短短一年左右的时间，支部即已遍及全国 16 省及海外南洋各岛，成员总数达 40 万人。① 不过急速变动的民国政局并没有给中华民国工党提供多少可以实践自身理念的时间，在袁世凯政权加速压制革命党势力的背景下，该党作为革命党人的外围组织也卷入了反对袁世凯的斗争，"二次革命"中徐企文被袁政权捕杀，工党也遭到了查禁。

需要指出的是，中华民国工党作为中国近代第一个出现的以工人为主体的政党，其"工"并非特指工人，而是工界，换言之，它实际是一个由开明资本家、小资产阶级知识分子以及工人群众拼凑而成的团体组织。有研究者对该党领导人的成分进行考察，发现其中有资本家、军官、知识分子，但无一人是工人。② 在这样的组织结构中，工人依旧处于从属、被领导的地位，这与真正意义上的无产阶级政党显然有着本质的区别。

与中华民国工党在工人中的影响力相比，中国社会党无疑要微弱得多。中国社会党于 1911 年 11 月由江亢虎发起成立。该党宣称信从无宗教、无家庭、无政府的"社会主义"，党员只要信仰社会主义未来理想，对社会主义各派主张则允许自由选择不加限制，③ 因此该党带有明显的各种观念充斥、成员复杂、组织散漫、流动性强的特点。中国社会党和江亢虎本人与孙中山及革命党人有着较为密切的联系，与中华民国工党也曾于 1912 年 6 月发表过联合声明，表示"社会党员与工业有关系者，同时为工党党员；了解且信从社会主义者，同时为社会党员"，"社会党或工党对外交涉，两党并力行之"，④ 表明上述数者之间存在一定的亲缘关系。不过由于该党组织的固有弱点，特别是没有明确提出直接反映工人诉求的目标纲领，无政府主义虽然在工人群体中有一定的影响力，但却始终无法指明工人运动的正确方向。

三、"劳工神圣"与知识阶层对工人的"发现"

民国成立前后以运动工人为目标的团体组织的出现颇具提示性，它既表征了工人的社会角色开始得到其他社会阶层的关注和认可，也揭示了工人力量的日益壮大及其在国家政治经济生活中的重要性日渐凸显。

---

① 王永玺主编：《中国工会史》，北京：中共党史出版社 1992 年版，第 47 页。
② 梁玉魁：《关于中华民国工党的性质问题》，《历史研究》1959 年第 6 期。
③ （韩）曹世铉：《清末民初无政府派的文化思想》，北京：社会科学文献出版社 2003 年版，第 179～184 页。
④ 《中国社会党与工党联合布告》，中国第二历史档案馆编：《北洋军阀统治时期的党派》，北京：档案出版社 1994 年版，第 58 页。

1914年，随着政治经济环境的改变，中国早期工人运动进入了最后一个阶段。在这一阶段，工人阶级的经济罢工更为频繁，斗争方式和策略水平有所提升，后者突出表现为同盟罢工的次数日益增多；以反帝为目标的政治性罢工也风起云涌，工人在数次的斗争中积累了经验，提高了觉悟水平，并最终在五四运动中以独立的姿态活跃于政治舞台。与此同时，在斗争中展现力量的工人阶级得到了知识阶层的普遍关注，"劳工神圣"口号得以提出并高唱入云，知识阶层与工人阶级的结合已是箭在弦上。

近代中国较早意识到劳动与劳动者价值的是无政府主义者。1911年底《中国社会党宣告》提出："振兴直接生利之事业，奖励劳动家，劳动者，神圣也。农工各业，生命攸关……个人有分业，无等差。"① 将长期被压迫受鄙视的"劳动者"提到了至高无上的"神圣"地位。不过这种观点提出后并未在社会上形成广泛的共鸣，仅限于无政府主义者的范围内围绕着各种劳动的观念产生过不大不小的争鸣。

民国建立后，直接影响知识阶层对工人阶级认识的两大事件是俄国十月革命与第一次世界大战。1917年11月俄国爆发十月革命，国内众多报章杂志冲破北京政府的重重阻挠，对这一事件给予了持续的报道、热情的欢呼，使国内民众基本明了了俄国革命的真相。十月革命发生于中国资产阶级革命派领导的旧民主主义革命屡挫屡败之时，这一"惊天"胜利为深陷苦闷上下求索的爱国者提供了另外一种救国的可能性。正是在俄国革命的启示下，各路爱国者逐步修正原先的救国模式，其中最为重要的就是以李大钊为代表的一批先知先觉者开始了由民主主义者向共产主义者的转变，并积极寻求和实践与工人阶级的结合。

1918年7月，李大钊首次发表了介绍十月革命的文章《法俄革命之比较观》，对"同为影响于未来世纪文明之绝大变动"的法兰西革命与十月革命进行比较分析，认为"二十世纪初叶以后之文明，必将起绝大之变动，其萌芽即苞发于今日俄国革命血潮之中"，告诫那些为革命所惊的流俗"对于俄罗斯今日之事变，惟有翘首以迎其世界的新文明之曙光，倾耳以迎其建于自由、人道上之新俄罗斯之消息，而求所以适应此世界的新潮流，勿徒以

---

① 《张锡銮检送中国社会党章程党纲咨》，中国第二历史档案馆编：《中国无政府主义和中国社会党》，南京：江苏人民出版社1981年版，第176页。关于无政府主义者劳动神圣观的思想来源，参见李怡《中国近代史上最早的劳工神圣观与中外文化》，《华中师范大学学报》2000年第5期。

其目前一时之乱象遂遽为之抱悲观也"。①

是年底正值第一次世界大战胜利之际,李大钊连续撰写《庶民的胜利》与《Bolshevism 的胜利》两篇文章,在国人欢呼大战胜利的热潮中,指出此次战争的胜利实为"劳工主义的战胜"、"庶民的胜利"、"Bolshevism 的胜利",国人应该对这个世界新潮有充分的觉悟,只可"准备怎么能适应这个潮流,不可抗拒这个潮流"。②

1919 年元旦,李大钊在撰文庆祝新纪元来临之时,具体地指明了劳工阶级战胜资产阶级的方式,认为全世界劳工阶级应该打破国界的限制联合起来:"总同盟罢工,就是他们的武器"③。显然,至少从这个时候起,李大钊已经开始较为深入地思考中国的知识阶层与劳工阶层相结合的问题。是年2、3 月间,李大钊相继发表《青年与农村》与《现代青年活动的方向》等文章,呼吁青年知识分子摈弃以往的生活,改弦易辙,到农村去,到基层去,相信"只要知识阶层加入了劳工团体,那劳工团体就有了光明;只要青年多多的还了农村,那农村的生活就有改进的希望;只要农村生活有了改进的效果,那社会组织就有进步了,那些掠夺农工、欺骗农村的强盗,就该销声匿迹了"④。正是在这一理念的驱动下,也为了给青年知识分子提供表率,李大钊同时又发表了《唐山煤厂的工人生活》,以身作则地关注矿工们的生产生活,并对他们的抗争方式有所思考。⑤ 所有这些非常清楚地提示,在十月革命的启导之下,以李大钊为代表的部分知识分子已迅速实现了由民主主义者向马克思主义者的初步转变,而获得了新知识、新理论的这批先进分子业已充分认识到了工农群众的重要性,走知识阶层与工农群众相结合的道路在他们的脑海中日渐清晰。

与李大钊等人对工农群众的重视颇为类似,先进知识界几乎同时喊出了

---

① 李大钊:《法俄革命之比较观》,中国李大钊研究会编注:《李大钊全集》第 2 卷,北京:人民出版社 2006 年版,第 225、228 页。

② 李大钊:《庶民的胜利》、《Bolshevism 的胜利》,中国李大钊研究会编注:《李大钊全集》第 2 卷,北京:人民出版社 2006 年版,第 255、263 页。

③ 李大钊:《新纪元》,中国李大钊研究会编注:《李大钊全集》第 2 卷,北京:人民出版社 2006 年版,第 268 页。

④ 李大钊:《青年与农村》,中国李大钊研究会编注:《李大钊全集》第 2 卷,北京:人民出版社 2006 年版,第 307 页。

⑤ 李大钊:《唐山煤厂的工人生活——工人不如骡马》,中国李大钊研究会编注:《李大钊全集》第 2 卷,北京:人民出版社 2006 年版,第 315~316 页。

"劳工神圣"的口号。1918年3月，无政府主义者刊行《劳动》月刊，这是近代中国历史上第一份以"劳动"命名的刊物。该刊虽然没有明确提出"劳工神圣"之类的口号，但对劳动和劳动者肯定与尊重的鲜明立场犹如劳工界的报春鸟，预示着知识阶层对劳工阶级重视的春天即将来临。

1918年11月15、16日，在北京天安门广场举行的庆祝协约国胜利大会上，颇有无政府主义倾向的北大校长蔡元培发表了题为《黑暗与光明的消长》、《劳工神圣》两篇演说，认为此次协约国的战胜实为世界黑暗与光明的转折点，"此后的世界，全是劳工的世界"，"我们要自己认识劳工的价值。劳工神圣！"① 虽然在蔡元培那里，"劳工"泛指一切劳动者，与工农群体的范畴有所不同，但在工农群众在中国劳动者中占据绝对多数的条件下，"劳工神圣"所包含的对工农群众的空前重视应是显而易见的。②

蔡元培在天安门前喊出的"劳工神圣"在当时确实有着振聋发聩的作用。上海《民国日报》发表专文称赞蔡元培的演说"居然把'劳工神圣'底标语，深印在觉悟者的脑筋中"，并认为其原因是他"将众人脑筋里深深地藏着的'劳工神圣'，一声叫破了出来，于是众人都被他喊着，就回答一声'劳工神圣'"。③ 对于当时的情景，时为北大学生的许德珩20年后仍记忆犹新："天安门前'劳工神圣'的公开演讲，是破天荒的得着社会上多少人的景仰和兴奋。由先生的这个指示，北大当时的校工夜班工读互助团、校外的民众夜校、工人补习学校、平民教育讲演等类的社会服务和劳动服务，也都很快的发展起来，使那班浮游于上层政治与埋头在书本子里面这两种青年，都深入到社会的内心，懂得民生的疾苦。"④

除了蔡元培服务的北京大学能够"得风气之先"外，先进知识界对"劳工神圣"也给予了热烈的响应。1919年5月1日，北京《晨报》副刊出版了劳动节纪念专号，这是中国报纸第一次纪念全世界劳动人民的节日。数日之后五四运动爆发。在这场社会各阶层共同参与、全国人民万众瞩目的伟

---

① 蔡元培：《劳工神圣——在庆祝协约国胜利大会上的演说词》，中国蔡元培研究会编：《蔡元培全集》第3卷，杭州：浙江教育出版社1991年版，第464页。
② 有研究者对蔡元培提出这一口号的思想渊源进行辨析，认为主要是基于无政府主义的理念，还谈不上十月革命的影响。参见李永昌《觉醒前的狂热：论"公理战胜"和"劳工神圣"两个口号》，《近代史研究》1996年第4期。
③ 《"劳工神圣"的意义》，上海《民国日报》副刊《觉悟》，1920年10月26日。
④ 许德珩：《吊吾师蔡孑民先生》，蔡建国编：《蔡元培先生纪念集》，北京：中华书局1984年版，第61页。

大爱国运动中，工人阶级作为运动的主力军充分展现了自身源源不断的力量和不屈不挠的斗争品格，使全国的觉悟者更加深入地认识到劳工的伟大与"神圣"。

五四运动后中国知识界、思想界的一个重要变化是，由马克思主义者与其他觉悟者共同演奏的"劳工神圣"声势愈发浩大，不同思想倾向的知识人也逐渐开辟出不同的与工人阶级相结合的方式。工读互助运动是这一时期先进知识界内不同思想倾向的知识分子共同致力推动的颇有社会影响的一大运动。这一运动的主要推动者是被"定性为左中右三派知识分子（即具有初步共产主义思想的知识分子、小资产阶级知识分子和资产阶级知识分子）的统一战线"①组织的少年中国学会。该会成立于1919年7月1日，其发起的最具影响力的社会活动就是工读互助运动。所谓工读互助，学会内部各派有不同的解读与主张，但从其具体实践来看，主要是指青年学生的"半工半读"。换言之，这是知识界"以我为主"，从"改造自我"入手进而改造社会的一种尝试，它虽然颇能反映知识界高唱入云的"劳工神圣"口号，但与马克思主义者稍后实践的知识阶层与工人阶级两大群体的结合存在不小的距离。由少年中国学会主导的这一运动潮涨潮落，从1919年底到1920年初，在轰轰烈烈维持不过半年左右时间便烟消云散，众多知识人一度为之奋斗的"工""读"结合改造中国社会的理想蓝图，在残酷现实面前很快就被证明不过是一种"乌托邦"。

五四运动时期，孙中山虽然蛰居上海著书立说，但并未放弃对工人运动的关注与支持。国民党主办的《民国日报》、《星期评论》等刊物发表了大量支持工人爱国运动的言论。1920年11月21日在上海机器工会成立会上，孙中山应邀发表演说。演讲中，孙中山除了向工人宣传三民主义的思想外，直接称誉"现在工人，为世界中最神圣之人"，认为俄国革命"其实是工人之革命"，并在最后寄望工人阶级"努力前进，固结团体，以达能左右上海全体工厂主权，然后引导全国工人起而为民生之运动，由民生运动造成一民生大同之中国"。② 由此可见，在孙中山的思考中，工人运动的价值主要在于防止"强有力资本家"的出现，通过工人运动裨助于民生主义在中国的实现。

---

① 吴晓龙：《少年中国学会研究》，上海：上海三联书店2006年版，第1页。
② 孙中山：《工人宜固结团体而为民生之运动》，黄彦编注：《论农民与工人》，广州：广东人民出版社2009年版，第113～115页。

与上述取向有明显不同，具有初步共产主义思想的知识分子的队伍不断扩大并开始聚集，他们通过筹办各种刊物，向工人阶级大力宣传马克思主义，提高工人阶级的思想觉悟，非常踏实地走出了一条与工人阶级相结合的道路。

1920年5月，在马克思主义知识分子的努力之下，中国国内出现了宣传马克思主义的热潮。5月1日，北京、上海等大城市第一次举行了纪念劳动节的大会。《新青年》出版了《劳动节纪念》专号，发表了蔡元培"劳工神圣"的亲笔题字和李大钊的《"五一"（May Day）运动史》等重要文章。李大钊的长文详细介绍五一劳动节的由来和国际劳工斗争史，文章在慨叹中国劳工运动方兴未艾的同时，希望能由目前的"三五文人的运动"、"纸面上的笔墨运动"发展成"街市上的群众运动"。① 当日，陈独秀赴上海船务栈房工界联合会作《劳动者底觉悟》的演说，阐述"只有做工的人最有用最贵重"的观点，并"盼望做工的人快快觉悟"，通过劳工运动最后在中国实现"劳力者治人，劳心者治于人"的社会。②

除《新青年》外，同一时期还出现了一批以劳工为对象、鼓吹"劳工神圣"的先进刊物，如北京的《劳动音》、上海的《劳动界》、广州的《劳动者》等。随着马克思主义与中国工人运动的初步结合，中国的马克思主义者开始聚集，各地的共产党组织相继出现。经过一段时间的筹备酝酿，1921年7月，马克思主义与中国工人阶级相结合的新型政党——中国共产党在上海横空出世。中国共产党的成立，揭开了中国历史的新篇章，是马克思主义在中国由理论走向实践的发端，同时也是中国革命由资产阶级领导的旧民主主义革命过渡到无产阶级领导的新民主主义革命的重要标志。

第二节　辛亥革命与早期共产党人的思想启蒙

早期共产党人大体是指20世纪20年代中前期加入中国共产党组织的成

---

① 李大钊:《"五一"（May Day）运动史》，中国李大钊研究会编注:《李大钊全集》第3卷，北京：人民出版社2006年版，第196页。

② 陈独秀:《劳动者底觉悟——在上海船务栈房工界联合会的演说》，任建树等编:《陈独秀著作选》第2卷，上海：上海人民出版社1984年版，第135～137页。

员。就这一阶段的中共党员而言,其主要成分为知识分子①,这非常鲜明地反映了工业欠发达国家无产阶级政党成立的典型特征。由于年龄上的差异,辛亥革命之于早期共产党人的意义及影响存在一定的不同。其中的年龄稍长者大多在资产阶级革命派所鼓吹的民主革命思潮中耳濡目染,亲身见证甚至参加辛亥革命,与旧民主主义革命往往经历一个从亲近、失望到疏离的过程;而年纪较轻者则是在旧民主主义革命的基础上,在辛亥革命所开启的思想解放的时代氛围中,通过对国外思想与主义的大量输入与比对,最终找寻到了中国革命的新方向。

一、辛亥革命与思想解放的潮流

1923年11月25日国民党改组前夕,孙中山在广州大本营对国民党人发表重要演说,详细阐述改组用意。演讲中,孙中山指出"吾党在中国内地以兵力奋斗而胜利者,已有三次","但三次之成功,皆不能达革命之目的",其最大原因就是"自辛亥革命以至今日,宣传事业几乎停顿",从而造成革命欠缺"人民心力":"当时中国人民不赞成革命,多数人民不为革命而奋斗。革命行动而欠缺人民心力,无异无源之水,无根之木"。②他希望通过改组,国民党不但可以重拾宣传事业之坠绪,而且"以俄为师","努力于有组织、有系统、有纪律的奋斗"③。

对于革命党人的宣传事业,辛亥革命以前是晚年孙中山唯一肯定的阶段,只是在俄国经验的参照下,孙中山认为犹有未足:当时的宣传"皆是个人的宣传",可称之为"人自为战"的宣传。④ 的确,辛亥时期的宣传事

---

① 以出席中共"一大"的13名代表及其所代表的53名党员为例,53名党员除12人职业身份为工人外,其余均为知识分子,从事的均与知识的生产和传播相关的职业。关于中共第一批党员中的工人数量,说法不一,有说一名,有说两名,但不管哪种说法,工人居于极少数确为不争的事实。参见金安平著《从批判的武器到武器的批判——二十世纪前半期中国知识分子与政党政治》,哈尔滨:黑龙江人民出版社2000年版,第134～142页;王来棣《关于中国共产党早期组织的几个问题》,《浙江学刊》1981年第3期。
② 孙中山:《在广州大本营对国民党员的演说》,《孙中山全集》第8卷,北京:中华书局1986年版,第431页。
③ 孙中山:《在广州大本营对国民党员的演说》,《孙中山全集》第8卷,北京:中华书局1986年版,第436页。
④ 孙中山:《在广州大本营对国民党员的演说》,《孙中山全集》第8卷,北京:中华书局1986年版,第436页。

业是革命党人致力颇多、收效甚著的时段,其重要性恰如冯自由所言:"中华民国之创造,归功于辛亥革命党之实行及宣传之二大工作。而文字宣传之工作,尤较军事实行之工作为有力而且普遍。蒋观云(智由)诗云:'文字收功日,全球革命潮!'诚至言也。"①

对文字宣传工具的重视及运用,当然源于革命派对中国社会病症的观察。早在1894年,孙中山在《上李鸿章书》中已注意到:"夫天下之事,不患不能行,而患无行之之人。方今中国之不振,固患于能行之人少,而尤患于不知之人多。"② 是以当资产阶级革命派这些"能行之人"初步聚集之后,就对通过文字宣传来改造"不知之人"、转移人心有所注意,只是受宣传人才、内容以及维新派竞争等诸多条件的限制,革命派的影响力一度较为有限。进入20世纪以后,其影响力方渐次扩充,"革命出版物,风起云涌,盛极一时,在壬寅(清光绪二十八年)上海苏报案前后,已渐入于革命书报全盛时期矣"③。

进入"全盛时期"的革命宣传事业,不仅报纸、期刊、书籍等各种文字宣传形式全面开花,数量众多,其影响力也从东京、香港、上海等舆论中心梯式扩散,遍及内地,成为国内趋新群体特别是青年学生汲取新知、启发智识的主要来源。苏报案发生后,《革命军》一纸风行,就颇能反映革命宣传品在全国舆论中独占鳌头的状况:"自蔚丹(邹容——引者注)入狱后,所著革命军风行海内外,销售逾百十万册","此书文辞不如太炎之驳康书,论理不如秦力山之革命箴言,徒以通俗浅显,适合当时社会需要,几于人手一编"。④ 正是由于革命民主思想的广泛传播,各地的革命团体如雨后春笋般萌生,资产阶级革命派的全盘整合也提上了日程。

1905年同盟会的成立是资产阶级革命事业迈入新阶段的重要标志。同年10月,孙中山在为机关报《民报》所撰写的发刊词中,对重开新局的革命宣传事业寄望颇高,希望能将"非常革新之学说,其理想输灌于人心而

---

① 冯自由:《开国前海内外革命书报一览》,《革命逸史》第3集,北京:中华书局1981年版,第136页。

② 孙中山:《上李鸿章书》,《孙中山全集》第1卷,北京:中华书局1981年版,第15页。

③ 冯自由:《革命初期之出版品》,《革命逸史》第1集,北京:中华书局1981年版,第10~11页。

④ 冯自由:《〈革命军〉作者邹容》,《革命逸史》第2集,北京:中华书局1981年版,第49页。

化为常识"①。同盟会成立后,革命派在继续加大舆论宣传力度的同时,亦借助于与改良派的思想论争,使民主革命的思想深入人心,从而为辛亥革命的成功与中华民国的建立奠定了重要的思想基础。1912年4月,孙中山在致武汉报界联合会信函中充分肯定了舆论宣传之于民国创建的重要意义:"此次民国成立,舆论之势力与军队之势力相辅而行,故曾不数月,遂竟全功"②。

据冯自由统计,1895—1911年间,海内外各地各种革命书报"约千数百种"③。如此规模的革命书报在近代出版业刚刚兴起的中国,对于主要借助新媒体获取智识的新知识群体而言,其重要性当然不言而喻。革命书报在宣传的重点上虽有时而异,但综合而言,其内容不外有二:一为宣传革命排满思想,主张通过暴力革命,推翻满清专制政府,建立资产阶级民主共和国;一为将近代西方资产阶级民主话语系统移植输入,启迪民智,提供了一整套解决中国问题的方案。质言之,革命派思想宣传基本是围绕"民"字大做文章,意欲将封建专制制度下的臣民改造成人格完满、各尽其责的现代国民。这样的思想主张通过高密度的舆论宣传,对于正在形成中的新知识群体思想与行为模式的锻造不能不产生重要影响。

1912年元旦,刚刚履任中华民国临时大总统的孙中山在宣言书中指出:"夫中国专制政治之毒,至二百余年来而滋甚,一旦以国民之力踣而去之,起事不过数旬,光复已十余行省,自有历史以来,成功未有如是之速也。"④的确,辛亥革命的成功可以用"迅速"、"出乎意料"来形容,但细察历史可以发现,革命成功绝非无因之果。对此,数年后的孙中山曾有所解答:"乃天不弃此优秀众大之民族(指中华民族——引者注)。其始也,得欧风美雨之吹沐;其继也,得东邻维新之唤起;其终也,得革命风潮之震荡。遂一举而推覆异族之专制,光复祖宗之故业。"⑤换言之,在孙中山看来,近

---

① 孙中山:《〈民报〉发刊词》,《孙中山全集》第1卷,北京:中华书局1981年版,第289页。
② 孙中山:《致武汉报界联合会函》,《孙中山全集》第2卷,北京:中华书局1982年版,第336页。
③ 冯自由:《开国前海内外革命书报一览》,《革命逸史》第3集,北京:中华书局1981年版,第136页。
④ 孙中山:《临时大总统宣言书》,《孙中山全集》第2卷,北京:中华书局1982年版,第1页。
⑤ 孙中山:《建国方略》,《孙中山全集》第6卷,北京:中华书局1985年版,第412页。

代以来东西洋思想与经验对中国社会的持久渗透以及由此导致的社会心理变化,实为辛亥革命取得成功的重大关键。

对于清季社会心理与社会风潮的变动,杜亚泉有较为近似的观察:"吾侪自与西洋社会接触以来,虽不敢谓西洋社会事事物物悉胜于吾侪,为吾侪所当效法,然比较衡量之余,终觉吾侪之社会间,积五千余年沉淀之渣滓,蒙二十余朝风化之尘埃,症结之所在,迷谬之所丛,不可不有以扩清而扫除之。故近二三十年以内,社会变动之状况,虽左旋右转,方向不同,而其以改革为动机则一也。社会间稍有智能之人士,其对于社会之运动,虽温和急进,手段不同,而其以改革为目的则一也。改革云者,实吾侪社会新陈代谢之机能,而亦吾侪社会生死存亡之关键矣。"①

诚如所见,清季尤其是甲午战争以降,变革成为中国社会"智能之士"的共识,虽然在变革的方式上,维新派与革命派截然而异,但二者都意识到社会民众思想启蒙的重要性,并能够积极投身其间,从而在 20 世纪初汇流酿造成一场声势浩大的思想解放运动。胡绳武先生即注意到,在革命党人的努力下,"在整个辛亥革命时期,始终有一支以批判封建传统思想为中心的思想解放潮流。其范围已涉及政治制度、学术思想、家族制度、社会伦理、妇女解放、风俗习尚、教育、文学、语言等各方面,表现出相当全面和彻底的思想解放要求"②。正是在这股思想解放潮流③的裹挟之下,整个社会的心理发生明显变化,通过革命的方式推翻清王朝专制统治,建立资产阶级民主共和国,成为社会"智能之士"的共同选择。

革命因思想解放运动而获得社会各界的广泛支持,思想解放运动也因革命的成功、新政体的创建而注入了新的活力。社会制度的变革必然影响到社会心理,尤其是像结束两千余年封建君主专制、建立资产阶级民主共和国这种中国历史上亘古未有的伟大变革,其对社会心理的影响是极其深远的。虽然辛亥革命之后政权很快转移到北洋集团手中,以孙中山为首的资产阶级革命派重新走上武装抗争的道路,但辛亥之前发端的思想解放运动并未就此消歇。相反,伴随新政体的建立,"新"思想文化的宣传获得了合法性;趋新

---

① 杜亚泉:《个人之改革》,许纪霖、田建业编:《杜亚泉文存》,上海:上海世纪出版集团、上海教育出版社 2003 年版,第 303 页。
② 胡绳武:《辛亥革命时期的思想解放》,《学术月刊》2001 年第 10 期。
③ 有研究者直接称之为 20 世纪初的新文化运动,参见陈剑安《二十世纪初年的新文化运动》,胡伟希编:《辛亥革命与中国近代思想文化》,北京:中国人民大学出版社 1991 年版。

群体舆论宣传阵地由国外转移到国内,也因而更加具有针对性和影响力。是以中华民国成立后,政局的变动与思想文化的革新可谓分道而驰,前者的变动并未从根本上改变后者的方向。即便是在袁氏当国时期,尊孔复古逆流曾经短期内沉渣泛起,也只不过是新思想新文化攻城略地过程中的一个插曲。趋"新"成为时代不可阻挡的潮流。

时人汪叔潜在辨析"新"、"旧"问题时称清季为"新旧交哄之时代",而民国建立后属"新旧混杂之时代",后一时期"人之视新,几若神圣不可侵犯。即在昌言复古之人,亦往往假托新义,引以为重。夷考其实,则又一举一动罔不与新义相角触。因此之故,一切现象似新非新,似旧非旧"。① 当然,这种似新实旧、新旧交织的时代氛围令部分先进知识分子甚为烦闷,觉得"充塞社会之空气无往而非陈腐朽败焉"②。在军阀专制独裁及日本侵略步步深入的刺激下,他们开始反思辛亥革命失败的教训,并试图通过思想文化革新的持续深入为中国政治与社会的进步奠定基础。

1915年9月《青年杂志》的创刊,一般被认为是新文化运动发端的标志。以五四运动为界,新文化运动又大体可以分为前后两期。从前后两期新文化运动的主题与内容看,无论是对德、赛二先生的宣扬,对封建礼教的批判,还是马克思主义的传播,其源头都可以上溯到辛亥时期的思想解放运动。特别是前期新文化运动,无论是思想还是人事,均与辛亥时期的思想解放运动有着一脉相承的关联。对此,众多研究者均有揭示:"初期的新文化运动依然是在资产阶级民主主义旗帜下进行的,可以说是辛亥革命在思想领域的继续和深入"③。"不论从人的因素来看,或从所提的问题来看,'五四'新文化运动是辛亥文化革新的延伸和发展。辛亥革命时期的文化革新为'五四'前新文化运动奠定了基础"④。香港学者陈万雄通过对思想和人事的细致梳理也指出:"五四新文化运动之与前此的辛亥革命运动在革新思想上更有一脉相承的条理。即使在人事的谱系上,五四新文化运动的主要倡导者,原先则属辛亥革命时期革命党人的系统。"⑤

---

① 汪叔潜:《新旧问题》,《青年杂志》第1卷第1号,1915年9月15日。
② 陈独秀:《敬告青年》,《青年杂志》第1卷第1号,1915年9月15日。
③ 胡绳武、金冲及:《辛亥革命与初期的新文化运动》,《从辛亥革命到五四运动》,长沙:湖南人民出版社1983年版,第274页。
④ 龚书铎:《辛亥文化革新与"五四"新文化运动》,华中师范大学中国近代史研究所编:《辛亥革命与20世纪中国:1990—1999年辛亥革命论文选》,武汉:湖北人民出版社2001年版,第489页。
⑤ 陈万雄:《五四新文化的源流》,序言,北京:三联书店1997年版,第3页。

二、辛亥革命与马克思主义的传播

"十月革命一声炮响,给我们送来了马克思列宁主义。"① 这是毛泽东关于马列主义在中国传播的形象概括。但这主要是针对马克思主义成为中国人行动的指南立言,并非是指马克思主义在中国的传播始自十月革命。回顾马克思主义在中国的传播史,可以发现十月革命之前中国人与马克思结缘已有十数年历史,而在这期间马克思主义逐步扩充影响的过程中,辛亥革命实为一大关键。简括而论,辛亥革命在中国马克思主义传播史上的重要地位主要表现在以下方面:一是资产阶级革命派较早参与马克思主义的传播,甚至可以说是新文化运动之前输入和谈论马克思主义的最重要的方面军;五四新文化运动发动后,国民党人依旧是传播马克思主义的重要力量。二是辛亥革命所开创的思想解放潮流,为国人大规模地输入与绍介包括马克思主义在内的新思想、新文化提供了非常好的外缘条件。

1870年底,年仅23岁的张德彝以翻译身份随崇厚出使法国,此行目的是因为天津教案而向法国政府赔礼道歉。在法期间,适逢巴黎公社起义,从而在张的日记中留下了中国人对国际共运的第一次观察。② 两年后,早期维新思想家王韬编撰出版的《普法战记》一书对这次起义也有所记述。由于时值清季国内风气大开前夜,中国人对于马克思主义在国际共运史上的首次伟大实践虽未完全忽略,但亦未造成涟漪。

马克思主义被引介入中国要迟至19世纪末,首先开其端绪的是西方在华传教士。目前所见马克思及其学说输入中国的最早事例发生于1898年。是年,英国传教士李提摩太与中国人胡贻谷合作,将英国学者克卡朴的著作《社会主义史》一书翻译成中文,更名为《泰西民法志》由上海广学会出版,该书辟有专章,对马克思、恩格斯的生平及思想作了专门介绍。③ 以此为发端,马克思、恩格斯及其思想学说开始较为频繁地出现于中文书刊之中。

辛亥革命时期,马克思主义传入中国有着非常重要的国际背景。19世纪末,随着欧美资本主义社会的发展,社会矛盾日趋尖锐,各种社会革新运

---

① 毛泽东:《论人民民主专政》,《毛泽东选集》第4卷,北京:人民出版社1991年版,第1471页。
② 钟叔河:《巴黎公社目击记稿本的发现》,《历史教学》1982年第6期。
③ 黄楠森等主编:《马克思主义哲学史》第6卷,北京:北京出版社1989年版,第20~21页。

动风起云涌,社会主义也因而成为颇具影响力的时代潮流。19 世纪末 20 世纪初,在西方的影响下,日本国内绍介社会主义的风气相当浓烈,出现了多个以研究与传播社会主义为己任的团体,《共产党宣言》等书刊广为流传,日本一时之间成为亚洲地区传播社会主义学说的集散地。与此同时,20 世纪初由留学生、维新派与革命派等组成的在日华人群体急剧膨胀,他们受日本国内思想风气的影响,也开始注意到马克思主义,并参与到介绍与传播的行列之中。

戊戌变法失败后流亡日本的梁启超时值盛年,对新知极为敏感,在一段时间内对马克思及其学说有比较持续的介绍。在 1902 年发表于《新民丛报》的《进化论革命者颉德之学说》一文中,梁尊奉马克思为"社会主义之泰斗",并将马克思的社会主义与尼采的个人主义称作当日德国"最占势力之二大思想"。梁启超于 1904 年发表的《中国之社会主义》在介绍社会主义基本要义时,撮要引述了马克思的观点。不过梁虽然注意到社会主义在欧西特别是德国风头正劲,但并不认为这一学说能够实行于国内,所以当革命党人宣传"土地国有"等政策主张时,梁等维新派便态度明确集矢攻击。梁对马克思主义的介绍,主要是将其作为新知的一种而有所涉及,与其本人所信从的政治理念实有相当大的距离。

与维新派对马克思主义的欲迎还拒截然不同,革命党人对于马克思主义的介绍主要基于中国的实际需要。孙中山等革命者旅居欧西期间,对西方社会贫富悬隔的弊端以及由此造成的社会革命风潮深有所感,认识到中国当采行社会主义政策,调剂贫富,方可避免重蹈西方的覆辙。1896 年孙中山旅居伦敦期间,就对社会主义理论有所关注。1903 年在致友人函中,明确提到社会主义是其"所极思不能须臾忘者",认为"平均地权,此为吾国今日可以切实施行之事"。① 两年后,孙中山以"中国社会主义者"的身份造访设于比利时布鲁塞尔的国际社会党执行局总部,向该局书记介绍了中国革命党人的纲领与目标,并表示革命成功后中国将实行社会主义。② 正是由于世界社会革命风潮对革命党人的影响既深且巨,社会主义学说自然成为革命党人输入介绍西方进步学说的重要组成。与此同时,部分革命党人对马克思及其学说也有所涉及,并有一定程度的关注。

---

① 孙中山:《复某友人函》,《孙中山全集》第 1 卷,北京:中华书局 1981 年版,第 228 页。

② 《附:访问国际社会党执行局的谈话报道》,《孙中山全集》第 1 卷,北京:中华书局 1981 年版,第 273 页。

革命党人中较早提及马克思主义思想学说的是马君武等。1903年2月，马君武在留日学生创办的杂志《译书汇编》上发表《社会主义与进化论比较》一文，对社会主义学说发展史有简要梳理，指出马克思与拉萨尔是该学说发展极盛时期的代表，并开列了马克思著作书目。该文还指出："马克司（马克思——引者注）者，以唯物论解历史学之人也。马氏尝谓阶级竞争为历史之钥。"① 同年10月，在东京出版的《浙江潮》刊载署名"大我"的《新社会之理论》一文，对共产主义与无政府主义这两种当前流行于西方的新社会理论，就其发展源流及基本原理作了介绍。② 此外，还有一些文章在介绍西方的社会革命风潮时，对马克思及其学说也有所提及。

1905年同盟会成立后，随着革命派力量的整合，革命宣传人才的涌现，革命党人对马克思主义的介绍进入了新的历史阶段。一些介绍者除了能够比较全面地概述马克思、恩格斯的思想外，在文章中还常常大段翻译、引述马恩经典著述的原文，对马克思主义的理解与把握因而更见深入。

同盟会时期革命党人中传播马克思主义最为突出者当属朱执信。朱执信（1885—1920），广东番禺人，著名的资产阶级革命理论家和活动家。1904年赴日留学期间结识孙中山与众多革命党人，翌年加入同盟会，迅速成长为资产阶级民主革命理论阐释和传播的健将。1905年11月，朱执信以"蛰伸"为笔名发表《德意志社会革命家小传》，全文洋洋万言，分载于《民报》第二、三号上。在这篇德国社会革命家马克思、拉萨尔传略中，朱执信较为全面地叙述了马克思的生平活动及思想主张，尤其是颇为详细地介绍了阶级斗争学说与剩余价值学说，还大段摘译《共产党宣言》，在社会主义诸学说中，初步区分出马克思主义的独特性。

1906年6月，针对《新民丛报》攻击社会主义的"谬说"，朱执信发表《论社会革命当与政治革命并行》一文起而迎战。文章批评维新派对西方学说一知半解，故常以"今日之我"挑战"昔日之我"，认为不当以论者有限所见妄下断语，而应"知学派有异同，学说有变迁沿革"。朱执信显然略知社会主义在西方的发展流变，是以在文章中可能是中国人第一次指出马克思学说是"科学社会主义"；而在驳斥维新派关于社会主义的肤浅认识、阐述社会革命当与政治革命并行的观点时，作者显然是以马克思有关学说作

---

① 马君武：《社会主义与进化论比较》，《译书汇编》第11期，1903年2月。
② 大我：《新社会之理论》，《浙江潮》第8期，1903年10月。

为理据，并且能够信手拈来，应用无碍。①

朱执信致力于马克思主义的输入与传播，考其成心，一则希望包括马克思主义在内的诸社会革命学说，能"溥遍于吾国人士脑中，则庶几于社会革命犹有所资也"②；一则以为马克思以来的社会主义学说学风大变，皆重实行，并非以往之空中楼阁，其对中国社会的借镜作用远超之前社会主义诸学说。有见及此，朱执信对马克思主义诸学说涉猎颇广，用力甚勤，在文章中表现出来的当然是他对马克思主义的掌握程度远远超过同时代的一般水准。对于辛亥革命时期朱执信传播马克思主义的贡献，此时同在日本的何香凝后来回忆时依旧印象深刻，称他是"当时介绍社会主义思想最积极的人"③。

除朱执信外，同时期参与马克思学说介绍的革命党人也颇不乏其人，如宋教仁、廖仲恺、叶夏生等。1906年6月《民报》第五号刊载宋教仁自日本杂志翻译的《万国社会党大会略史》，记叙了第一、第二国际的召开经过及基本决议。9月，《民报》第七号发表了渊实（廖仲恺）的《社会主义史大纲》和梦蝶生（叶夏生）的《无政府党与革命党之说明》。前文为一篇译作，对社会主义的起源及其演变分阶段作了叙述。后文则对马克思主义与无政府主义的区别作了详细的说明，肯定马克思主义"非乌托邦者"。

1908年前后，随着中日当局对社会主义思潮的严厉禁止，以及同盟会活动重心转向军事斗争，各方对社会主义的传播一度退潮。1912年中华民国成立，封建君主专制制度被推翻，资产阶级革命派认为民族、民主革命已经达到，"唯有民生主义尚未着手，今后吾人所当致力的即在此事"④，所以对社会主义学说的热情再度点燃，宣传阵地也由国外转入国内。1912年6月在上海出版的《新世界》第2期刊登了朱执信译述的《社会主义大家马儿克之学说》，文章比较详细地叙述了《共产党宣言》和《资本论》的基本内容。此外，宋教仁、戴季陶等人也曾经积极鼓吹。国内出版的多种报刊如《民立报》、《社会》、《社会世界》、《社会星》等出现多篇介绍社会主义的

---

① 朱执信：《论社会革命当与政治革命并行》，广东省哲学社会科学研究所历史研究室编：《朱执信集》上集，北京：中华书局1979年版，第55页。

② 朱执信：《德意志社会革命家列传》，广东省哲学社会科学研究所历史研究室编：《朱执信集》上集，北京：中华书局1979年版，第10页。

③ 何香凝著：《回忆孙中山和廖仲恺》，北京：中国青年出版社1957年版，第24页。

④ 孙中山：《在南京同盟会会员饯别会的演说》，中国社会科学院近代史研究所中华民国史研究室等合编：《孙中山全集》第2卷，北京：中华书局1982年版，第319页。

文章。

与此同时,对社会主义情有独钟的革命领袖孙中山在辞去中华民国临时大总统后,考虑到国人对民生主义的误解,在全国巡回演讲中多次阐述民生主义与社会主义,对全国听众作了一次有意义的普及教育。4月16日在上海南京路同盟会机关的演说中,孙中山明确指出"民生主义者,即国家社会主义也"①;次日在上海中华实业联合会欢迎会所作的演说中,孙中山也提出:"至于民生主义,非以社会主义行之,不能完全"②;尤其是在同年10月14—16日应中国社会党本部之请发表的演说中,孙中山对欧西社会主义的发展史有简洁的梳理,对马克思的作用与地位有所肯定:"德国麦克司者出,苦心孤诣,研究资本问题,垂三十年之久,著为《资本论》一书,发阐真理,不遗余力,而无条理之学说,遂成为有统系之学理。"不过孙中山同时也认为:"惟现社会主义,尚未若数理、天文等学成为完全科学,故现在进行,尚无一定标准,将来苟能成为科学一种,则研究措施更易着手。"③ 易言之,在孙中山看来,社会主义当时尚属诸家学说竞争竞存的局面,尚无哪一家学说占据绝对的优势地位,这种状况显然也影响到了中国人的"研究"与"措施"。

十月革命之前,中国马克思主义介绍者的队伍颇为芜杂,资产阶级维新派、革命派、无政府主义者均有所参与。造成这一现象的主要原因在于社会主义学说及运动风靡世界,国人中睁眼看世界者无论其思想背景,均不能不对这一世界新潮有所致意。就这一阶段马克思主义的介绍与输入状况而言,大体具备以下特点:

其一,主要是将其作为社会主义诸学说的一种进行介绍。

其二,介绍者缺乏对马克思学说的总体把握,或受制于自身的思想立场,介绍时往往各取所需,表现出较强的随意性。如维新派主要是一种粗略的学理介绍,且明确表示社会主义不适用于中国;无政府主义者选择性译介的出发点,不过是为了证明无政府主张的正确性。相比较而言,由于马克思主义与革命党人所提倡的政治革命、社会革命有若干契合之处,少数介绍者

---

① 孙中山:《在上海南京路同盟会机关的演说》,《孙中山全集》第2卷,北京:中华书局1982年版,第339页。
② 孙中山:《在上海中华实业联合会欢迎会的演说》,《孙中山全集》第2卷,北京:中华书局1982年版,第340页。
③ 孙中山:《在上海中国社会党的演说》,《孙中山全集》第2卷,北京:中华书局1982年版,第506页。

能够比较深入地研究和宣传马克思主义的某些学说，虽然他们对另外一些学说没有涉及甚至不能认同，但总体上看，他们的确代表了这一阶段国人理解马克思主义的最高水准。

十月革命前马克思主义在中国的介绍与输入是中国马克思主义传播史的重要阶段。在此阶段，由于从国际上看，马克思主义学说作为实践性理论，尚需一次成功的革命实践来彰显其科学性与生命力；从国内看，中国无产阶级尚未发展壮大，也缺乏马克思主义大规模传播与实践的社会基础，从而导致对马克思主义的介绍与宣传主要发生于少数知识分子群体，并未造成实际的社会效应。但这一阶段介绍者对社会主义发展史的梳理、对马克思若干学说的论说、对《共产党宣言》等著述的译介以及一整套马克思主义话语系统的输入，均为下阶段马克思主义大规模的传播奠定了基础。对于十月革命之前国人对马克思主义的传播，毛泽东虽然认为"在中国并没有人真正知道马克思主义的共产主义"，但还是注意到了前人的工作，特别是朱执信等国民党人的贡献："马克思、恩格斯创立马克思主义学说始于一八四三年（鸦片战争后三年），但由一八四三年到一九一七年，七十四年之久，影响主要限于欧洲……那是我们中国除极少数留学生以外，一般人民就不知道。我也不知道世界上有马克思其人……以前有人如梁启超、朱执信，也曾提过一下马克思主义……朱执信是国民党员。这样看来，讲马克思主义倒还是国民党在先"。①

三、早期共产党人的辛亥经历

如前所述，早期共产党人的主体是新知识分子，这与资产阶级革命派的群体性特征如出一辙。时间上的相近及群体上的同质决定了这两大群体存在着千丝万缕的联系。就资产阶级革命派与早期共产党人人事及思想上的联系而言，大体存在两种情况：

其一，早期共产党人中的年龄稍长者往往程度不等地卷入到资产阶级革命派所从事的革命事业中，不但思想上受其影响，而且行动上积极参与，在一段时间内成为资产阶级革命阵营的一员。这方面的事例在早期共产党人群体中比比皆是。有研究者作过统计：在中国共产党创建时期的各地共产主义小组成员中，"具有直接或间接参加过辛亥革命运动经历的人数约占三分之

---

① 《毛泽东关于"七大"工作方针的报告》，中央档案馆编：《中共中央文件选集》第15册，北京：中共中央党校出版社1991年版，第94～95页。

一,其中出身于同盟会会员的约占总数的 10%"①。武汉作为辛亥革命首义之区,共产党人与革命党人更是出现高度重合的现象:武汉共产主义小组的发起人"刘伯垂、董必武、张国恩都曾在日本留学,均为同盟会员,参加过孙中山领导的革命运动"②。

其二,其中的另一部分人,主要是年龄稍轻者,虽然未曾亲身参与辛亥革命,但在接受马克思主义之前,他们所受的影响主要仍是来自资产阶级革命派及其所宣扬的民主革命理论。早期共产党人中的学生辈成员也往往同样经历了从激进民主主义者到共产主义者的转变过程,不过因为只有思想上的影响,而没有行动上的积极参与,一般不能将他们列入资产阶级革命派阵营。

陈独秀、吴玉章、朱德、董必武、林伯渠等是第一类人中的著名代表,他们的事例生动且具体地揭示了革命党人与共产党人之间的第一种关系。

陈独秀出生于 1879 年,甲午战争爆发时按中国人算法已是 16 岁,属于思想较为敏感、具备一定抉择能力的青年时期,所以比较完整地感受及经历了清季民初政治与思想的大变动,其思想也几度飞跃,呈现由改良派而革命派而共产主义派的发展轨迹。根据陈独秀自己的说法,大约在 1897 年下半年,他由"选学妖孽转变为康梁派"③。由康梁派而入于革命派则发生在 1901 年 10 月赴日留学之后不久,主要是受自立军起义的失败、与革命派张继等人的接触以及留学生创办的各种革命书刊的濡染等诸种因素的影响。1902 年 3 月陈独秀回国以后,积极参加革命派事业,是革命党在安徽地区组织与宣传的重要人物。武昌起义爆发后,陈独秀与安徽同盟会员管鹏、吴旸谷等运动新军响应,劝说朱家宝反正。11 月 11 日,安徽宣布独立。12 月,应新任都督孙毓筠邀请,陈独秀出任安徽都督府秘书长。④

吴玉章的情况与陈独秀较为类似。吴 1878 年出生于四川荣县。在维新运动的时代大潮之中,通过二哥的关系,接触到新学书籍,"当我读到康梁(特别是梁启超)的痛快淋漓的议论以后,我很快就成了他们的信徒,一心

---

① 宋亚平:《辛亥革命与中国共产党的产生》,刘泱泱主编:《辛亥革命新论》,长沙:湖南出版社 1996 年版,第 423 页。

② 李新、陈铁健主编:《中国新民主革命通史》第 1 卷,《伟大的开端:1919—1923》,上海:上海人民出版社 2001 年版,第 374 页。

③ 唐宝林、林茂生编:《陈独秀年谱》,上海:上海人民出版社 1988 年版,第 10 页。

④ 唐宝林、林茂生编:《陈独秀年谱》,上海:上海人民出版社 1988 年版,第 52~53 页。

要做变法维新的志士"。1903年2月出川游学途经上海,"就在这短短的十数天内,我却有很大的收获。在此以前,我还只知道康有为、梁启超他们那一套改良主义的思想;到上海以后,我即开始接触到孙中山、章太炎他们关于资产阶级革命的宣传;虽然知而不详,但稍一比较,就觉得革命的道理更为充分。于是,我对康梁的信仰便一落千丈"。① 次月东渡日本后,置身日趋激进的留学生群体之中,"革命思想日渐坚定"②。1905年,吴玉章参加同盟会成立大会,当选为评议部评议员。1911年9月,吴在四川荣县树立革命义旗,宣布独立,首开各地起义独立之先河,荣县独立因而在辛亥革命史上占有特殊的位置。

朱德1886年出生于四川仪陇县,十余岁时在私塾教师席聘三先生的启发下,开始关心国事,"受到革新思想的启蒙"。1906年,入顺庆府中学堂,学堂监督张澜和一些教师是日本留学生,在此环境下,革命救国思想潜滋暗长。1907年春,入四川高等学堂附设体育学堂,其间"秘密传阅中国同盟会的机关报《民报》",决心加入同盟会,多方秘密求保入盟未果。1909年11月,考入云南陆军讲武堂。该校是同盟会在云南的大本营,讲武堂监督李根源,教官方声涛、李烈钧、罗佩金、唐继尧等"大都是同盟会员,其他一些教官或者是同盟会员,或者是受到了同盟会革命宣传的影响","讲武堂的学生有五百多人,其中许多是不满于现状的青年"。③是年底,在讲武堂秘密加入同盟会,积极筹划军事起义事宜。武昌起义打响后,云南革命党人积极响应,于10月30日发动昆明起义,隶属于第七十四标的朱德被蔡锷指定为队官,参加了攻打总督衙门的战斗。11月1日,起义成功,云南宣布独立。④

董必武1886年出生于湖北省黄安(今红安)县。1905年春夏间赴武昌报考湖北省文普通中学堂,等待入学期间,常到日知会阅读书报,接触到《新民丛报》,"开阔了眼界,起了积极的思想启蒙作用";在此与后被董称为"自己革命思想的启蒙老师"刘静庵结交,并常相往还。同盟会成立后,

---

① 吴玉章:《从甲午战争到辛亥革命的回忆》,《吴玉章回忆录》,北京:青年出版社1978年版,第7、18页。
② 刘文耀、杨世元编:《吴玉章年谱》,成都:四川人民出版社1998年版,第9页。
③ 朱德:《辛亥革命回忆》,中国人民政治协商会议全国委员会文史资料研究委员会编:《辛亥革命回忆录》第1集,北京:文史资料出版社1961年版,第3页。
④ 参见中共中央文献研究室编《朱德年谱》,北京:人民出版社1986年版,第8～18页。

《民报》等革命书报进入日知会阅览室，"董必武认真研读两派文章，了解了孙中山、章太炎为首的革命派的观点和主张，经过思考鉴别，思想日渐倾向革命派民主主义主张"。1910年10月，董必武从该校修业期满，返乡任教。1911年10月，得知武昌起义消息后，随即离开黄州府中学，赶赴武汉参加辛亥革命，到武汉后积极参加对清军的作战。12月，董必武和张国恩等加入同盟会，并参与重建同盟会湖北支部，被推为支部评议部评议员。①

林伯渠1886年出生于湖南省安福（今临醴）县。1899年前后受父亲影响，开始接受维新派思想。1902年入读湖南公立西路师范学堂，开始大量接触康梁派和革命党人的著述。这一时期，对林伯渠思想影响最大的当属《新民丛报》。1904年，林伯渠赴日留学，初与改良派及革命派均有交往，后受欧洲民主启蒙思想和留学生激进派的影响，日益倾向革命。1905年，林伯渠参加同盟会成立大会，并经黄兴、宋教仁介绍，加入同盟会。次年初受东京同盟会总部派遣前往湖南长沙办理振楚学堂。1907年又被派往东北，执行同盟会边疆革命计划。1911年被同盟会中部总会自东北召回，派往常德从事巡防营的策反工作。10月底湖南起义，全省光复。②

通过对陈独秀、吴玉章、朱德、董必武、林伯渠等人早年经历的简要梳理，可以看出早期共产党人中的众多师长辈常因各种机缘，能得风气之先，在时代大潮的裹挟下，其思想与行动大体经历了由改良而革命的发展轨迹。在此过程中，他们通过革命派与维新派救国主张的比对，此迎彼拒，深信前者实为救国救民的不二法门，从而能够积极投身于资产阶级革命事业，成为革命党阵营中的活跃分子。

与陈独秀、吴玉章等亲身参与辛亥革命有所不同，李大钊、毛泽东、恽代英、周恩来、瞿秋白等人的经历则代表了早期共产党人与辛亥革命的另一种关联。

李大钊1889年出生于河北省乐亭县。早年受各种内忧外患的刺激，矢志救国救民。1907年考入天津北洋法政专门学校。该校革命党人活动颇形活跃，其中担任史地科教员的白毓崑对李大钊影响最大。武昌起义爆发后，白毓崑介绍李大钊加入"革命同盟会"，"该会就是为了筹划策动滦州革命

---

① 《董必武年谱》编纂组编：《董必武年谱》，北京：中央文献出版社1991年版，第20～30页。

② 《董必武年谱》编写组编：《林伯渠传》，北京：红旗出版社1986年版，第15～51页。

起义的领导组织"。① 1913 年暑假,李大钊从北洋法政专门学校毕业。因不堪忍受袁世凯的专制独裁统治,以及对革命派领导的反袁斗争日渐失望,是年冬赴日留学,在日期间开始研究马克思主义。

毛泽东 1893 年出生于湖南省湘潭县。1910 年入读湘乡县立东山高等小学堂,其间受《新民丛报》等康梁派书报的影响,思想倾向维新。1911 年春,入湘乡驻省中学读书,首次读到革命报刊,知道革命党人的事迹,"激奋之下,写一篇文章贴在学校墙壁上,第一次发表自己的政治意见,主张由孙中山、康有为、梁启超组织新的政府,反对专制独裁的清王朝"。武昌起义爆发后,湖南积极响应。10 月底,毛泽东投笔从戎,成为驻长沙起义新军第二十五混成协的一名列兵。② 进入民国后,身为学生,心忧国事。1918 年 4 月与蔡和森等组织新民学会。10 月,在北京大学图书馆任助理员,因工作关系,开始接触一些传播马克思主义的书刊。

恽代英 1895 年出生于湖北武昌。1909 年随游宦父亲赴老河口,自学家中藏书,尤其酷爱《饮冰室文集》,崇敬变法志士谭嗣同。1910 年,恽代英用父亲给的零用钱选购喜爱的中外著作,"特别喜欢卢梭、孟德斯鸠、达尔文的译著,汲取西方民主主义思潮和现代科学知识"。1911 年辛亥革命爆发,老河口处于无政府状态,恽代英向往革命,毅然剪掉辫子以为响应。1913 年入私立武昌中华大学,广泛阅读社会科学方面的书籍,开始接触无政府主义。1915 年新文化运动发动后,成为《新青年》的热心读者。③

周恩来 1898 年出生于江苏省山阳(今淮安)县。1910 年移居奉天府(今辽宁沈阳)伯父家,入新建的奉天第六两等小学堂学习。在校两年,受高戈吾等进步教员的影响,阅读了《革命军》、《警世钟》、《驳康有为论革命书》、《猛回头》等革命党人书刊,同情革命。1913 年 8 月至 1917 年 6 月周恩来就读于天津南开中学,一直究心探寻中国问题的解决之道。不久赴日留学,次年开始接触马克思主义。④

瞿秋白 1899 年出生于江苏省阳湖(今武进)县。1910 年入常州府中学

---

① 杜全忠:《李大钊和他的老师》,河北省李大钊研究会编:《李大钊研究》第 1 辑,石家庄:河北人民出版社 1991 年版,第 206 页。

② 逄先知主编:《毛泽东年谱:1893—1949》,北京:中央文献出版社 2005 年版,第 9～11 页。

③ 李良明、钟德涛主编:《恽代英年谱》,武汉:华中师范大学出版社 2006 年版,第 8～68 页。

④ 中共中央文献研究室编:《周恩来年谱 1898—1949》,北京:中央文献出版社、人民出版社 1989 年版,第 9～27 页。

堂学习，次年与张太雷结识，成为挚友。在校期间，瞿秋白兴趣广博，尤其喜读思想性读物，如《庄子》、《仁学》、《新民丛报》、《饮冰室文集》等。该校在校长、同盟会员屠元博的主持下，常在学生中进行民族革命教育，受其影响，瞿秋白对孙中山的反清革命十分关注。民国建立后，因对"政治恶象"深恶痛绝而一度思想迷惘。1917年9月考进北京政府外交部部立俄文专修馆学习俄文，不久受俄国十月革命的影响，开始接触新思想。①

上述诸人中，李大钊的情况较为特殊，但在早期共产党人中也具备一定的典型性。李虽然比陈独秀等人年龄略小，但在共产党创建时同属师长辈，只是由于早年活动的河北地区并非革命党人活动的中心区域，所以所受影响相对较小，大体处于革命党人活动的外围。李大钊与革命党人的关联也主要体现在思想的层面。与此相对，生活在革命党人活动中心区域的毛泽东，辛亥年间只不过16岁，却有机会成为起义新军的一员。不过以毛为代表的早期共产党人中的学生辈，由于年龄的关系，他们中的大多数不可能亲身参加辛亥革命，民国成立后也没有充分卷入革命党人的历次抗争；在思想上，由于没有亲历1905—1907年间革命派与维新派的思想决战，加之清季立宪运动兴起的时代氛围，他们往往对维新派与革命派的思想主张兼收并蓄，并未出现如师长辈那样的自觉抉择过程，但就他们的思想格局而言，大体仍在革命派所宣扬的民主革命的范畴之内。民国成立后，由于政治上的黑暗一仍旧贯，内忧外患交相迭乘，他们能够在"旧"的民主革命理论的基础上再度出发，广泛汲取、比对各种西方思想资源，在其中发掘"新"的救国救民之道。

第三节 从民主主义者到共产主义者

一、"南陈北李"

如前所及，中国早期共产主义者基本出身于知识分子，又都是从激进民主主义者转变而来。换言之，早期中国共产党人中的大多数都曾经历过由激进民主主义者到共产主义者的转变过程。概括地看，依据时间线索，这种人生路向的重大转变大体可分为三种情况：其一，1920年各地共产主义小组出现之前即已实现转变者，以李大钊、陈独秀为代表。其二，各地共产主义

---

① 姚守中等编著：《瞿秋白年谱长编》，南京：江苏人民出版社1993年版，第15～41页。

小组筹备与活动期间,在群体力量的影响之下陆续实现转变者。这种情况在早期共产党人中占据多数。其三,中国共产党成立之后,因为各种机缘陆续实现转变者。由于历史条件的差异,上述三种类型往往具备各自不同的特点。

"南陈北李"是中国共产党创建时期在南北方起着领导作用的陈独秀与李大钊的合称,这一称谓非常准确地说明了陈李二位在中共成立史上的先驱者地位。不过就陈李二人而言,李大钊无论是从自身的转变还是对马克思主义的接受与宣传,均要早于陈独秀。李大钊是公认的"中国最早的马克思主义者与共产主义者"[1]。

李大钊早期思想的主题是启蒙,就是希冀通过对西方资产阶级民主自由学说的大力传扬,来揭破中国社会无处不在的封建专制,启迪民智,为建设一个全新的资产阶级共和国奠定基础。这一思想路数与稍后发动的新文化运动如出一辙。

民国甫建,当社会各界还沉浸在喜悦之中,李大钊已敏锐地觉察到"隐忧潜伏,创国伊始,不早为之所,其贻民国忧者正巨也"[2]。果如其所担心,民国虽然创建,但政权倏忽转移,政象一仍旧贯,中国之舟依旧行驶在"惶恐滩中"。举目所及,李大钊深感失望。1913 年发表的《大哀篇》、《裁都督横议》、《论民权之旁落》诸文中,他悲民生之多艰,哀民权之旁落,痛批民国政治的黑暗,认为"国民教育,乃培根固本之图,所关至巨",希望"仁人君子,奋起奔走革命之精神,出其争夺政权之魄力,以从事于国民教育,十年而后,其效可观。民力既厚,权自归焉"[3]。

1913 年冬,因曾经寄予厚望的"二次革命"迅速走向失败,袁世凯的专制统治浓云密布,李大钊离开故土东渡日本,次年春入早稻田大学政治本科学习。这一时期,受日本国内思想风气的影响,李大钊开始接触与研究马克思主义。据时同为留学生的高一涵回忆,李大钊就在这时通过河上肇的著作接触马克思主义的。与李大钊同为少年中国学会会员的周太玄也说:"守

---

[1] 中国共产党中央委员会:《李大钊烈士碑文》,北京大学图书馆、北京李大钊研究会编:《李大钊史事综录(1889—1927 年)》,北京:北京大学出版社 1989 年版,第 1 页。

[2] 李大钊:《隐忧篇》,中国李大钊研究会编注:《李大钊全集》第 1 卷,北京:人民出版社 2006 年版,第 1 页。

[3] 李大钊:《论民权之旁落》,中国李大钊研究会编注:《李大钊全集》第 1 卷,北京:人民出版社 2006 年版,第 43 页。

常先生在东京对马克思主义已很有研究。"① 不过有日本学者从河上肇翻译《资本论》以及转向马克思主义的时间出发,指出上述具体回忆有不够准确的地方,但也认为"某种形式出现的马克思主义对他(李大钊——引者注)的思想发生影响也不是没有可能的"②。在日期间,李大钊显然没有把精力全部放在课堂的学习,而是一如既往地对国内政局保持密切的关注。李大钊留学东瀛之际,正值袁世凯帝制阴谋步步推进与日本对华侵略愈演愈烈之际,他的社会活动即围绕着揭批这两大国祸、唤醒国人而展开。1915 年 9 月,《青年杂志》在上海创刊,新一轮民众启蒙运动已初现波澜。次年 1 月,受留日学生总会推举,李大钊主编《民彝》杂志,以"主持正义,昌明学术,灌输近世文明,增进民国福利"③为职志。5 月,李大钊从早稻田大学毕业,结束了在日本的留学生涯,返回国内。

从 1916 年 5 月归国,到 1917 年 11 月受聘北京大学这一年半的时间里,李大钊与陈独秀的情况较为类似,办报成为他们这一时期的共同选择。因为报刊是当时启迪民智的主要凭借,任何想要在这一方面有所作为的团体与个人都不能不朝这一方向努力。与陈独秀以我为主、牢固掌握《新青年》的办刊方向不同,李大钊参与编辑的《晨钟报》、《宪法公言》、《言治季刊》、《甲寅日刊》等均非完全能够出诸己意,而是各有其特定的背景,这就决定了李大钊与它们的合作往往为时甚短,频繁地更换东家成为李大钊这一时期工作的常态。

报人工作为李大钊提供了较好地积极参与新文化运动的平台。这一时期的李大钊著述甚勤,发表文章近百篇,除了对国内外的重大事件与政治动向有所评论外,更将关注的眼光集中到青年和下层民众的身上。其中,《青春》是李大钊发表于《新青年》的第一篇文章,也是其"作为革命民主主义者的代表作"④。该文以朝气蓬勃的"青春"为题,在阐述"青春"的宇宙观和人生观的基础上,号召青年"创建青春之家庭,青春之国家,青春

---

① 高一涵:《从五四运动中看究竟谁领导革命?》,中国社会科学院近代史研究所编:《五四运动回忆录》(上),北京:中国社会科学出版社 1979 年版,第 340 页;周太玄:《谈少年中国学会》,中国社会科学院近代史研究所编:《五四运动回忆录》(下),北京:中国社会科学出版社 1979 年版,第 1012 页。

② 北京大学图书馆、北京李大钊研究会编:《李大钊史事综录(1889—1927 年)》,北京:北京大学出版社 1989 年版,第 108 页。

③ 北京大学图书馆、北京李大钊研究会编:《李大钊史事综录(1889—1927 年)》,北京:北京大学出版社 1989 年版,第 123 页。

④ 《李大钊传》编写组:《李大钊传》,北京:人民出版社 1979 年版,第 25 页。

之民族，青春之人类，青春之地球，青春之宇宙"①。文章气势磅礴，热情洋溢，是一篇引导青年反抗帝国主义和封建主义的战斗檄文，颇为典型地反映了新文化运动前期的基本特点和李大钊作为革命民主主义者的特质。

1917年10月10日辛亥革命六周年之际，滞留沪滨的李大钊回顾六年来的"戎马仓皇"、风鹤频惊，不禁感慨万千，深切体会到："此则国庆日者，乃新中华诞孕之纪念日，非新中华长成之纪念日；乃吾民开始努力之纪念日，非吾民太平歌舞之纪念日；乃吾民勇于牺牲之足庆，非吾民臻于安乐之足庆也。""新中华"的历史急"待吾人本其优洁美尚之理想，施其敏断刚毅之努力以绚书之，期于必达，勿稍息荒，月异岁新，与时俱进"，"然则新中华无疆之休，将以此日为发轫之始矣"。②这篇文章是李大钊成为马克思主义者前夕一篇回顾辛亥历史、展望新中国未来的专文，虽然所表现出来的思想境界仍在资产阶级民主革命的范畴之内，但以辛亥为起点同时又超越辛亥的情怀已是澎湃激荡呼之欲出。

是年11月，俄国十月革命爆发，李大钊同时入北京大学任职。北京大学时期无疑是李大钊一生中最重要的时期，说其重要，不仅是因为任职时间较长，更由于这时的北大因一批具有强烈革新意识的先进知识分子的聚集而成为新文化运动中最重要的集团性力量③，置身于这样的环境，既有利于李大钊、陈独秀等将新文化运动引向深入，也为他们自身思想的蜕变提供了条件。

对于同时期北方邻国政局的频繁更迭，李大钊表现出特有的敏感。早在俄国二月革命发生时，他就曾撰文对其原因作了较为全面的分析，并立场鲜明地表达了对革命的支持态度。④十月革命爆发后，尽管国内报界迅速进行了报道，但正如西方研究者所指出的："俄国十月革命并没有像惊雷一样唤醒中国知识界。直到凡尔赛会议和五四运动之前，除李大钊外，几乎没有中

---

① 李大钊：《青春》，中国李大钊研究会编注：《李大钊全集》第1卷，北京：人民出版社2006年版，第192页。
② 李大钊：《此日》，中国李大钊研究会编注：《李大钊全集》第2卷，北京：人民出版社2006年版，第169～170页。
③ 关于这一时期北大的基本状况可参考陈万雄著：《五四新文化的源流》，北京：三联书店1997年版，第28～44页。
④ 李大钊在该文中指出："世界之进化无止境，即世界之革命无已时"，"由外患言之，俄国今日而有此，固为彼邦之不幸；由内政言之，则实自由政治之曙光也"。参见李大钊《俄国革命之远因近因》，中国李大钊研究会编注：《李大钊全集》第2卷，北京：人民出版社2006年版，第1～2页。

国人发现十月革命对自己的国家有任何意义。"① 即便是李大钊本人，其公开反应也稍显迟缓，究其原因，可能是俄国革命在内外反动势力的联合绞杀下，前景不明，有待观察；更为重要的是，俄国革命对当时主要以新闻媒体为了解渠道的国人来说犹如雾里看花，真相难辨，所以对俄国革命必然有一个认识的过程。在这样的背景下，李大钊之所以能够先人一步从俄国革命中一叶知秋，与其稍早前留学日本时对马克思主义的接触以及了解世界社会主义运动的日本渠道有着重要关联。

数年前李大钊留学日本期间已经与马克思主义有所接触，但由于主要是学理层面的认识，在思想中一直处于隐而不发的状态。"李大钊是属于那种经常注意理论是否适合于当时的环境以及有无实现的可能性的这样一个人"，一旦遇到合适的外部条件，就会"将其作为自己思想的内在发展而开始确认这一理论"。② 加上自日本返国后，李大钊与日本进步思想界保持了密切的联系，与国内其他人相比，有着更为稳定和可靠的消息源。所以，在经过一段时间广泛搜集材料、认真加以研究之后，"到1918年春，他就开始向周围的人及友人宣传十月革命"③。从1918年7月开始，李大钊先后发表了《法俄革命之比较观》、《庶民的胜利》、《Bolshevism的胜利》、《新纪元》等文章，热情地用马克思主义观点讴歌十月革命、欢呼世界革命新纪元的到来。这四篇文章虽然不是对马克思主义的系统性理论介绍，但对于非常重视理论实效的李大钊来说，这样的方式恰能透显马克思主义直指人心的力量。

十月革命的伟大实践再度激发了李大钊对马克思主义的兴趣。1918年冬，他利用自己担任图书馆主任的优越条件，在北大组织了一个研究马克思主义的学会，参加者主要是青年学生。在他的带动和影响下，邓中夏、张国焘等就是在这个时候开始接触和认识马克思主义的。此时适在北大图书馆任助理员的毛泽东，也"在李大钊的手下，很快地发展，走到马克思主义的路上"④。随着对马克思主义理解的日益深化，李大钊思想开始嬗蜕，由原先的革命民主主义者逐步转变为马克思主义者。1919年5月，李大钊为

---

① （美）莫里斯·迈斯纳著：《李大钊与中国马克思主义的起源》，中共北京市委党史研究室编译组译，北京：中共党史资料出版社1989年版，第67页。

② 北京大学图书馆、北京李大钊研究会编：《李大钊史事综录（1889—1927年）》，北京：北京大学出版社1989年版，第108页。

③ 北京大学图书馆、北京李大钊研究会编：《李大钊史事综录（1889—1927年）》，北京：北京大学出版社1989年版，第442页。

④ 《李大钊年谱》编写组编：《李大钊年谱》，兰州：甘肃人民出版社1984年版，第64页。

《新青年》主编"马克思主义研究专号",刊发了自己撰写的《我的马克思主义观》(上),对马克思主义作了系统与完整的介绍。而在是年8月发生的问题与主义论战中,李大钊已然成为马克思主义的坚决捍卫者。所有这些均表明,至迟在1919年夏秋,李大钊已经从进步知识界中脱颖而出,率先成为马克思主义者了。

在被认为是马克思主义传播过程中重要论战之一的问题与主义之争中,陈独秀并未与李大钊并肩作战,根本原因在于陈的思想尚停留在革命民主主义的层次。

陈独秀作为资产阶级革命的健将,民国成立后几乎参加了革命派领导的历次反袁斗争,但抗争的屡起屡仆、民国的建而未立使他在失望之余不能不有所省思。1914年11月,他撰文指出,国人既无爱国心又无自觉心,已使中国陷入"国必不国"的境地:

> 今之中国,人心散乱,感情智识,两无可言。惟其无情,故视公共之安危,不关己身之喜戚,是谓之无爱国心。惟其无智,既不知彼,复不知此,是谓之无自觉心。国人无爱国心者,其国恒亡。国人无自觉心者,其国亦殆。二者俱无,国必不国。呜呼!国人其已陷此境界否耶?①

这样的认知决定了陈独秀必然将民众启蒙作为拯救国家危亡的根本取径。1915年9月15日,《青年杂志》在上海创刊。在该刊发刊词《敬告青年》一文中,陈独秀清楚地表达了通过科学与民主锻造新型国民——"新青年"、进而拯救国家的强烈愿望。在中国近代史上具有重大意义的新文化运动开始启动。

作为新文化运动的"总司令",从某种意义上说,陈独秀的思想发展轨迹实代表了新文化运动的大势所趋。有研究者即指出,五四运动是新文化运动前后期的分水岭,"因为从这一事件开始,新文化运动事实上从比较广义的文化运动的范围中发生某种突破,其中的一部分逐渐演变为带有狭义的政治运动的性质。而从陈独秀的情况来看,他在五四爱国运动中意外被捕,正与上述变化相吻合。另外,他在获释后的社会活动,也明显地转向实际政治

---

① 陈独秀:《爱国心与自觉心》,任建树等编:《陈独秀著作选》第1卷,上海:上海人民出版社1984年版,第113页。

活动方面"①。

就陈独秀在新文化运动前期的活动而言，对内致力于民众思想启蒙，对外则寄望于公理战胜强权，所以对美国总统威尔逊与协约国曾抱有幻想，一度对十月革命及马克思主义表现得较为疏离。后随着幻想的破灭，对十月革命的看法有所改变。1919 年五四运动前夕，他说："十八世纪法兰西的政治革命，二十世纪俄罗斯的社会革命，当时的人都对着他们极口痛骂，但是后来的历史家，都要把他们当做人类社会变动和进化的大关键。"② 这是陈独秀思想已经发生变化的显兆。

五四运动爆发后，陈独秀因街头散发传单被北京当局逮捕入狱，经各方大力营救于 9 月 16 日被释放。陈独秀受羁押期间，问题与主义之争发生。从出狱后陈独秀的言行来看，在已然发生分裂的新文化运动统一战线内部，他的立场中间偏左，在某些问题的立场上与李大钊较为接近，但也试图调和"左""右"，显示出他此时尚处于由革命民主主义者向马克思主义者蜕化的过程之中。

1920 年初陈独秀离京赴沪。在上海期间，他的文章中越来越多地出现马克思主义的思想学说，并试图用马克思主义的观点分析各类问题。思想渐变的日积月累使陈独秀来到了思想发生质变的门槛前。是年 5 月，为纪念五一劳动节，陈独秀将《新青年》第 7 卷第 6 号办成"劳动节纪念专号"。专号内容丰富多彩，除全国各地工人生活和斗争情况介绍占据主要篇幅外，还全文刊登了苏俄第一次对华宣言以及国内各界的反映。《新青年》"劳动节纪念专号"是知识阶层向工人阶级宣传马克思主义，并试图使两者结合的重要尝试，它的出现清楚地表征了陈独秀思想的重大转变。与此相印证，在共产国际代表维经斯基的帮助下，此时的陈独秀已迈开建党活动的步伐。1920 年 5 月左右发生的这两大事件，均表明陈独秀已经完成了向马克思主义者的转变。

"北李"与"南陈"既是中国共产党创建时期两位最重要的领导人，也是马克思主义来到中国后最早的皈依者之一，但由于思想禀赋与个人喜好的差异，二人的思想样态与信从之途存在一定的不同。就李大钊而论，因为有稍早接触马克思主义的经历以及重视理论实效性的特点，故能比较快地对十月革命有所反应，并能由此及彼对马克思主义进行深入研究，从而迅速地完

---

① 朱文华著：《陈独秀评传：终身的反对派》，青岛：青岛出版社 2005 年版，第 95 页。

② 陈独秀：《二十世纪俄罗斯的革命》，《每周评论》第 18 号，1919 年 4 月 20 日。

成了由革命民主主义者向马克思主义者的转变过程。反观陈独秀，对理论的态度迥乎有别，对此晚年的他曾有清楚的自省，称自己"自来立论，喜根据历史及现时之世变发展，而不喜空谈主义，更不喜引用前人之言以为立论之前提"①。这种忌"空谈"的禀性既决定了陈独秀对马克思主义的反应相对迟滞，也影响到他对马克思主义全面系统的把握，从而不但导致陈独秀对马克思主义的皈依之路历时较长，也型塑了马克思主义与其他资产阶级思想学说长时间交杂并存的思想样态。

二、"群英结党"

李大钊、陈独秀等先驱者凭借个人努力相继完成转变后，在苏俄与共产国际的帮助下，开始积极开展建党工作。在他们的引领之下，一批具有初步共产主义思想的先进分子逐渐组织与成长起来，相继加入了马克思主义者的行列。

李大钊的建党活动开始于1920年初。是年2月在护送陈独秀离京途中，两人畅谈建党与救国的理想，相约分别在北京和上海进行活动筹建共产党。3月，一个名为"马克思学说研究会"的秘密团体在李大钊的领导下于北京大学发起，据该会成员之一的罗章龙所记：

> 马克思学说研究会开始是一种秘密团体，因为当时社会上嫉视马克思主义，认为它主张"过激"，形同"洪水猛兽"。在我们对此还未深入研究时，为了不致引来不必要的干扰和非议，我们暂时保持秘密状态，更有利于会员致力于马克思主义、列宁主义和十月革命文献的研究。当然这时的组织形式仍是比较松散的，除了对马克思主义著作的阅读和译述外，还从事一些工人运动的实践。这个研究会的会员到一九二一年夏，发展为十九人，其中一些核心会员已成为北京共产主义组织的成员。②

这是中国出现的第一个比较系统研究马克思主义的革命团体。该团体通过理论与工运两方面的训练，培养了一批具有共产主义思想的先进分子，其中张国焘、邓中夏、罗章龙、何孟雄、朱务善等还成为北京地区共产主义小组的成员与骨干，非常好地实现了李大钊"使中国将来能够产出几位真正

---

① 陈独秀：《致S和H的信》，任建树等编：《陈独秀著作选》第3卷，上海：上海人民出版社1984年版，第567页。

② 罗章龙著：《椿园载记》，北京：三联书店1984年版，第57页。

能够了解马克思学说的,真正能够在中国放点光彩的"① 希望。说"马克思学说研究会"是北京地区革命人才的摇篮绝非过誉。

与此同时,1920年前后,苏俄和共产国际明显加强了对东方国家的工作力度,大批使者络绎于途。与李大钊先后发生接触的就有鲍立维、荷荷诺夫金、维经斯基等。在李大钊的介绍下,维经斯基又前往上海,与陈独秀商讨组党事宜。5月,共产国际在上海成立了"第三国际远东秘书处",统一领导中、日、韩三国的革命工作。其中中国部的首要任务是:"透过学生组织,在中国沿海工业地区的工人组织中建立共产主义小组,并以建党为目的"②。在共产国际的大力促动下,5月起陈独秀开始筹划建党事宜,并于7、8月间正式组建了中国第一个共产党组织。参加这个组织的最初有陈独秀、李汉俊、沈玄庐、邵力子、施存统、俞秀松、陈公培、陈望道、赵世炎、李达、李季、袁振英、周佛海、沈雁冰、杨明斋等人。③ 其中一些人稍后离开上海,前往中国各地以及日本、欧洲等国,大都成为各处共产主义组织的发起人。

以上海地区的共产主义小组为先声,随后不久,李大钊、张国焘、邓中夏、罗章龙等在北京,毛泽东、何叔衡等在长沙,董必武、陈潭秋等在武汉,施存统、周佛海等在东京,陈独秀、陈公博、谭平山等在广州,王尽美、邓恩铭等在济南也建立了共产主义小组,古老的中华大地上出现了一批矢志为共产主义奋斗终身的先进分子。

各地共产主义小组的发起者中,既有如董必武、张国恩、刘伯垂等前同盟会会员,更有如毛泽东、张国焘、邓中夏等在五四大潮中迅速成长起来的青年学生,同时也包括一些同样期望有所作为的无政府主义者或无政府主义影响分子。

作为中共一大13名代表中能够于1949年10月1日站在天安门城楼亲身见证新中国开国大典的两人之一(另一人为毛泽东),董必武在中共党史上占有特殊的位置,其早年由资产阶级革命阵营的一员转而成为中国共产党

---

① 李大钊:《马克思的经济学说:在北京大学马克思学说研究会上的演讲》,中国李大钊研究会编注:《李大钊全集》第4卷,北京:人民出版社2006年版,第42页。

② (德)郭恒钰著:《俄共中国革命密档(1920—1925)》,台北:东大图书股份有限公司1996年版,第8页。

③ 上海地区出现的中国首个共产主义小组,因为资料关系,在成立时间、名称、成员等几乎所有的基本问题上均存在不同说法。本书关于这些问题的叙述采信《中国新民主革命通史》一书的判断。参见李新、陈铁健主编《中国新民主革命通史·第1卷,伟大的开端:1919—1923》,上海:上海人民出版社2001年版,第322～323页。

缔造者的经历同样引人瞩目。

早年的董必武是"中山先生的信徒"①,从辛亥革命到护法战争,从同盟会到中华革命党,他始终追随孙中山,积极参加资产阶级民主革命。但革命的愈奋愈挫、革命阵营内部的相互倾轧使董必武深感苦闷,思想上急于寻找出路。十月革命为犹如在暗室中奋斗的董必武打开了一扇窗,展示了另一种革命的可能性。1918年起,他通过关系广泛搜集包括日文、英文在内的各类资料,以浓厚兴趣阅读"有关十月革命的新闻,对人民革命的胜利深感敬佩,新思想开始在头脑中激荡"②。

1919年初,董必武与张国恩由鄂西抵达上海。留沪期间,经詹大悲介绍结识刚从日本帝国大学毕业归国的李汉俊。李为湖北同乡,早年赴日留学,在东京帝国大学就读时与日本著名马克思主义学者河上肇有师生之谊,受其影响,学习兴趣由最喜欢数学转向研究马克思主义。③ 李从日本回国时,"带回不少介绍马克思主义理论和苏联十月社会主义革命情况的英、日文书籍。当时正是董必武同志对辛亥革命的失败感到失望,急于寻找革命真理和救国救民出路与方法的时候。他急于了解十月革命的成功经验,就在李汉俊处如饥似渴地读了这些书籍。马克思主义理论和十月革命的实践,像一盏明灯,给他照亮了前进的道路"④。"老师"李汉俊指导下的理论学习和身处上海这一五四运动中心舞台的耳濡目染,使董必武逐渐明晰了未来的奋斗方向。

为了实现心中的蓝图,董必武、张国恩等首先想到的入手方式是办报和办学。"我们在上海时想在武汉办一个好一点的报,定名为《江汉日报》,由他(张国恩——引者注)执笔写前言,没有钱,孙中山给了我一百元的川资"⑤。然而,当1919年秋张国恩、董必武先后回到武汉着手实施时,最

---

① 董必武:《回忆第一次谒见孙中山先生》,《董必武选集》编辑组编:《董必武选集》,北京:人民出版社1984年版,第39页。

② 《董必武年谱》编纂组编:《董必武年谱》,北京:中央文献出版社1991年版,第38页。

③ 陈绍康、骆美玲、田子渝:《李汉俊》,中共党史人物研究会编:《中共党史人物传》第11卷,西安:陕西人民出版社1983年版,第109~110页。

④ 怀栋:《大革命时期董必武同志在武汉的办报活动》,湖北省社会科学院组编:《忆董老》第1辑,武汉:湖北人民出版社1980年版,第21~22页。

⑤ 《董必武的回忆》,中国社会科学院现代史研究室、中国革命博物馆党史研究室选编:《中国现代革命史资料丛刊"一大"前后 中国共产党第一次代表大会前后资料选编(三)》,北京:人民出版社1984年版,第85页。

终还是因为经费短绌,办报一事成为泡影。

办报未果,遂转向办学一途。在湖北各界热心教育人士的帮助下,1920年初武汉中学正式开办。武汉中学是武汉地区最"新"式的学校,说其新,不仅因为实行男女同校,采用白话文教学,更由于它是武汉地区传播新文化、新思想,宣传马克思主义的中心。该校不但网罗了一批具有初步共产主义思想的知识分子,且在担任教员的董必武、陈潭秋等人的引导下,成为培养具有共产主义思想的新青年的据点。

1920年夏秋之间,董必武接李汉俊从上海来信,信中告知上海共产主义小组情况,约董必武、张国恩筹组武汉党组织。与此同时,在上海已经加入党组织的刘伯垂受陈独秀委托,赴武汉活动组党。据包惠僧回忆:"武汉支部的成立时间是一九二〇年九月中旬前后。成立会是在武昌抚院街董必武寓内召开的(即张国恩律师事务所)。参加的人有:刘伯垂、董必武、张国恩、我(指包惠僧——引者注)、陈潭秋和郑凯卿。"① 10个月以后,董必武与陈潭秋被推举为武汉地区代表,参加了中国共产党第一次全国代表大会,成为中国共产党的缔造者之一。

董必武由孙中山领导的资产阶级革命运动的坚定支持者转变为中国共产党的缔造者,历时不过两三年左右,"主要是因为他原是一个激进的民主主义者和彻底的爱国主义者"②。这两种品性兼而有之,使他既对辛亥革命以来资产阶级革命运动深感失望,对救国无门极为愤懑,又对短时间内改变一个国家倾向的十月革命颇为好奇。正是在对辛亥革命与十月革命的比对中、对正反两方面经验的总结中,董必武重新定位了自己的人生路向,"走俄国人的路"成为他在新的历史时期的新选择。

与湖北地区以老革命党人为建党中心不同,南方邻省湖南的建党骨干是以毛泽东为代表的青年知识分子。

美国著名的研究毛泽东生平与思想的代表人物施拉姆指出:"尽管毛泽东有许多极其显著的个人特点,但在总体上,他仍具有五四时代青年的某些特征。其中最重要的一点,就是'转变的一代'。"③ 转变是包括毛泽东在内

---

① 包惠僧:《回忆武汉共产主义小组》,中国革命博物馆党史研究室编:《党史研究资料》第1集,成都:四川人民出版社1980年版,第67～68页。

② 肖沫香:《"五四"前后的董必武》,《楚晖》丛书第2辑,武汉:湖北人民出版社1981年版,第136页。

③ (美)施拉姆著:《毛泽东的思想》,田松年、杨德等译,北京:中国人民大学出版社2005年版,第3页。

的五四青年的共同特点,不过就毛泽东而言,无论是他的"政治承诺,还是他的意识形态,都没有突然发生转变"①,易言之,这种转变在他的身上更多体现出的是一种渐变,而不是截然的转向。

1915年7月,毛泽东在致友人信中说自己近年来的进步,"于书本得者少,于质疑问难得者多"②,这一自评非常准确地概括了毛泽东身上特有的惯于质疑问难、勇于改变现实的先天禀赋。新文化运动发端后,毛泽东虽然远离北京、上海等中心舞台,但其思想却一直能紧随时代潮头。1917年8月在致恩师黎锦熙的长函中,毛泽东纵论天下英雄,认为袁世凯、孙中山、康有为皆不知"大本大源",俱从枝节入手,所以无法扭转国家败亡的命运。他开出的药方是,"当今之世,宜有大气量人,从哲学、伦理学入手,改造哲学,改造伦理学,根本上变换全国之思想。此如大纛一张,万夫走集;雷电一震,阴曀皆开,则沛乎不可御矣!"③ 显然是新文化运动的路数。

在新文化运动的影响下,受十月革命影响之前的毛泽东,思想较为芜杂,"是自由主义,民主改良主义,空想社会主义等思想的大杂烩"④。这种思想上的混搭状态亦为五四青年的典型写照。在毛泽东思想此弃彼取的过程中,李大钊与陈独秀等先驱者无疑发挥了至关重要的作用。

1918年8月,刚从湖南第一师范毕业的毛泽东第一次来到新文化运动的中心——北京,10月,经杨昌济介绍,入北京大学图书馆任助理员。在李大钊的带领下,此时的北大图书馆实为马克思主义在中国学习与传播的发源地。在特里尔的著作中,毛泽东被描述成热情好学的"水蛭"⑤,努力汲取包括马克思主义在内的一切新知。马克思主义的思想因子开始在其思想中发酵成长。

1919年7、8月间,毛泽东在其主编的《湘江评论》上发表闪烁马克思主义思想光辉的《民众的大联合》一文。在马克思主义思想的指导下,毛

---

① (美)布兰特利·沃马克著:《毛泽东思想的政治基础(1917—1935)》(插图本)第一章,霍伟岸、刘晨译,北京:中国人民大学出版社2006年版。

② 毛泽东:《致友人信》,中共中央文献研究室、中共湖南省委《毛泽东早期文稿》编辑组编:《毛泽东早期文稿》,长沙:湖南出版社1990年版,第13页。

③ 毛泽东:《致黎锦熙信》,中共中央文献研究室、中共湖南省委《毛泽东早期文稿》编辑组编:《毛泽东早期文稿》,长沙:湖南出版社1990年版,第85~86页。

④ (美)斯诺著:《西行漫记》,董乐山译,北京:解放军文艺出版社2002年版,第110页。

⑤ (美)R.特里尔著:《毛泽东传》,刘路新、高庆国等译,石家庄:河北人民出版社1991年版,第43页。

泽东认为："辛亥革命似乎是一种民众的联合，其实不然。辛亥革命，乃留学生的发踪报示，哥老会的摇旗唤呐，新军和巡防营一些丘八的张弩拔剑所造成的，与我们民众的大多数，毫没关系。"① 文章对俄国革命进行了热情的歌颂，呼吁中国民众联合起来，效法别国进行革命。文章还谈到民众联合之后的行动，存在以马克思为首的激烈与以克鲁泡特金为首的温和两种方式。这说明，马克思主义和无政府主义对毛泽东的影响尚处于并驾齐驱的状态，这一时期的毛泽东已是一个社会主义者，但还不是马克思主义者。

是年底，毛泽东再度前往北京，1920 年 4 月又从北京前往上海，一直逗留到 7 月初才重返长沙。此次长达半年之久的北京、上海之行对毛泽东思想的演进起了非常重要的助推作用。在京四个月间，毛泽东与李大钊、邓中夏、罗章龙等时相过从，交往频密。在他们的影响下，毛泽东如饥似渴，尽可能阅读已翻译成中文的马克思主义著作，如《共产党宣言》等，对马克思主义的认识进一步深化，对俄国的好感与日俱增。1920 年 3 月 14 日在致友人周士钊的信中，他按捺不住对俄国的神往，称"俄国是世界第一个文明国，我想两三年后，我们要组织一个游俄队"②。

随后展开的上海之行，毛泽东与已经着手组党工作的陈独秀建立了联系。1936 年毛泽东与斯诺的谈话中说："陈独秀对于我在这方面的兴趣（指马克思主义——引者注）也是很有帮助的。我第二次到上海去的时候，曾经和陈独秀讨论我读过的马克思主义书籍。陈独秀谈他自己的信仰的那些话，在我一生中可能是关键性的这个时期，对我产生了深刻的印象。"③ 按照公认的说法，这一时期毛泽东的思想已发生了质的跃升，由民主主义者转变为马克思主义者。回到长沙后，毛泽东即开始致力于马克思主义者的宣传和组党事宜。

正如毛泽东思想所示，无政府主义对众多早期共产党人均产生过重要影响。无政府主义作为五四时期最有影响力的思想流派之一，它既是马克思主义传播过程中的友军，也是马克思主义必须战胜与克服的对象。为了肃清无政府主义的影响，上海等地的共产党组织成立后，马克思主义者发动了与无

---

① 毛泽东：《民众的大联合（三）》，中共中央文献研究室、中共湖南省委《毛泽东早期文稿》编辑组编：《毛泽东早期文稿》，长沙：湖南出版社 1990 年版，第 389 页。

② 《毛泽东给周世钊》，中国革命博物馆、湖南省博物馆编：《新民学会资料》，北京：人民出版社 1980 年版，第 65 页。

③ （美）斯诺著：《西行漫记》，董乐山译，北京：解放军文艺出版社 2002 年版，第 117 页。

政府主义的论战。通过论战，大批进步青年比较清楚地了解了两者之间的区别，进而明确了各自的政治选择。中共早期领导人恽代英就是一个脱无政府主义入马克思主义阵营的范例。

曾被周恩来誉为"中国革命青年的楷模"的恽代英早年深受无政府主义的影响，1919年9月在致友人的信中称："我信安那其主义已经七年了，我自信懂得安那其的真理，而且曾经细心的研究。"① 五四运动的爆发使他深切感受到改造中国社会的迫切性。为了实践新村主义和工读互助主义的理念，1920年2月，恽代英在武昌发起创办了"利群助人，服务群众"的利群书社。该书社与上海的新青年杂志社、长沙的文化书社建立了密切的联系，是武汉地区传播新思想、团结进步青年的主要阵地。

恽代英对无政府主义的信从、对马克思主义的疑虑，在1920年底与刘仁静的辩论中袒露无遗。在是年11月致刘的公开信中，他坦言：

> 我常想现在说革命的，总只从自私上鼓动人，总只从感情上鼓动人，这总不是好事。自然我信群众的革命，非这样无以煽动。但煽动了，多半达不到我们理想的目的。我并不想革命的牺牲太大，我只嫌革命的功效太小。所以我的意思，究望先能如愿的求得生活的安定，再渐而图城市工业的发展，以实力征服资本阶级，以互助训练劳动阶级。这样，我想或者一步一步可以求共产生活的实现。②

由此可见，这一时期的恽代英之所以没有对马克思主义敞开心胸，是因为他认为革命并非解决问题的根本办法。恽代英的这种革命观或多或少都与10年前国人曾寄予厚望的辛亥革命有所关联。是以在各地共产主义小组纷纷建立的情况下，他依旧固守通过互助合作来改造中国社会，乃至实现共产社会的基本主张。

恽代英由无政府主义者向马克思主义者的转变，也是在李大钊、陈独秀等人的关注与推动下实现的。1920年2月，陈独秀在武汉演讲期间与恽代英结识。随后，受少年中国学会委托，恽代英赴北京编辑学会丛书。驻京四个月间，在李大钊、刘仁静等人的影响下，开始接触和研究马克思主义。4月他拟出的自己"盼望看见的书"中，"马克司及其学说"、"克鲁泡特金及

---

① 中央档案馆、中国革命博物馆、中共中央党校出版社编：《恽代英日记》，北京：中共中央党校出版社1981年版，第624页。

② 恽代英：《致刘仁静》，《恽代英文集》上卷，北京：人民出版社1984年版，第261页。

其学说"分列第一、二位①，充分反映了他在这一时期的思想动态。这年秋，恽代英翻译了恩格斯的《家庭、私有制和国家的起源》的部分章节和考茨基的《阶级争斗》一书，并相继公开出版，已然跻身于马克思主义宣传者的行列。

恽代英及利群书社的杰出工作引起了正在积极组党的共产主义者的高度关注。1920年6月，维经斯基在信中透露了拟以利群书社为核心，将武汉地区革命团体联合起来的设想。② 其后，陈独秀、李汉俊以及共产国际代表马马耶夫均先后到访利群书社，董必武、陈潭秋等武汉共产主义小组成员也与恽代英及利群书社建立了联系，所有这些均对恽代英等人思想的演变产生了潜移默化的影响。

1921年7月16—21日，利群书社在黄冈召集进步青年举行会议，宣布成立共存社。由恽代英起草、会议讨论通过的共存社宗旨是："以积极切实的预备，企求阶级斗争、劳农政治的实现，以达到圆满的人类共存为目的"③。这表明它与利群书社相比已有脱胎换骨式的变化，成为一个"波歇维式（布尔塞维式）的团体"④。它的成立也标志着以恽代英为代表的利群书社的部分先进分子已实现了向马克思主义者的转变。中国共产党成立不久，恽代英即申请加入，成为一名终身为共产主义理想而奋斗的战士。

三、"与君携手"

除陈独秀、董必武外，来自资产阶级革命派阵营的著名共产党人尚有林伯渠、朱德、吴玉章等，他们大体上在20世纪20年代上半叶相继率然来归，成为中国共产党的一员。

作为老同盟会员，早年的林伯渠是孙中山革命事业的坚定支持者这样的

---

① 恽代英：《致少年中国学会同人》，《恽代英文集》上卷，北京：人民出版社1984年版，第140页。
② 《维经斯基给某人的信》，《联共（布）、共产国际与中国国民革命运动：1920—1925》，中共中央党史研究室第一研究部译，北京：北京图书馆出版社1997年版，第28页。
③ 李良明、钟德涛主编：《恽代英年谱》，武汉：华中师范大学出版社2006年版，第194~195页。
④ 恽代英：《致杨钟健》，《恽代英文集》上卷，北京：人民出版社1984年版，第322页。

一份情结使他 30 年后回忆民元孙中山被迫让位的情景时，依旧"痛心不已"①。"二次革命"失败后，林伯渠流亡日本，继续追随孙中山从事反袁革命斗争。在日期间，对林伯渠人生路向发生重要作用的事件就是与李大钊结交。李、林同为东京留学界的活跃分子，1915 年底袁世凯帝制自为，两人分别牵头组织了以反袁为己任的中华学会与乙卯学会，并于 1916 年 1 月合组成以"再造神州"为宗旨的神州学会。共同的志趣与革命理想使两人迅速走到一起，成为倾诚相待的革命挚友。林伯渠在自传中将这种关系称为"拜把兄弟"，可见两人的亲密程度确实非同一般。②

李大钊、林伯渠订交后，一直保持了较为频繁的联系，即使关山阻隔，也经常鸿雁往还互通消息。1916 年 2 月，林伯渠受遣返回家乡湖南参加护国战争，次年又参加护法战争，但革命激情与现实困境之间的强烈反差使他在戎马倥偬之余不能不有所反思：

> 这些时候，一些不能解决的政治问题时常苦恼着我。从同盟会起到民国成立后十年中，自己亲自参加了每个阶段的民族民主的革命斗争，经过了多少的挫折失败，也流尽无数志士的鲜血，然而反动势力仍然是此起彼伏地统治着中国，政局的澄清总是那样遥远无期。虽然对于造成这种形势的真正原因还不完全了解，但总觉得不能再重复过去所走过的道路，应该从痛苦的经验中摸索出一条新路。③

对资产阶级民主革命的失望而造成的思想苦闷，为思想的转变提供了契机，也亟需先知先觉者指点"新路"。在 1918 年 3、4 月间，林伯渠"连续接到李大钊同志几次信，详细给我介绍了十月革命情况及一些小册子、文件，并对目前中国形势阐述了他的所见，得到很大的启发"④。思想的这种变化从他同时期的诗作中亦可见出：

> 春风作态已媚人，路引平沙履迹新。
> 垂柳如腰欲曼舞，碧桃有晕似轻颦。

---

① 林伯渠：《关于辛亥革命》，《林伯渠文集》，北京：华艺出版社 1996 年版，第 284 页。
② 林伯渠：《自传》，《林伯渠文集》，北京：华艺出版社 1996 年版，第 4 页。
③ 林伯渠：《自传》，《林伯渠文集》，北京：华艺出版社 1996 年版，第 3～4 页。
④ 林伯渠：《党成立时期的一些情况》，中国社会科学院现代史研究室、中国革命博物馆党史研究室选编：《中国现代革命史资料丛刊"一大"前后 中国共产党第一次代表大会前后资料选编（二）》，北京：人民出版社 1980 年版，第 31 页。

恰从现象能摸底，免入歧途须蹰行。
　　待到百花齐放日，与君携手共芳辰。①

这首于 1918 年春于郴衡道中闻十月革命消息有感而发的诗作，其中的一些所指虽不能完全坐实，但"走俄国人的路"这样的想法在林伯渠的心中已是汹涌激荡，并意识到须从现象"摸底"，避免误入歧途。

1919 年林伯渠追随孙中山来到上海，恰逢五四运动爆发，思想深受震动和教育的同时，受李大钊和"日本东京几位朋友"的影响，开始深入学习和研究马克思主义，"渐渐地把握住真理"。1920 年底，再度来到上海的林伯渠经李大钊介绍与陈独秀及共产主义小组建立了联系，并于 1921 年 1 月加入了上海共产主义小组。

与林伯渠相比，僻处西南的朱德虽然没有接近马克思主义先驱者的优越条件，但对现实政治的不满和对革命前途的追问，也使他没有停止探索中国问题出路的步伐，并最终走上了皈依马克思主义之路。

民国建立后，身处滇军系统的朱德征战连年，职位也不断升迁，十月革命爆发时已官至旅长。但官运亨通并不能抚平目击军阀混战、民不聊生的苦闷心绪，"自然产生了出斯民于水火的思想"②。1918 年驻守川南重镇泸州期间，朱德曾试图从《史记》等传统典籍中寻求治国安邦之道。在这样的背景下，五四运动迅速开启了朱德接受新思想新文化的契机。

运动之后不久，"泸州的第一个学习小组在朱德家里成立了，它成了这一地区有自由思想的人们的聚会场所"③。这个学习小组的主要成员除朱德外，还有与其共同寻求光明之路的同盟会员孙炳文④，他们一起认真阅读《新青年》、《新潮》、赫胥黎的《天演论》、卢梭的《民约论》等书刊，尤

---

　① 周振甫、陈新注释：《林伯渠同志诗选》，北京：中国青年出版社 1980 年版，第 11 页。

　② 杨如轩：《我所知道的早年朱德（二）》，中央文献研究室第二编研部编：《话说朱德》，北京：中央文献出版社 2000 年版，第 14 页。

　③ 胡其安、李新校注：《史沫特莱文集 3·伟大的道路——朱德的生平和时代》，梅念译，北京：新华出版社 1985 年版，第 146 页。

　④ 孙炳文（1885—1927），四川南溪人，同盟会员。民国成立后，曾任北京《民国日报》总编辑。1917 年经友人介绍与朱德结识，两人一见如故。1922 年二人同赴德国留学，经周恩来介绍加入中国共产党。1927 年 4 月 20 日在上海死于蒋介石反共清党。卞杏英、尤亮：《孙炳文》，中共党史人物研究会编：《中共党史人物传》第 16 卷，西安：陕西人民出版社 1984 年版，第 10～26 页。

其关注"有关世界大战和俄国革命的材料"①。在无数次的热烈讨论中，十月革命与辛亥革命的比对成为话题的中心。十月革命的胜利与劳农政府"不劳动者不得食"政策，让见惯了流离失所、哀鸿遍野的朱德等人艳羡不已。俄国革命的顺利获胜与辛亥革命以来革命党人的屡起屡败形成的巨大反差，让朱德与孙炳文认识到："中国的革命一定是在某个根本性的问题上出了毛病"，但当时对于何为"根本性的问题"，并未形成明确的答案。为了准确诊断中国病症以及开出对症的药方，两人相约孙炳文先期赴京，朱德则等击败唐继尧的军队后再前往汇合，一同出洋探求救国救民的真理。正如史沫特莱所准确把握的那样，这时的朱德"在政治上表现出一个分裂的人格"：表面上他是军阀混战的一员，与那些时刻准备倾听银元响声的同僚并无区别，但实际上已成为五四运动的追随者，成为军阀战争机器的背叛者。②

1921年孙炳文离川赴京，任教北京大学。同年2月，朱德率部由四川返回昆明赶走唐继尧，并受滇军总司令顾品珍重用任为云南陆军宪兵司令部司令官。在此之后一年的时间里，为了准备出国留学事宜，朱德在公务之余坚持向育贤女校英文教师许岫岚学习英语。③ 1922年3月，因唐继尧的反攻，朱德逃离昆明，结束了长达十余年的旧式军旅生涯。

1922年踏上新征途的朱德来到上海，从报纸上读到中国共产党和工人运动的消息，一见倾心，开始来往京沪间寻找党组织，但不得其门而入。9月，与孙炳文乘船前往欧洲。10月抵达德国首都柏林，找到中共旅欧支部负责人周恩来，诚恳地陈述了自己的经历及要求加入中国共产党的愿望。11月，由周恩来、张申府介绍，朱德与孙炳文加入了中国共产党。

与朱德、孙炳文历经曲折的"找党"不同，老同盟会员吴玉章走的是一条通过组党进而汇流于中国共产党的颇具特色的皈依之路。

辛亥前后的吴玉章是以意大利资产阶级革命家马志尼自喻的革命斗士。二次革命失败后流亡法国，虽然没有消磨掉他的革命意志，但对资产阶级革命的前途不能不有所省思。与众多革命志士一样，吴玉章已经意识到"从

---

① 中央文献研究室二部编：《朱德自述》，北京：解放军文艺出版社2003年版，第4页。
② 胡其安、李新校注，《史沫特莱文集3·伟大的道路——朱德的生平和时代》，梅念译，北京：新华出版社1985年版，第153、151页。
③ 许岫岚：《出国前学英语》，中央文献研究室第二编研部编：《话说朱德》，北京：中央文献出版社2000年版，第18页。

前那种革命党的组织,实在不能担负革命的任务",但他对孙中山采用"只重集中而不民主"、"不以党作中心而以个人为领袖的独裁专制制度"组党的方式并不认同,是以没有选择加入中华革命党。① 在法期间,因与李石曾、蔡元培等人交往,思想上颇受无政府主义的影响,行动上也参与了无政府主义者主导的华法教育会,一定程度地接受了以教育来澄清中国社会的构想。但与无政府主义者不同,有着丰富斗争经验的吴玉章一直坚信只有通过强有力的组织进行革命,方能真正完成革命性的破坏工作,包括教育在内的建设工作才有次第展开的切实保障。

这样的反思使吴玉章获得了比较与鉴别的眼光,顺理成章地对十月革命与五四运动产生了浓厚的兴趣。据其自述,他在阅读约翰·里德的《震动寰球的十日》这本介绍俄国革命的著作后,"心中感到无限兴奋和鼓舞";为了从北方邻国取得真经,1919 年他还曾资助几个学生赴苏留学,"希望他们能为中国带来新的革命理想和革命方法"。波澜壮阔的五四运动同样对吴玉章造成很大的触动,使他对革命力量搜寻的游移目光聚集到人民群众身上。经历了十月革命与五四运动的冲击和洗礼,吴玉章对中国革命前途的思考有了一个"日益强烈、日益明确"的答案,那就是"必须依靠下层人民,必须走俄国人的道路"。②

1919 年、1920 年之交吴玉章思想的重大变化是开始接受马克思主义,而促成这一转向的是一本名为《过激派》的日文书。该书的基调虽为歪曲与攻击,但它对布尔什维克活动与思想的系统介绍,还是让渴望了解俄国革命经验而又缺乏信息来源的吴玉章第一次比较全面地接触到了马克思主义,"使许多多年以来所未能解决的疑团,涣然冰释"③。从 1920 年领导四川自治运动起,吴玉章已开始有意识地宣传马克思主义。

1922 年 9 月,吴玉章就任成都高等师范学校校长。在他的主持下,恽代英、杨闇公等一批具有共产主义思想的先进分子到校任教,该校很快就成为成都地区宣传马克思主义、开展工农运动的中心。在开展校园内外运动的过程中,吴玉章等人再次强烈感受到"组织"的必要性,并自行创建了具

---

① 吴玉章:《我和共产党》,中共四川省委党史工作委员会《吴玉章传》编写组:《吴玉章文集》下卷,重庆:重庆出版社 1987 年版,第 1292 页。
② 吴玉章:《回忆"五四"前后我的思想转变》,《吴玉章回忆录》,北京:中国青年出版社 1978 年版,第 110～112 页。
③ 吴玉章:《回忆"五四"前后我的思想转变》,《吴玉章回忆录》,北京:中国青年出版社 1978 年版,第 114 页。

有无产阶级革命政党性质的"中国青年共产党"。对此,吴玉章在回忆中是这样记述的:

> 当宣传和组织工作深入到工人、农民中去以后,我们迫切感到有成立一个无产阶级政党的必要。这时,中国共产党早已成立,但因四川地处偏远,我们还不知道;社会主义青年团(简称S.Y)虽然已在高师建立了组织,但因我已年过四十,又不能参加;我于是便与闇公等同志在1923年冬秘密组成了"中国青年共产党"(简称C.Y),作为领导革命斗争的机构,并发行《赤心评论》,作为机关报。[①]

在致力于组织与宣传工作的同时,吴玉章对马克思主义的掌握日见深入。论者普遍倾向于将其于1924年上半年发表的《马克思派社会主义的势力》一文看作他系统掌握马克思主义、由民主主义者转变为共产主义者的标志。[②] 1925年4月,吴玉章在北京经学生赵世炎、童庸生等介绍加入了中国共产党,中国青年共产党宣布取消,党员个别加入共产党,从而实现了组织上的汇流。

[①] 吴玉章:《忆杨闇公同志》,《吴玉章回忆录》,北京:中国青年出版社1978年版,第156页。

[②] 张继才:《论建党前后吴玉章的思想转变》,《华中师范大学学报(哲社版)》1991年第4期;吴达德:《吴玉章与四川"中国青年共产党"的创建》,《四川师范大学学报(社会科学版)》第32卷第4期,2005年7月。

第四章　从辛亥革命到新民主主义革命的理论发展

中国共产党的新民主主义理论，在国民革命和土地革命时期已经产生了若干具体问题上的正确元素，在抗日战争时期初具形态，在解放战争时期最终成熟。这一理论是在继承和超越辛亥革命的理想、发展孙中山重新解释的三民主义理论的基础上形成和发展的。孙中山在领导辛亥革命的过程中，提出了三民主义，在指导思想上确立了中国走非资本主义道路的方向。在国民革命中，孙中山得到苏联、共产国际和中国共产党的帮助，在深入了解马克思主义关于阶级斗争、工农运动、经济建设等主张的基础上，吸纳马克思学说，调整和发展三民主义。其中一些具体的内容，如革命的两个阶段说、"节制资本"和"平均地权"、"社会革命"与"工业革命"并举等，对中国共产党人产生深远影响。毛泽东等共产党人努力在革命的实践中解释孙中山的三民主义，将马克思主义基本原理与中国的具体国情和实际相结合，最终形成了中国共产党人自己的理论。[①] 在辛亥革命时期初步提出、在国民革命时期重新解释的三民主义，在经济、政治、文化和革命道路等方面，为新民主主义提供了重要的思想理论来源。从这个意义上，新民主主义理论是对辛亥革命理想的继承和超越。

第一节　对辛亥革命的现实反观

一、中共早期对辛亥革命的理论认识

辛亥革命的两个基本目标，一是"排满"，二是共和，革命之后，这两个目标在形式上都实现了。一般而言，民国初期人们对于辛亥革命的认识，都重在这两个方面。中国共产党成立后，很快进入政治斗争的实践阶段，在

[①] 参见陈金龙《毛泽东对孙中山思想的承继和超越》，《华南师范大学学报》1995年第2期。

共产国际的指导下，制定了一系列的政策，积极参与以孙中山领导的国民党为主导的国民革命。这一段历史，在中国共产党党史叙述中，被纳入"新民主主义革命"阶段。

在国共合作的国民革命中，尽管以孙中山、国民党为革命的主要领导者，但中国共产党依旧保持相对的独立性，尤其在意识形态上，始终以马克思主义作为看待问题的基本理论和方法。唯物史观、阶级分析是中国共产党认识和总结辛亥革命的基本范畴和理论。这一时期，中国共产党人对于辛亥革命进行阶级分析和教训总结，提出了日后广为流行、影响深远的一些基本结论。这些结论的提出并不为学术性的讨论所局限，而是非常现实地指向当时革命形势所需要的新目标的确立，那就是：中国共产党参与领导的新的革命运动，是继承和超越了辛亥革命，以反对帝国主义、反封建为主要革命内容，作为世界无产阶级革命的重要组成部分的革命。

1923年4月，陈独秀在《向导》撰文指出，辛亥革命的性质是半殖民地国家资产阶级民主运动，其意义不能以满汉之争概括，而同时在于两个方面，一是革命，二是资产阶级民主。"辛亥革命，已由和平的资本民主运动进步到革命的资本民主运动，更是中国历史上封建帝制变化到资本民主之剧烈的开始表现。所以革命单以满汉民族冲突解释辛亥革命之原因，那便只是皮相的观察，忘了经济的历史的基本条件：因为辛亥以前，已经有了十七年以上的富强维新运动，辛亥革命，正是封建派压迫资本民主派富强民主运动之反动，所以'非革新不能自强，非推倒满清不能革新'，是当时革命派反对立宪派之重要的理论。当时革命与立宪两派的方法虽然不同，而两派之目的同是革新自强，换句话说，就同是'革旧制'、'兴实业'、'抗强邻'这三个口号，明明白白是半殖民地之资产阶级民主运动的口号，那能说是满汉民族之争"①。

陈独秀认为，辛亥革命表面上虽说成功，实质上是完全失败的。其失败原因，是因为在这场资产阶级革命中的中国资产阶级并不能正确地对本阶级的先锋作出选择，"当时幼稚的中国资产阶级，未曾发达到与封建官僚阶级截然分化的程度，未曾发达到自己阶级势力集中而有阶级的觉悟与革命的需要。……全国资产阶级之多数缺乏阶级间利害不同的觉悟，所以始终依赖他们的敌人——封建的北洋派，而漠视或更至嫉视他们的友人——民主的革命

---

① 独秀（陈独秀）：《资产阶级的革命与革命的资产阶级》，《向导》第22期，1923年4月25日。

党之故"①。

陈独秀注意到，以辛亥革命中的主要分子而论，"大部分不出于纯粹的资产阶级，而属于世家官宦坠落下来非阶级化之士的社会"。但这并未否定掉这场革命的资产阶级革命性质，而只是说明了革命为何失败。陈独秀指出："这种非阶级化的'士'之浪漫的革命，不能得资产阶级亲密的同情，只可以说明辛亥以来革命困难不易完成的原因，不能以此说明他不是资产阶级的民主革命。"②

国民革命与辛亥革命在主观上的显著差别，在于国民革命充分地将反对帝国主义作为自己革命的主要内容。早期共产党人在总结辛亥革命教训时，将革命失败的主要原因归结为帝国主义的压迫和破坏。这在中国共产党人的辛亥革命论述中，成为一种普遍的理论论证方法。

蔡和森在对比义和团和辛亥革命时指出："辛亥革命一面完全采取了近代资产阶级民主革命的形式，别面完全抹煞了庚子起义的排外精神。……这种非革命性（对于外国帝国主义）的精神与期望，现在已证明其完全错误与无效。"所以辛亥革命表面上似乎比义和团运动进步一些，因为形式上和精神上都似近代资产阶级化，然而其意义还远不如义和团重大。他认为"义和团是因为没有近代化而失败，辛亥革命却反因为效颦近代资产阶级化而失败"。③

彭述之从经济基础上解释辛亥革命的发生，是由于国际帝国主义的压迫，指出："辛亥革命是一个半殖民地的国民革命，与土耳其最近的革命是同一性质的。其原因也是非常复杂，不过我们现在看来，却很明显，绝不像一般人所说，仅仅由于满洲政府之昏庸暴虐和其贪官污吏的暴敛横征及汉人仇视满族所致，而实在是中国封建制度的经济受了国际帝国主义的猛烈侵掠之结果"，"有了国际帝国主义的侵掠在前，中国的经济基础因而根本崩坏；由此在各方面发生种种病象，辛亥革命就是种种病象汇合起来之最后的表现"。彭述之将辛亥革命的目的或要求归纳为三方面，一是打倒一切帝国主义所加于中国的经济关系和一切封建社会的生产关系，建设较开明的资本主义之新经济；二是消灭一切帝国主义在中国的政治特权，建设较开明的民主

---

① 独秀（陈独秀）：《资产阶级的革命与革命的资产阶级》，《向导》第 22 期，1923 年 4 月 25 日。

② 独秀（陈独秀）：《资产阶级的革命与革命的资产阶级》，《向导》第 22 期，1923 年 4 月 25 日。

③ 和森（蔡和森）：《义和团与国民革命》，《向导》第 81 期，1924 年 9 月 3 日。

制度政治；三是推翻一切旧封建社会的思想与帝国主义所带来的欺骗观念，建设较合乎群众要求的理想。但这三条都没有能够实现，"由此我们可以说辛亥革命是完全失败了的，至少也可以说没有成功。这可以十三年来的民国历史作证明"。①

在这种认识的基础上，中国共产党人将辛亥革命的缺陷归纳为三点，即没有反对帝国主义、妥协和革命内部的破裂、没有发挥革命党的作用。

张太雷指出："总而言之，辛亥革命在中国国民革命上不能有多大的意义和价值，因为第一，他没有把外国帝国主义当作革命的对象，而是一种纯粹的对内的民治主义的革命，第二，就是这样亦没有能保持完全革命的态度而倾向调和。"②

陈独秀专门以《辛亥革命与国民党》为题，分析了辛亥革命的教训。陈独秀在文中指出："我始终承认中国国民党（此处所称中国国民党，乃包括自同盟会一直到现在中山先生所指导的党）在辛亥革命是失败了，至少除剪了一些辫子和挂上一块民国空招牌外，别无所谓成功。"这是由于三个基本的错误，第一个错误是误用了不能贯彻革命宗旨的口号（主要指"排满"——引者注）；第二个错误是专力军事行动，轻视民众宣传及党的训练；第三个错误是左派首领过于和右派妥协。③这些问题实际上继续存在于辛亥革命后孙中山一派继续革命的过程中。

赵世炎认为，辛亥国民党曾经有过"真实的群众力量"，但当时的革命只用在"推倒满清"的一个简单的口号上，其结果使中国更入于半殖民地之域。"辛亥革命事实上是失败了。这个失败的最大原因是当时有一个反革命而求妥协的右派，完全看不出专制政体留下的封建阶级之可恐怖，完全放弃了革命之用意与目的，完全抛弃了党，抛弃了中山先生当初造党的主张，完全不懂得一个革命党在革命中之使命"④。

彭述之则明确地将责任归咎于革命领袖中的宋教仁、黄兴等人，他指出："当南京革命政府尚未成立时，宋教仁、黄兴等便露出妥协的面孔，反对中山先生的革命策略，即彻底讨伐当时封建余孽袁世凯的策略，而主张与

---

① 述之（彭述之）：《辛亥革命的原因与结果》，《向导》第86期，1924年10月8日。
② 大雷（张太雷）：《辛亥革命在中国国民革命上之意义》，《向导》第86期，1924年10月8日。
③ 独秀（陈独秀）：《辛亥革命与国民党》，《向导》第86期，1924年10月8日。
④ 士炎（赵世炎）：《国民党过去的经验与今后的使命》，《政治生活》第23期，1924年11月30日。

袁世凯妥协,组织所谓内阁制的政府,结果便将辛亥革命牺牲了。"①

二、国民革命高潮中的进一步阐释

在国民革命运动发展已经取得初步成果的情况下,1925年3月,孙中山逝世。孙中山的逝世并没有立即对革命的走向带来大的影响,事实上,苏联和共产国际对于中国国民革命的影响更为加强,中国共产党在革命中力量有了更大的发展。当然,国民党内反对国共合作的派系活动也更为活跃,分歧日益公开。在这种形势下,中国共产党人与国民党内右派的理论斗争也激化起来,并影响到对于辛亥革命的认识问题。这一阶段,中国共产党人在论述和解释辛亥革命时,既有理论上的进一步坚持,也有反国民党右派的现实针对性,表现在论述中,特别重视革命的领导权的问题。

1925年3月孙中山逝世后,瞿秋白写了一篇题为《孙中山与中国革命运动》的长文。在分析孙中山早年的革命活动时,瞿秋白指出,中国革命运动在辛亥革命前,一直以"下等社会"即平民阶级作为中枢,"孙中山的同盟会,也是以代表'下等社会'的会党做实力的基础"。而辛亥革命的结果,革命的平民阶级完全失败,反革命的军阀阶级取代清王朝,"辛亥革命的结果,只是颠覆满清贵族的民族革命,这次革命的唯一胜利只是推倒一腐朽不堪的满清政府"。革命失败的原因,是因为"辛亥革命里没有一个彻底的团结的真正能领袖革命的阶级,所以失败。然而孙中山和中国的平民从此更觉悟革命的职任"。瞿秋白指出,这些过程和认识,对于中国民族革命运动的发展和孙中山晚年的思想,有重要的意义。②

瞿秋白与彭述之两位早期中国共产党的领导人之间展开了关于中国革命根本问题的争辩,这是中共建党以来第一次大的争论。在争论中,两人都不断涉及辛亥革命的历史问题,以为国民革命中的阶级问题、领导权问题提供依据或比较分析的对象。瞿秋白从农民阶级分化的角度,论述了辛亥革命与小农阶级的关系。瞿秋白从辛亥革命与国民革命两个不同时期小农阶级状况的对比中,看到了辛亥革命中农民与资产阶级及地主阶级组成联合战线,而辛亥革命后中国小农阶级急剧破产,农民与小地主土豪阶级"联合战线"迅速破裂,小农日益革命化。他指出:"小农阶级在辛亥革命时,实在是客

---

① 述之(彭述之):《目前革命中的联合战线问题》,《向导》第185期,1927年1月27日。

② 瞿秋白:《孙中山与中国革命运动》,《新青年》(不定期)第2号,1925年6月1日。

观上的很伟大的革命势力,他们急需'平均地权';但是他们可以用什么方法来达到这一经济要求呢?他们是'没有皇帝不能过日子的',他们的政治要求,就是'青天白日'(清官和好皇帝);为着要达到'青天白日'而实行'平均地权',起见,他们'派遣自己游民化的子弟'到革命军队中去,从军事运动着手,开始革命的战争,反对满清的官僚主义买办阶级;他们在这一革命之中,不期而然的和商业资产阶级,甚至于和反对政府的地主土豪阶级,结合联合战线。中国小农阶级的确是当时辛亥革命的基点,而且是纯粹军事运动式的革命之背景。"瞿秋白指出,在这个意义上,不能以西方国家革命的条件来比附中国的情形,"中国的农民革命必须以军事战争的形式表演——尤其辛亥革命时——必然的涌出他们的无形之中的政治代表'军人'的孙中山"。①

1927年4月,蒋介石发动了"四一二"政变,但其后一段时间里,武汉国民政府控制下的区域革命有走向深入的迹象,特别是湖南、湖北农民出现了要求土地和政权的行动。在这种形式下,彭述之就《中国革命的根本问题》作出一种通盘的回答,分析了中国革命中各阶级的作用和倾向。在论述中国革命的性质和前途时,彭述之认为中国革命的性质是随着革命的发展而变迁的,是随着革命中阶级力量结合的转变而变迁的。在回顾中国革命的发展过程时,他对于辛亥革命的性质进行了论述。他认为:"辛亥革命是中国商业资产阶级(华侨、本国商人、商业化的地主、代表商业资本的智识阶级……)反抗封建阶级——帝国主义的工具满洲政府——的运动。……参加这个革命的是商业资产阶级、商业化的地主阶级——新士绅和新官僚——流氓无产阶级、小资产阶级。这个革命的领导权是在商业资产阶级之手,但不久便落在商业化的地主阶级宋教仁、黄兴一般人手里去了。结果,这个商业化的地主阶级便与纯粹的封建地主阶级的袁世凯妥协起来断送了革命。此外,辛亥革命的失败还有一个主要的原因,便是农民没有起来参加,没有给封建势力以根本的打击,这是当时商业资产阶级的左派之最大的失误。"如果将辛亥革命与五四运动进行对比的话,"辛亥革命和'五四'运动都是中国资产阶级领导的革命运动。不过辛亥革命是商业资产阶级,所领导的是小资产阶级、流氓无产阶级……等。而'五四'运动已是工业资产

---

① 瞿秋白:《中国革命中之争论问题》,中共中央书记处编:《六大以前——党的历史材料》,北京:人民出版社1980年版,第680页。

阶级，所领导的是小资产阶级和无产阶级……罢了"。①

在革命高潮之中，提出了如何完成辛亥革命的命题。1925年10月，中共北方区执行委员会在纪念辛亥革命的文章中提出："纪念辛亥革命的双十节，在今年的意义是：要我们民众纪念如何完成辛亥革命。……十四年末之今天，五卅以来的浩大的反帝国主义战斗，表现民族革命运动潮流的高涨，亦表现帝国资本主义的溃败。辛亥革命是必须完成的，亦是快要完成的。"②同时中共北方区执行委员会和中国共青团北方区执行委员会的《敬告工农学生军士》中也表达了相同的意思，指出："辛亥革命后之十四周年纪念与前几年纪念辛亥革命不同的地方就是现在伟大的革命运动，将要完成辛亥革命。"③《中国青年》杂志在《国庆日告中国青年》一文中，对辛亥革命的意义和教训有所总结，并展望辛亥革命未完成的事业，"可以在我们的手中完成"④。1926年9月，《中国青年》上有文《怎样完成辛亥革命的工程》，在强调"辛亥革命的新势力是失败了的"的同时，提出要"继续辛亥革命未竟的工程，完成这个工程"，"'继续辛亥革命！'、'完成辛亥革命！'到今年纪念辛亥革命时，已经不是革命党自励之语，而为现实的事实了"。⑤

如何才能"完成辛亥革命"，中国共产党人通过鉴定总结辛亥革命的经验教训，提出了现实的主张。"辛亥革命，是一次早熟的革命。辛亥革命的最大缺点，就是……忽视了一般国民的宣传与组织，和一个政策统一、组织集中的革命政党的创造"⑥。1926年黄花节，《人民周刊》上发表了一篇短文《纪念黄花岗七十二烈士》，写道："我们纪念黄花岗七十二烈士，不可抱一种封建态度。……我们自身应该站在一个民主主义的立场上"。"七十二烈士所给我们的教训是什么？就是不妥协的革命精神……我们要纪念七十二烈士，我们就应该学他们，打倒军阀到底，打倒帝国主义到底。"⑦ 1926年双十节，恽代英提醒人们，要避免和预防辛亥革命时的错误，"拿民众的力量统治一切革命的地盘，建设平民的中国：只有有了民众的力量，才不会有'袁大总统'式的对于革命的反叛，亦不会有'黎副总统'式的出卖革

---

① 彭述之：《中国革命的根本问题》，中共中央书记处编：《六大以前——党的历史材料》，北京：人民出版社1980年版，第788、789页。
② 《双十节》，《政治生活》第54期，1925年10月7日。
③ 《双十节敬告工农学生军士》，《政治生活》第54期，1925年10月7日。
④ 《国庆日告中国青年》，《中国青年》第100期，1925年10月10日。
⑤ 则连：《怎样完成辛亥革命的工程》，《中国青年》第135期，1926年9月28日。
⑥ 《国庆日告中国青年》，《中国青年》第100期，1925年10月10日。
⑦ 卓宣：《纪念黄花岗七十二烈士》，《人民周刊》第49期，1927年4月4日。

命事情"①。张太雷从党、政策、军队、地方等方面总结了辛亥革命失败的原因,指出"现在应该开始一个大规模的向下运动。现在革命党人的工作应该不容缓的朝实际方面去了"②。

第二节　纪念的历史

一、悼念中的政治诉求

中国共产党在新民主主义革命历程中,如何对待孙中山和辛亥革命,是随着形势的变化而变化的。从1920年代中期到1949年新中国成立,中国共产党经常举行一些重要的纪念性活动,其中包括关于孙中山和辛亥革命的纪念活动。考察不同时期中国共产党对这些纪念活动开展的情况和特点,对于了解中国共产党对辛亥革命的政治态度,乃至理解中国共产党新民主主义革命与辛亥革命的理论联系,具有重要的意义。③

孙中山逝世后,中共中央执行委员会立刻向国民党中央致唁:

> 国民革命尚未成功,贵党总理孙中山先生遽尔逝世,中国共产党中央执行委员会接此哀耗,不胜悲悼!中国共产党对于贵党总理孙中山先生临终之政治的遗嘱及其毕生反抗帝国主义反抗军阀之革命事业表示极深之敬意,并希望贵中央执行委员会承继此伟大的革命遗产,领导中国国民革命到底!④

孙中山逝世前,已经经过了较长一段时期的治疗,并非突然病故,无论国共,对此都是有一定的心理准备的。唁电虽是为表示哀悼,但更重要的是明确政治共识。通过唁电,中国共产党向中国国民党明确表示了孙中山逝世后国民革命的政策、基本方略。在简单的唁电文字中,所强调的两个方面的政治诉求十分鲜明。揆诸同一天中共中央执行委员会发表的《为孙中山之

---

① 代英(恽代英):《十五年来的双十节》,《少年先锋》第1卷第5期;《恽代英文集》(下),北京:人民出版社1984年版,第880页。

② 大雷(张太雷):《今年纪念双十节之意义》,《人民周刊》第26期,1926年10月10日。

③ 陈金龙在考察毛泽东对纪念活动的政治功能表达时,对中国共产党纪念辛亥革命和孙中山的活动有所分析。参见陈金龙《毛泽东与纪念活动的政治功能表达》,《现代哲学》2009年第1期。

④ 《中共中央致唁中国国民党》,《向导》第107期,1925年3月21日。

死告中国民众》，在表示哀悼的同时，也表示了对中国革命的信念。在文告中指出："在这方兴的民族运动中，失了一个有力的领袖，自然是很大的损失，然而这也不成大的问题。因为中山先生所创的国民党仍旧存在；这个党，尤其是其中革命分子，必然遵守大会宣言，必然遵守中山先生的遗嘱，依照中山先生主张与战略——打倒军阀必须打倒帝国主义——领导中国的民族自由运动，与中山先生在时无异。"在文告中，中国共产党明确表示了继续国共合作，支持国民党开展国民革命。"中国共产党对于孙中山先生及国民党所领导的中国民族自由运动，始终表示充分的同情，今后对于国民党及其所领导的民族运动，仍旧协同全国工农群众予以赞助，决不因中山先生之存殁而有所变更"。①

中国共产党号召民众特别是青年继承孙中山的革命，完成孙中山的遗训。1925年3月13日，为中国共产党人所掌握的中国青年军人联合会在广州北校场干部学校大礼堂举行追悼会，共有各军事学校和各军官兵2000人参加，代理大元帅胡汉民、中央党部执行委员谭平山和很多代表发表了演讲。②饶荣春将孙中山与列宁并举为革命的导师，指出"在这两位导师底一生工作中，鞠躬尽瘁奔走呼号，所得的，当然是有不朽的历史的成绩；但是这两位导师大目的——解放全世界的被压迫民众——还是未曾达到，这不能不使这两位导师死有余恨了"，号召"我们后死者，应如何的发奋与努力，以竟我总理未竟之功！"③恽代英在《中国青年》撰文指出："我们要认清主义，在这主义之下，竭力去革命，这才可称为能守中山先生的遗训，而继续他的事业的革命青年。"④"这样一个至死不忘国事的孙中山先生已经过去了！他的责任已经分卸到每个真诚热烈的革命青年身上！所以我希望读者诸君，根据他所指示以继续奋斗，我们纪念他，我们要使他的事业在短期间可以成功"⑤。远在川东的张闻天，抱病写下了《追悼孙中山先生》，发表在他和一批进步青年创办的《南鸿》杂志上。张闻天将孙中山与逝世不久的列

---

① 《中国共产党为孙中山之死告中国民众》，《向导》第107期，1925年3月21日。

② 《中国青年军人联合会哀悼孙大元帅大会记》，《中国军人》第4号，1925年4月2日。

③ 荣春：《我们底导师死了，我们底决心如何》，《中国军人》第4号，1925年4月2日。

④ 恽代英讲、高尔柏记：《孙中山先生逝世与中国》，《中国青年》第71期，1925年3月21日。

⑤ 但一（恽代英）：《孙中山先生》，《中国青年》第71期，1925年3月21日。

宁相提并论并进行了对比，盛赞"他们都具有一副热烈的革命家的心肠，他们都具有坚忍不挠的革命家的意志与高尚伟大的人格"。不过和列宁不同，孙中山"虽是奋斗了四十年，结果还是失败了"，"但是虽是孙中山先生是死了，而且是失败了，他却有一件极可宝贵的遗物给了我们：这就是他的理想，就是外而反抗国际帝国资本主义的侵掠，内而消灭封建的军阀制度，去建设三民主义五权宪法的新国家的理想！"张闻天呼吁要建立一个代表全民族利益的拥护孙中山理想的新团体，来实现孙中山的理想。① 瞿秋白在《向导》发表《孙中山之死与孙中山之敌》，对各种外报和研究系的《时事新报》等报刊在孙中山逝世后污蔑孙中山的言论进行了驳斥，肯定了"孙中山先生一生的事业，都是民族革命。他绝不妥协的反对满洲贵族，反对专制政体。……年来他更彻底主张反对列强帝国主义，反对一切不平等条约……孙中山先生是中国国民革命的象征，孙中山先生虽死，中国平民这种革命的一直是不会死的"②。

中国共产党将孙中山领导的革命运动归结为"中国民族自由运动"，将他的遗训解释为继续"民族革命"。在对孙中山一生进行评价时，中国共产党高度评价了孙中山晚年"联俄联共"的思想飞跃和伟大实践，认定这才是孙中山一生革命事业的高峰。在这个前提下，也对孙中山辛亥革命时期的功绩给予了较高评价。赵世炎写下《孙中山主义与其遗命》，提出"从今以后，应把孙中山主义当作行动的口号、民族革命信仰的中心，在他的旗帜之下奋斗，在他的标帜四周，为民族革命而工作"。赵世炎为此改变了此前对于辛亥革命的一些结论，指出辛亥革命也有成功的一面，也有初步的反对帝国主义的意义。他指出"辛亥革命是中山反抗专制政体封建制度之成功，同时亦是反对帝国主义运动之初步的革命工作。然而辛亥革命的结局是失败的……自是以后，中山的革命主张愈以自振，事业虽屡起屡挫，而主张愈坚"，这自然指的是后来的联俄联共时期孙中山在民族主义革命和反对帝国主义问题上的进步，孙中山的遗命的意义也正在于此。"中山是不朽的，因为有孙中山主义与其遗命之存在。全国的革命份子应在孙中山主义的旗帜之

---

① 张闻天：《追悼孙中山先生》，《南鸿》第 2 期，转引自《张闻天文集》第 1 卷，北京：中共党史资料出版社 1990 年版，第 114～116 页。
② 双林（瞿秋白）：《孙中山之死与孙中山之敌》，《向导》第 107 期，1925 年 3 月 21 日。

下立刻团结起来"。①

中国共产党对于孙中山晚年评价中所提出的主要定性,如反对帝国主义、反对专制主义、对辛亥革命结局的评估,大体不超出共产国际确定的范畴,与共产国际的评价保持一致。共产国际指出,"孙中山一生的道路是一条反对中国人民压迫者的革命斗争道路"。这条道路以反对清王朝的辛亥革命为开端,"推翻中国君主政权的辛亥革命是和孙中山的名字紧密联系在一起的。孙中山在流亡中,把一切敢于同中国人民的压迫者作斗争的优秀革命分子汇集起来,建立起革命的组织同盟会。孙中山所领导的革命者虽然进行了英勇的斗争,辛亥革命终不免半途而废,中国人民没有得到好处"。共产国际所极力肯定的,还是孙中山晚年联俄的革命事业。② 维经斯基指出:"显然,辛亥革命对孙中山和他的党无论在哲学上,还是在斗争方法上都没有引起什么大变化。"清王朝虽然已被推翻,但资产阶级的辛亥革命并未成功,只有在"得到了共产党人的支持,于是国民党逐渐地、一步一步地走上了反帝国主义的道路,走上了完成辛亥革命的道路"。③ 苏联顾问马真尼克在中国青年军人联合会追悼孙中山的大会上,也以打倒帝国主义总括和阐释孙中山一生的革命,"孙逸仙博士在三十年以前,为中国奋斗,为中国牺牲,注全力于打倒帝国主义;打倒了满清,就是打倒帝国主义一部分"④。

孙中山逝世后,中共中央决定利用悼念孙中山的活动,加强政治上的工作,推动正在进行的国民革命,主要开展了三个方面的工作。

第一,加强革命势力。当时提出对国民党的政策,其中之一是"利用各地悼念孙中山的会议,在广大群众中掀起国民革命运动,吸引革命分子加

---

① 士炎(赵世炎):《孙中山主义与其遗命》,《政治生活》第 33 期,1925 年 3 月 15 日;《赵世炎选集》,第 239~244 页。

② 《共产国际就孙中山逝世致中国人民大众书》,中国社会科学院近代史研究所翻译室:《共产国际有关中国革命的文献资料(1919—1928)》第 1 辑,北京:中国社会科学出版社 1981 年版,第 99~100 页。

③ 维经斯基:《孙中山与中国的解放运动》,中共中央党史研究室第一研究部译:《联共(布)、共产国际与中国国民革命运动(1917—1925)》,北京:北京图书馆出版社 1997 年版,第 715、720 页。

④ 《中国青年军人联合会哀悼孙大元帅大会记》,《中国军人》第 4 号,1925 年 4 月 2 日。

入国民党，以增强左派力量"①。随即中共中央通告全党，在孙中山逝世后，立即着手开展两方面的工作，一是借追悼会作广大的宣传，二是通过国民党各级党部下达动员令，公开征求党员，以扩充国民党内的左派力量。②

第二，通过纪念活动，推动具体的政治形势的发展。1926年2月，中共中央下达了将孙中山逝世周年纪念日作为宣传日的宣传提纲。提纲中评价孙中山是"国民革命的领袖，中华民国的创造者"，要求在宣传中"喊出中山先生的纪念日应是革命的势力检阅的日子、革命势力集中中山旗帜下的日子，纪念中山先生的民众，应自矢为革命党徒"。③ 通过纪念孙中山逝世一周年，推动正在进行的废除不平等条约和国民会议运动，具体要求各学校、各工厂、各机关放假一天或停止半小时工作，召集群众大会、演讲会，举行游行示威，发散小册子、传单。在这些活动中，在北京、广州，共产党和共青团要设法公开参加并派代表出席演说。中共中央规定的纪念口号是：

中山先生精神不死！
中山先生的国民党不死！
集合于中国国民党之下，实行中山先生的主义和政纲！
召集国民会议！
组织统一全国的国民政府！
废除不平等条约！④

第三，猛烈抨击国民党内的反对派。1926年3月，中共中央纪念孙中山逝世一周年。这一年里国民党内发生了很大的变化，右派正式分裂，召开了西山会议，形成了所谓的"西山会议派"。3月12日，中共中央发表了《告中国国民党党员书》，从理论上驳斥了国民党右派的分裂行为，以及右派对中国共产党的中伤。最后说："我们在中国民族革命的领袖孙中山先生

---

① 《陈独秀给共产国际执委会的第2号报告（1925年3月20日）》，中共中央党史研究室第一研究部译：《联共（布）、共产国际与中国国民革命运动（1920—1925）》，北京：北京图书馆出版社1997年版，第590页。

② 《中央通告第十九号》，中央档案馆编：《中共中央文件选集》第1册，北京：中共中央党校出版社1983年版，第404页。

③ 《中央关于孙中山先生纪念日宣传大纲》，中央档案馆编：《中共中央文件选集》第2册，北京：中共中央党校出版社1983年版，第48～49页。

④ 《中央关于孙中山先生纪念日宣传大纲》，中央档案馆编：《中共中央文件选集》第2册，北京：中共中央党校出版社1983年版，第49～50页。

逝世周年纪念日，高声叫出总的口号：中国国民党左右派结合起来，全中国的革命派结合起来，打倒破坏中国民族革命的反赤运动！"① 孙中山逝世一周年后，在《国民新报》上，李大钊撰文高度评价了孙中山在中国民族革命史上的地位。他指出：孙中山先生"承接了太平天国的革命的正统，而淘汰了他们的帝王思想，宗教思想。整理了三合会哥老会一类的民间的民族的结社，改进了他们的思想，使入于革命的正轨，1900年合并了兴中会与三合会哥老会而为中和党、兴汉会。1905年，又在日本东京成立了中国革命同盟会。……这都是先生在中国民族革命史上继往开来，铸新淘旧，把革命的基础，深植于本国工农民众，广结于世界革命民众的伟大功绩"②。《人民周刊》出版了"纪念中山先生专号"。除刊登国民党领导人汪精卫、甘乃光的两篇专文外，集中刊登了张太雷、邓中夏等共产党人的几篇纪念文章，并专载了《孙中山先生纪念宣传大纲》。张太雷在文章中说："中山先生主义的中心是革命"，"一个革命的领袖之责任就是要能够认识革命势力之所在，能够找得革命的同盟者，能够组织指挥革命运动的工具。列宁所以能成为俄国革命的领袖就是因为他能够认识工人阶级的势力，他能找得农民与世界被压迫民族的同盟，他能建立一个有铁的纪律的党。中山先生的伟大亦在此，中山先生所以成为中国国民革命的导师亦在此"③。《政治生活》第69期（3月6日）也出版了"孙中山纪念特号"。1926年11月，湖南的《战士》周报为孙中山诞辰纪念日发表《中山诞日敬告湖南民众》，针对当时北伐取得重大胜利，而国民党内部已有反革命的势力，呼吁"在这庆祝声中，民众们！仍然要'安不忘危'，更进一步作内抗反革命外抗帝国主义的工作。在军事胜利之后，不能不努力以求政治的胜利"，并高呼"孙中山主义万岁！"④

1927年3月，国民党内的分裂更趋严重，中国共产党利用孙中山的旗号，谴责所谓"稳健派"（指国民党新右派）的背叛。陈独秀批评了新右派抛弃孙中山联俄联共政策，要求"凡是革命分子，都应该坚决的继续遵守中山先生的革命政策遗嘱与遗言，撇开一切妥协软化分子而勇猛前进。必须

---

① 《孙中山先生逝世周年纪念日告中国国民党党员书》，《向导》第146期，1926年3月17日。

② 李大钊：《孙中山先生在中国民族革命史上之位置》，《国民新报》1926年3月12日，中共中央书记处编：《六大以前——党的历史材料》，北京：人民出版社1980年版，第423页。

③ 太雷（张太雷）：《纪念孙中山先生》，《人民周刊》第5期，1926年3月12日。

④ 《中山诞日敬告湖南民众》，《战士》第24期，1926年11月14日。

是这样,才有脸面来纪念中山先生,才是真正纪念中山先生,否则中山先生也未必愿意人们假意纪念他"①。1927年3月,《战士》又发表《中国共产党湖南区对孙中山先生逝世两周年纪念宣言》,进一步表达了同样的立场。②

二、革命高潮中的双十节

中国共产党人与辛亥革命的历史联结,是通过中国共产党人参与国民革命的实践而产生的。虽然在早期已经对辛亥革命有系统的理论认识,但主动开展相关纪念活动,始于国民革命渐入高潮之际。恽代英在1924年曾经撰文,虽然对辛亥革命先烈"勇猛牺牲的精神"表示十分敬意,但对于革命的结局十分惋惜,表示"本来这样的双十节,值不得我们去纪念他"③。以1925年双十节为契机,中国共产党开展了对于辛亥革命专门的纪念工作。1925年10月,中共北方区执行委员会主办的《政治生活》发表了几篇纪念辛亥革命的文章,纪念的意义却着眼于现实。如其中《双十节》一文提出:"双十节是我们民众的革命警告节",因为辛亥革命没有完成革命的任务,需要我们在继续的革命中吸取经验教训,因此在文末提出"被压迫的革命的中国民众在今年双十节仍然要接受警告而高呼:打倒帝国主义!铲除军阀及反动政府!民众政权万岁!辛亥革命万岁!"④的政治口号。如前所述,辛亥革命缺乏的是反对帝国主义,国民革命强调的正是反对帝国主义的民族革命。1925年5月,刚刚发生过在中国近代民族主义发展史上具有重要地位的五卅运动。中国共产党人将五卅运动与辛亥革命的纪念结合起来。《政治生活》中的一篇评论指出:"忘却了今年五卅运动的纪念,便不能纪念今年的双十节。今年双十节有什么可纪念呢?追忆辛亥革命之未成功,固然是要紧的,但尤其要紧的是:要仔细思索目前足以为革命条件的各项政治与社会问题。……辛亥革命虽是未成功的,但五卅运动在今年的双十节只前,已提出革命的成功先兆。双十节不是别的,不过是辛亥革命尚未成功之警告节。……今年双十节纪念之新的意义,乃在中国民族革命运动的新的时期之完成。"⑤ 同时号召要走上街头,通过实际行动来纪念双十节、纪念辛亥革

---

① 独秀(陈独秀):《孙中山先生逝世二周年纪念中之悲愤》,《向导》第191期,1927年3月12日。
② 《中国共产党湖南区对孙中山先生逝世两周年纪念宣言》,《战士》第37期,1927年3月12日。
③ 但一(恽代英):《失败的双十节》,《中国青年》第49期,1924年10月18日。
④ 《双十节》,《政治生活》第54期,1925年10月7日。
⑤ 乐生:《五卅纪念与双十节纪念》,《政治生活》第54期,1925年10月7日。

命,在中共北方区执行委员会和中国共青团北方区执行委员会的《敬告工农学生军士》中呼吁:"工友们!农友们!学生们!军士们!我们敢号召你们于辛亥革命十四周年纪念日,在通衢大道的街市上表示你们奋斗的力量,预备着为劳苦人民的利益和得到一切自由而奋斗。"①

1925年10月10日,正逢《中国青年》创刊第100期。结合双十节和百期纪念,《中国青年》出版了"国庆纪念、本刊百期特刊号",刊登了《国庆日告中国青年》和几篇回顾性的文章,题目分别为《十四年之回顾》、《中国政治状况》、《中国经济状况》、《两年来的中国青年运动》。《国庆日告中国青年》一文写道:

> 国庆日是辛亥年无数被压迫者中间的勇士,实行革命,推翻满清,建设中华民国的日子。所以我们纪念国庆日,便是为的纪念"革命",换一句话说,便是为的纪念"造反",便是为的纪念一种"犯法行为";因为是"革命",是"造反",是"犯法行为",所以现在全国被压迫的人都要纪念他。②

1926年对于双十节的纪念而言,是一个特别的年份,此时北伐战争已经开始并在长江流域取得重大胜利,给中国共产党人极大鼓舞。"革命党人得了民众的援助,居然又到了武汉!武昌已经围困了一个月,不久又要落到革命党人的手中。迟早全中国的领土总是要恢复的!我们再预备着热烈到发狂地庆祝罢!"③ 张太雷兴奋地指出此时纪念双十节和辛亥革命的意义,"双十节是年年纪念的,但是从没有像今年这样有纪念的意义。因为我们今年纪念双十节的时候,武汉已下,国民政府的势力已向全国发展,与辛亥武昌起义后全国风从的情形,完全相同"④。

三、疏离与纪念

但时隔仅一年,政治形势出现了急剧的转换。由于国共分裂,国民党对中国共产党采取了极端的镇压政策。中国共产党人在进行反对国民党的武装

---

① 《双十节敬告工农学生军士》,《政治生活》第54期,1925年10月7日。
② 《国庆日告中国青年》,《中国青年》第100期,1925年10月10日。
③ 代英(恽代英):《十五年来的双十节》,《少年先锋》第1卷第5期,《恽代英文集》(下),北京:人民出版社1984年版,第880页。
④ 大雷(张太雷):《今年纪念双十节之意义》,《人民周刊》第26期,1926年10月10日。

斗争的同时，对国民党所把持的意识形态及其标志象征也采取疏远和否定的态度。1927年双十节是国共分裂后的第一个双十节，中国共产党通过纪念双十节，争取民众，教育民众，呼吁民众认识国民党的反动性，向民众指出中国共产党所开辟的新的革命道路。中国共产党为纪念辛亥革命发表告民众书，指出："今年的辛亥革命纪念——双十节又到了。但是，辛亥革命的胜利那里去了！辛亥革命的领袖孙中山先生，看见辛亥革命失败的原因，是在于国民党没有民众的基础，而只有军队，所以在十三年决心改组国民党。"而现在，国民党完全背离了革命，"完全又是军阀官僚的党。辛亥革命的事业岂能希望他们来继续！所以今年的双十节纪念的意义，就在指示民众：中国革命已经到了新的阶段，要开辟新的道路——国民党既然与共产党分裂，既然自绝于工农民众，既然自绝于他过去的革命历史，自绝于辛亥革命的事业，既然背叛革命，那么，民众只有在中国共产党的旗帜之下，自己武装起来夺取政权，完成辛亥所开始的革命！"中国共产党向人民指出，"今年双十节纪念的意义，应当是民众起来反对军阀的战争，实行民众的战争之新纪元！"①

国共分裂后，中国共产党开始了武装反对国民党的苏维埃运动。到20世纪20年代末，中国共产党已在南方许多地区开辟了红色根据地，建立起苏维埃政权。不过，毕竟国民党居于中华民国的统治者的地位，每年进行辛亥革命的纪念，以"宣传辛亥革命事业已由他们完成，中国统一业已成功"。1928年，中国共产党提出，在这种情况下，"我们的任务，实有乘此纪念辛亥革命的时机，向全国民众揭破统治阶级国民党之假面具的必要"。②

蔡和森指出，因为民族资产阶级的背叛，中国革命遭到了严重的失败，辛亥革命的任务一个也没有完成，因此"民族资产阶级不配纪念辛亥革命"。客观上的辛亥革命运动，仍要继续向前发展，完成此任务的只有工农，"只有反对资产阶级才能打倒帝国主义，只有推翻国民党统治才能建立真正独立统一自由的平民式的民主共和国！""以前的辛亥革命是推翻满清的专制，以后的辛亥革命是推翻国民党的专制"。③

---

① 《中国共产党为辛亥革命纪念告民众书》，《前锋周刊》第5期，1927年10月10日，中央档案馆编：《中共中央文件选集》第3册，北京：中共中央党校出版社1983年版，第378～379、383页。

② 和森（蔡和森）：《国民党反革命统治下的辛亥革命纪念》，《布尔塞维克》第2卷第1期，1928年11月1日。

③ 和森（蔡和森）：《国民党反革命统治下的辛亥革命纪念》，《布尔塞维克》第2卷第1期，1928年11月1日。

1930年双十节前夕，瞿秋白撰文《辛亥革命纪念和苏维埃政权》，针对国民党纪念辛亥革命的活动，提出了劳动群众对辛亥革命的纪念。他指出，国民党是辛亥革命的出卖者。他将辛亥革命的任务赋予了新的内容和要求："辛亥革命的任务是什么？——是推翻帝国主义的压迫，是打倒一切封建势力，彻底实行土地革命，是建立真正劳动民众自己的政权。"瞿秋白还指出，在辛亥革命的过程中，国民党第一次出卖了革命。在1927年蒋介石、汪精卫屠杀工农时，国民党第二次出卖了革命。因此，国民党早已是反革命，没有资格"庆祝"辛亥革命。"只有苏维埃能够完成辛亥革命的任务！""苏维埃的革命，不但能够真正完成辛亥革命的任务，而且他的胜利，还要开辟中国的真正社会主义发展的道路。……我们要这样完成辛亥革命，要这样解放中国，要这样解放我们自己，就一定要进行坚决的群众的斗争"①。

如果说这一时期中国共产党人对于辛亥革命还持肯定的态度，并以完成辛亥革命的历史使命自任的话，对于国民党的意识形态——三民主义，则采取了对抗的态度。中国共产党意识到，在失去领导权后，关于三民主义的话语权更多地掌握在国民党一方，必须使民众脱离"三民主义"是革命口号的认识，代之以中国共产党的马克思列宁主义的旗帜，在对待国民党的三民主义问题上，发生了急剧的变化，开始对三民主义持全面批判的立场。相应地，对于国民党的前领袖孙中山，也在理论上予以贬低。1927年12月31日，《中央通告第二十五号——对国民党的工作》正式向全党下达，要求各级党部"根据中央的策略和布报文章在理论上批判孙中山的三民主义，驳斥国民党一切反革命的决议和宣传"②。瞿秋白在《布尔塞维克》上，连续发表了《马克思主义还是民生主义？》、《民权主义与苏维埃制度》、《世界革命中的民族主义》等文章，对孙中山民生、民权、民族的"学理问题"逐项予以批判。文章批驳了孙中山的唯心史观，批驳了孙中山对马克思主义的错误批评，批评了孙中山"大贫、小贫"反对阶级斗争学说的观点。这三篇文章以《三民主义》为题结集出版，在共产党人看来，瞿秋白的"这本小册子，拿马克思主义的法宝已经将三民主义的原形打现出来了"③。此后，

---

① 秋白（瞿秋白）：《辛亥革命纪念和苏维埃政权》，《红旗日报》，1930年10月9日，《瞿秋白文集·政治理论编》第7卷，人民出版社1989年版，第63～65页。
② 《中央通告第二十五号——对国民党的工作》，《中共中央文件选集》第3册，北京：中共中央党校出版社1989年版，第479～480页。
③ 《瞿秋白的〈三民主义〉出版了》（广告），《布尔塞维克》第20期，1928年5月30日。

对孙中山三民主义的批判愈演愈烈，1928年7月，中共六大通过的《宣传工作决议案》提出"党应当与孙中山主义作坚强理论上的斗争"①。同年10月《中央宣传部双十宣传纲要》对此作了详细的布置，提出了不停地在群众面前撕破三民主义反革命旗帜的任务。蔡和森指出："三民主义曾经是辛亥革命以来的口号，现在完全变成为反辛亥革命的旗帜"，因为，"他的民族主义原来是富强主义与任何帝国主义可以妥协的，他的民权主义加上军政训政的限制，结果只是反民权的党权主义即资产阶级专政主义，他的民主主义是反对阶级斗争防止社会革命的，他的平均地权是反对土地革命的"②，等等。1929年6月，在中共六届三中全会通过的《宣传工作决议案》中，进一步要求全党"注意从事实与理论上反三民主义与反改良主义的宣传"，认为"党以前对三民主义还未能在群众中普遍指出他的反动性，并且还有些同志沿袭国共合作时代的错误，以为国民党目前的反动是违背了三民主义的'革命精神'，而不明白指出三民主义实际是国民党反动统治的唯一理论根据"③。

从当时复杂的斗争形势看，中国共产党对孙中山和三民主义采取全面否定的态度，是一定历史条件下被迫的选择。毛泽东后来在中共七大时所说："蒋介石手里打着孙中山的招牌到处乱杀人，这时候，群众对孙中山也就不喜欢。在十年内战中不要孙中山，这也很难怪，因为我们的力量小得很"，"不把孙中山丢开自己就站不起来。"④ 这一时期，国民党所谓高举三民主义固然在实质上抛弃了孙中山三民主义的理想和宗旨，共产党全面否定三民主义也受到模式化、教条化的严重影响。

四、理论上的再度联合与利用

红军长征胜利后，中国共产党以抗日民族统一战线相号召，多次主动向国民党发出呼吁，停止内战，共同抗日。在向国民党的致书中，再度肯定了国民党的缔造者孙中山的精神和功绩。1936年6月，中共中央致书国民党

---

① 《宣传工作决议案》，中央档案馆编：《中共中央文件选集》第4集，北京：中共中央党校出版社1989年版，第254页。

② 和森（蔡和森）：《国民党反革命统治下的辛亥革命纪念》，《布尔塞维克》第2卷第1期，1928年11月1日。

③ 《宣传工作决议案》，中央档案馆编：《中共中央文件选集》第5集，北京：中共中央党校出版社1990年版，第256页。

④ 《毛泽东在七大的报告和讲话集》，北京：中央文献出版社1995年版，第125、100页。

二中全会,表示"我们相信贵党有不少的军政领袖与党员,同样是中华民族最好的子女,没有忘记孙中山先生伟大的反帝国主义的革命精神,能够为中国的自由平等而英勇奋战"①。8月,中共中央再次致书国民党,"我们希望那些国民党员能够在国民党中迅速形成一种支配的势力,去压倒那些不顾民族利益实际成为日本帝国主义代理人,实际成为亲日汉奸的最坏与最可耻的国民党员——那些侮辱孙中山先生的国民党员,恢复孙中山先生革命的三民主义精神,重振孙中山先生联俄联共与农工三大政策,把自己的'心思才力'去'贯彻'革命的三民主义与三大政策的'始终','贯彻'孙中山先生革命遗嘱的'始终',坚决的担负起继承孙中山先生革命事业的责任"②。

从1937年开始,中国共产党开展了一系列的纪念性质的活动。1937年5月,共产党人在延安发起建立中山图书馆。理事会由林伯渠、董必武、徐特立组成,表示:"为纪念伟大救国领袖起见,且鉴于在迅速完成抗日一切准备之过程中应在文化上理论上武装民众头脑,爰发起中山图书馆于陕西之延安。广为搜集中山先生遗著、与三民主义有关之一切著作及关于政治、经济、文化、社会科学历史、哲学与自然科学之中外书籍,俾对中山先生之救国理论有深切之研究与宣传,而更能锐利锻炼抗日斗争之武器。"③ 1938年3月12日,延安举行了"纪念孙中山先生逝世十三周年及追悼抗敌阵亡将士大会",毛泽东发表了演讲:"孙先生的伟大在什么地方呢?在于他的三民主义的纲领、统一战线的政策、艰苦奋斗的精神。……我们纪念孙先生,如果不是奉行故事的话,就一定要注意这样的三项:第一,为三民主义的彻底实现而奋斗;第二,为抗日民族统一战线的巩固与扩大而奋斗;第三,发扬艰苦奋斗不屈不挠再接再厉的革命精神。我以为这三项是孙先生留给我们的最中心最本质最伟大的遗产。"④《解放》第33期除了刊登毛泽东的这一演说词外,还刊登了《边区各界纪念孙总理逝世十三周年及追悼抗敌阵亡将士大会宣言》:"在他(孙中山——引者注)的领导下,推翻了腐朽专制的满清统治,手创了中国国民党,指示了中国革命的三大目标——革命的三

---

① 《中共中央致国民党二中全会书》,中央档案馆编:《中共中央文件选集》第11册,北京:中共中央党校出版社1991年版,第46页。
② 《中国共产党致中国国民党书》,中央档案馆编:《中共中央文件选集》第11册,北京:中共中央党校出版社1991年版,第85页。
③ 《陕西延安中山图书馆启事》,《解放》第4期封三广告,1937年5月24日。
④ 《毛泽东在纪念孙中山先生逝世十三周年及追悼抗敌阵亡将士大会上的演说词》,《解放》第33期,1938年4月1日。

民主义，采用了实现这些目标的三大政策。……我们更要继续孙中山先生的革命精神，为完成革命的三民主义，在今天特别是为实现民族主义而奋斗。"①该期专设了《纪念孙中山先生特辑》，收入了陈伯达撰写的《孙中山先生关于民族革命统一战线思想的发展》和艾思奇撰写的《孙中山先生的哲学思想》两篇重要文章。

与此同时，《新华日报》也发表《纪念中山先生》的社评，指出："中山先生不仅为中国近代的杰出的革命家与思想家，并且他是伟大的战略家"。"当着今天——民族自卫战争剧烈地进行着的今天，我们纪念中华民族的不朽的导师领袖的时候，我们应该学习他的艰苦卓绝的革命史迹，我们应该高举他的代表我们伟大民族伟大思想的三民主义之旗，我们应该忠实的遵循他的三大政策之路，结成铁一般的队伍，紧携着手，迎接强盛独立之中国的来临"。②

1938年3月29日，为纪念黄花岗革命烈士，《新华日报》发表《黄花岗革命先烈纪念》的社评，认为"此种纪念不应徒具形式，尤应在实际救亡工作中效法先烈之精神，……当效法诸先烈愈挫愈奋之意志，贯彻抗战到底，以达民族解放建设新中国之目的"③。

1939年的辛亥革命纪念日，延安的《解放》发表了时评《纪念双十节》，对辛亥革命作了高度评价，指出"（辛亥革命）是中国历史的一个新纪元"，但也指出了辛亥革命的不足和教训："对于中国资产阶级性民主革命的基本任务，并未完成。从完成资产阶级性民主革命这点上来说，辛亥革命是失败了。"社评指出，在抗日战争中对辛亥革命失败的教训进行反省是极端重要的，"纪念双十节，研究辛亥革命失败的教训，我们必须更警惕地要关怀今日这些具体的问题，更加紧地做我们今日所必要做的工作。不再重蹈辛亥革命和1925—1927年大革命的覆辙，我们就能获得抗战的最后胜利，我们就能完成辛亥革命未竟的事业，我们就能建立起独立自由幸福的真正三民主义民主共和国！"④

1941年是辛亥革命30周年，10月，中共中央决定隆重纪念双十节，发

---

① 《边区各界纪念孙中山先生逝世十三周年及追悼抗敌阵亡将士大会宣言》，《解放》第33期，1938年4月1日。
② 《纪念中山先生》，《新华日报论评集》第一辑，武汉：顽强出版社1938年版，第88~89页。
③ 《黄花岗革命先烈纪念》，《新华日报论评集》第一辑，武汉：顽强出版社1938年版，第92页。
④ 《纪念双十节》，《解放》第86期，1939年10月10日。

布了《中央关于纪念今年双十节的决定》（以下简称《决定》），指出："今年十月十日是辛亥革命的三十周年纪念日，全国各地应当举行热烈的庆祝与纪念。各地共产党员应向人民作广泛的解释，使每个中华民族的男女一致明白十月十日这一天是我们伟大中华民国诞生的一天，是我们伟大中华民族几千年生活中有着伟大历史意义的一天。"文中写道：

> 这次革命（辛亥革命——引者注）在实际上归于失败了，但是几千年来的君主专制政治是已经被推翻，而中华民主共和国的国体是已经被确立了。中国人民为民族解放与民权自由的伟大斗争，从此进入了一个新阶段。从此以后，中国人民的民族民主斗争，乃能因国际国内新因素的成长而发展到明确的反帝国主义与反封建制度的阶段。于是乃有国民党的改组，国共合作的实现与孙中山先生的三大政策的执行，乃有北伐革命战争和红军的应用奋斗，乃有今天全民族的伟大抗日战争与抗日民族统一战线。中国人民沿着辛亥革命的道路，为民族民主革命坚持不懈，百折不挠，三十年如一日。我们共产党人和全国一切真诚的革命志士，都是辛亥革命最忠实的继承者。对于辛亥革命未竟的事业，我们共产党人誓与全国一切革命真诚志士一道，誓与全国人民一道，继续奋斗，不达目的，决不休止。①

《决定》最后的口号中，有"孙中山先生的革命精神万岁！辛亥革命万岁！中华民国万岁！"②

显而易见的是，新民主主义理论提出后，中国共产党人牢固树立了理论和旗帜上的主体意识，对于孙中山和辛亥革命这两个历史象征符号的利用，有了更强的主体意识和策略的灵活性。1945年毛泽东在中共七大《论联合政府》的报告，再次论述并发展了新民主主义思想。毛泽东在七大的口头报告中，对这一纲领作了详细的解释，他指出作为马克思主义者，要用历史辩证法的眼光来看待孙中山。孙中山思想中好的东西，是"我们应该抓住死也不放的，就是我们死了，还要交给我们儿子、孙子"。同时，也要清楚"孙中山的三民主义比我们的新民主主义差，新民主主义的确比三民主义更

---

① 《中央关于纪念今年双十节的决定》，中央档案馆编：《中共中央文件选集》第13册，北京：中共中央党校出版社1991年版，第207~208页。
② 《中央关于纪念今年双十节的决定》，中央档案馆编：《中共中央文件选集》第13册，北京：中共中央党校出版社1991年版，第210页。

进步，更发展，更完整。现在的新民主主义在将来还会发展得更加完整"。①
1945年10月，共产党与国民党经过重庆谈判签订了《双十协定》，声明两党"共同努力，以和平、民主、团结、统一为基础，并在蒋主席领导之下，长期合作，坚决避免内战，建设独立、自由和富强的新中国，彻底实行三民主义"②。这里虽然还在使用"三民主义"的范畴，但显然，在中国共产党人的心目中，已经有了完整的新民主主义的新中国政治、经济、文化构想了。针对于当时国民党正在以"恢复交通"和"复员"为名，向解放区进攻，在11月12日孙中山诞辰纪念日这一天，《解放日报》发表社论，题为《纪念孙先生"和平、奋斗、救中国！"》。社论说："今天是孙中山先生的诞辰。我们在纪念这位伟大民主战士的时候，想起了他临殁时的呼声：'和平、奋斗、救中国！'这个呼声泄露了他一生未完成的志愿，今天听起来，还觉得特别响亮。"③ 社论指出，孙中山的事迹和遗教，指明了今天"和平、奋斗、救中国！"的道路，就是制止内战、制止武力进攻解放区，实现真正的民主政治，保证老百姓应享的自由权利，承认解放区的民选政府及其自治权，取消一党包办的国民大会旧代表，修改其选举法、组织法，在无拘束的自由选举的基础上召开真正代表民意的国民大会，以完成中山先生和平奋斗救中国的遗志！④

第三节 理论的继承和超越

一、从"平均地权"到新民主主义经济

在辛亥革命前，孙中山已经对西方的社会和经济问题有所关注，并寻求从根本上解决中国将来社会问题之道。1896年，孙中山停留欧洲期间，在大英博物馆广泛阅读西方的政治、经济、文化等方面书籍，认真观察欧洲的社会状况，"始知徒致国家富强、民权发达如欧洲列强者，犹未能登斯民于

---

① 《在中国共产党第七次全国代表大会上的口头政治报告》，中共中央文献研究室编：《毛泽东文集》第3卷，北京：人民出版社1996年版，第321页。

② 《政府与中共代表会谈纪要（双十协定）》，中央档案馆编：《中共中央文件选集》第15册，北京：中共中央党校出版社1991年版，第326页。

③ 《纪念孙先生"和平、奋斗、救中国！"》，《解放日报》1945年11月12日。中央档案馆编：《中共中央文件选集》第15册，北京：中共中央党校出版社1991年版，第587页。

④ 同①，第587～591页。

极乐之乡也;是以欧洲志士,犹有社会革命之运动也"。为了预防中国出现同样的社会问题,"欲为一劳永逸之计,乃采取民生主义,以与民族、民权问题同时解决"。① 在民生主义的阐释中,孙中山指出"对于土地,宜先平均地权"②,"真正的民生主义,就是孔子所希望之大同世界"③。民生主义以"平均地权"为主要内容,主张"土地、资本公有",其不仅受到西方各家各派的非科学社会主义的影响,同时也受到了马克思、恩格斯的科学社会主义思想的影响。④

国民党"一大"上孙中山重新解释了三民主义,新的民生主义的主要内容包括平均地权、节制资本,并主张"耕者有其田"。"国民党之民生主义,其最要之原则不外二者:一曰平均地权;二曰节制资本"。孙中山主张在保证国营经济在整个国民经济占主体地位的基础上,鼓励发展地方公营经济、合作社经济、中外合资经济、私营经济、个体经济等多种形式的经济。⑤ 他主张"发达国家资本",要求"凡本国人及外国人之企业,或有独占的性质,或规模过大为私人之力所不能办者,如银行、铁道、航路之属,由国家经营管理之,使私有资本制度不能操纵国民之生计"。⑥ 同时,对私人资本要进行"保护"和"奖励","凡夫事物之可以委诸个人,或其较国家经营为适宜者,应任个人为之,由国家奖励,而以法律保护之"。⑦ 在土地问题上,孙中山提出"耕者有其田","农民之缺乏田地沦为佃户者,国家当给以土地,资其耕作"。⑧ 随后,孙中山在其"民生主义"的演讲中又

---

① 孙中山:《建国方略》,《孙中山全集》第 6 卷,北京:中华书局 1985 年版,第 232 页。

② 孙中山:《在桂林对滇赣粤军的演说》,《孙中山全集》第 6 卷,北京:中华书局 1985 年版,第 29 页。

③ 孙中山:《三民主义·民生主义》,《孙中山全集》第 9 卷,北京:中华书局 1986 年版,第 394 页。

④ 参见韦杰廷《孙中山民生主义新探》,哈尔滨:黑龙江教育出版社 1991 年版,第 32~48 页。

⑤ 参见韦杰廷《孙中山民生主义新探》,哈尔滨:黑龙江教育出版社 1991 年版,第 284 页。

⑥ 《中国国民党第一次全国代表大会宣言》,《孙中山全集》第 9 卷,北京:中华书局 1986 年版,第 120 页。

⑦ 孙中山:《建国方略》,《孙中山全集》第 6 卷,北京:中华书局 1985 年版,第 253 页。

⑧ 《中国国民党第一次全国代表大会宣言》,《孙中山全集》第 9 卷,北京:中华书局 1986 年版,第 119~120 页。

提出:"将来民生主义真是达到目的,农民问题真是完全解决,是要'耕者有其田',那才算是我们对于农民问题的最终结果。"①

毛泽东指出,新民主主义的经济"是符合于孙先生的原则的"②,新民主主义社会的所有制结构与孙中山所构想的三民主义社会的所有制结构基本相同,都是一种以国有国营经济为主体的多种经济形式并存的所有制结构,也主张"大银行、大工业、大商业,归这个(新民主主义)共和国的国家所有",也鼓励发展合作社经济、国家资本主义经济、私人资本主义经济、个体经济等,"并不没收其他资本主义的私有财产,并不禁止'不能操纵国民生计'的资本主义生产的发展"。③ 但是中国资本主义的存在和发展,不是如同资本主义国家那样不受限制任其泛滥的,孙中山的节制资本的口号依然必须坚持,"如果认为我们现在不要限制资本主义,认为可以抛弃'节制资本'的口号,这是完全错误的"④。毛泽东的新民主主义理论超越三民主义的部分,体现在明确指出各种经济成分中,"无产阶级领导的新民主主义共和国的国营经济是社会主义的性质,是整个国民经济的领导力量"⑤。孙中山希望和平解决农民的土地问题,没有提出彻底的土地革命纲领,而新民主主义理论提出了彻底的土地革命纲领,把"没收封建阶级的土地归农民所有"列为"新民主主义革命的三大经济纲领"之一⑥,"扫除农村中的封建关系,把土地变为农民的私产"⑦,彻底解决农民的土地问题。

二、从"民国"到"人民共和国"

1894年11月24日,孙中山在檀香山创立第一个资产阶级革命组织兴

---

① 孙中山:《三民主义·民生主义》,《孙中山全集》第9卷,北京:中华书局1986年版,第399页。

② 毛泽东:《论联合政府》,《毛泽东选集》第3卷,北京:人民出版社1991年版,第1057页。

③ 毛泽东:《新民主主义的政治与新民主主义的文化》,《中国文化》第1卷第1期,1940年2月15日。

④ 毛泽东:《在中国共产党第七届中央委员会第二次全体会议上的报告》,《毛泽东选集》第4卷,北京:人民出版社1991年版,第1431~1432页。

⑤ 毛泽东:《新民主主义的政治与新民主主义的文化》,《中国文化》第1卷第1期,1940年2月15日。

⑥ 毛泽东:《目前形势和我们的任务》,《毛泽东选集》第4卷,北京:人民出版社1991年版,第1253页。

⑦ 毛泽东:《新民主主义的政治与新民主主义的文化》,《中国文化》第1卷第1期,1940年2月15日。

中会，该会的秘密誓词中规定"驱除鞑虏，恢复中国，创立合众政府"①，初步表达了民权主义的思想内涵。孙中山的革命"不专在排满，其最终的目的，尤在废除专制，创造共和"②，民权主义则着力于推翻封建君主专制，建立资产阶级民主共和国；主要取法于欧美的民主主义思想和议会民主政治，③ 在提出"创立民国"的口号后，也提出了"创立民国"的具体方法，即"革命成功之日，效法美国，选举总统，废除专制，实行共和"。④

在国民党"一大"上，孙中山将民权主义在阶级基础和国家政体等方面都作了进一步的深入论述。指出"近世各国所谓民权制度，往往为资产阶级所专有，适成为压迫平民之工具。若国民党之民权主义，则为一般平民所共有，非少数者所得而私也"⑤，主张建立一个"为人民所共有"⑥ 的国家，而"一般平民"或"人民"，"实为多数之民众，若知识阶级、若农夫、若工人，若商人是已"。⑦ 对于所要建立的国家的政体，孙中山独创地提出五权分立的理论，在革命程序上，孙中山提出了建设民国，应分为"军政、训政、宪政"三个时期进行，有计划有步骤地建国。

毛泽东的新民主主义政治吸取了孙中山民权思想中的合理因素，也强调国家非少数人专政，主张"团结工人阶级、农民阶级、城市小资产阶级和民族资产阶级，在工人阶级领导之下，结成国内的统一战线，并由此发展到建立工人阶级领导的以工农联盟为基础的人民民主专政的国家"⑧，建立几个反帝反封建的革命阶级联合专政的国家政权。但是，毛泽东明确提出了新

---

① 孙中山：《檀香山兴中会盟书》，《孙中山全集》第1卷，北京：中华书局1981年版，第20页。

② 邹鲁：《中国国民党史稿》第1册，北京：中华书局1960年版，第47页。

③ 周兴樑：《融铸东西方思想文化而成的三民主义》，《孙中山的伟大思想与革命实践》，广州：广东高等教育出版社1998年版，第26页。

④ 郑东梦编：《檀山华侨》，"华侨部分"，檀香山编印社1929年版，第14页，转引自周兴樑：《孙中山的伟大思想与革命实践》，广州：广东高等教育出版社1998年版，第28~29页。

⑤ 《中国国民党第一次全国代表大会宣言》，《孙中山全集》第9卷，北京：中华书局1986年版，第120页。

⑥ 孙中山：《三民主义·民生主义》，《孙中山全集》第9卷，北京：中华书局1986年版，第394页。

⑦ 《中国国民党第一次全国代表大会宣言》，《孙中山全集》第9卷，北京：中华书局1986年版，第119页。

⑧ 毛泽东：《论人民民主专政》，《毛泽东选集》第4卷，北京：人民出版社1991年版，第1472页。

民主主义国家应该由无产阶级领导,"无产阶级则是领导的力量。现在所要建立的中华民主共和国,只能是在无产阶级领导下的一切反帝反封建的人们联合专政的民主共和国"①。因此,"除了谁领导谁这一问题以外,当作一般的政治纲领来说,这里(指国民党第一次全国代表大会宣言)所说的民权主义,是和我们所说的人民民主主义或新民主主义相符合的。只许为一般平民所共有、不许为资产阶级所私有的国家制度,如果加上工人阶级的领导,就是人民民主专政的国家制度了"②。

中国共产党在取得新民主主义革命胜利时,果断地摒弃了西方资产阶级政治制度,毛泽东在 1948 年 9 月召开的中共中央政治局会议上明确指出:"我们采用民主集中制,而不采用资产阶级议会制。议会制,袁世凯、曹锟都搞过,已臭了。在中国采取民主集中制是合适的。……不必搞资产阶级的国会制和三权鼎立等。"③ 1949 年 6 月,毛泽东在《论人民民主专政》中说:"西方资产阶级的文明,资产阶级的民主主义,资产阶级共和国的方案,在中国人民的心目中,一齐破了产。资产阶级的民主主义让位给工人阶级领导的人民民主主义,资产阶级共和国让位给人民共和国。这样就造成了一种可能性:经过人民共和国到达社会主义和共产主义,到达阶级的消灭和世界的大同。"④

三、从融会中西到民族的、科学的、大众的文化

与政治、经济方面的论述不同,孙中山没有对于文化的系统的论述。广义地说,政治、经济也包含在文化的范畴之内,在这两方面孙中山的立场已如前述。而对于中西文明或文化的态度,实际上是论述近代文化观的主要内容。在辛亥革命前,孙中山经常对外人表达对西方文明的推崇和对中国文明的不满。1897 年,他在与《伦敦被难记》俄译者谈话中说:"必须使我们的国家对欧洲文明采取开放态度。我不是说,我们要全盘搬过来。我们有自己的文明,但是,因为无法进行比较、选择而得不到发展,它也就停滞不前

---

① 毛泽东:《新民主主义的政治与新民主主义的文化》,《中国文化》第 1 卷第 1 期,1940 年 2 月 15 日。
② 毛泽东:《新民主主义的政治与新民主主义的文化》,《中国文化》第 1 卷第 1 期,1940 年 2 月 15 日。
③ 薄一波:《若干重大决策与事件的回顾》上卷,北京:中共中央党校出版社 1991 年版,第 29 页。
④ 毛泽东:《论人民民主专政》,《毛泽东选集》第 4 卷,北京:人民出版社 1991 年版,第 1471 页。

了。时至今日，这种文明已经和人民群众完全格格不入了。"① 1905 年，在东京留学生欢迎大会上，孙中山指出："我们中国先是误于说我中国四千年来的文明最好，不肯改革，于今也都晓得不能用，定要取法于人。若此时不取法他现世最文明的，还取法他那文明过渡时代以前的吗？……兄弟愿诸均救中国，要从高尚的下手，万莫取法乎中，以贻我四万万子子孙孙的后祸。"②

辛亥革命后，孙中山仍在许多场合主张学习西方，表示"欧美近一百年来的文化，雄飞突进，一日千里，种种文明都比中国进步得多"③。但孙中山在采择西方文化的同时，又随时考虑中国的国情，以融贯中西文化为指针，同时也极其重视中国文化传统的优秀部分，他倡导民族主义，试图以民族精神作为挽救危亡、振兴中华的动力，对新文化中的某些极端方面并不表赞同。在晚年尤其强调恢复固有的旧道德，认为中国政治弊锢的主要原因在于"失了民族主义，所以固有的道德文明都不能表彰"④。郭齐勇认为，孙中山的文化思想在各个阶段分别有所侧重，早年体现为含有西化意识的"对欧洲文明采取开放态度"，民元至新文化运动前体现为"保守固有之文明"，"作成一中西合璧之中国"，晚年具有明显的文化复归倾向，但取法西方近世制度文明与价值观念的基本构架并未消解。⑤

新民主主义文化论是在对"复古"与"西化"两种思潮的批评中发展起来的，"所谓新民主主义的文化，一句话，就是无产阶级领导的人民大众的反帝反封建的文化"⑥。张闻天在1940年1月5日的报告《抗战以来中华民族的新文化运动及其今后任务》中，已根据上年12月会议毛泽东的指示，对新民主主义文化的内容和性质作了进一步的阐述，解释了新民主主义文化的四个属性：

---

① 孙中山：《与〈伦敦被难记〉俄译者等的谈话》，《孙中山全集》第 1 卷，北京：中华书局 1981 年版，第 86 页。
② 孙中山：《在东京中国留学生欢迎大会的演说》，《孙中山全集》第 1 卷，北京：中华书局 1981 年版，第 281～282 页。
③ 孙中山：《三民主义·民权主义》，《孙中山全集》第 9 卷，北京：中华书局 1986 年版，第 315 页。
④ 孙中山：《三民主义·民族主义》，《孙中山全集》第 9 卷，北京：中华书局 1986 年版，第 231 页。
⑤ 郭齐勇：《孙中山的文化思想述评》，《中国社会科学》1996 年第 3 期。
⑥ 毛泽东：《新民主主义的政治与新民主主义的文化》，《中国文化》第 1 卷第 1 期，1940 年 2 月 15 日。

（一）民族的。即抗日、反帝、反抗民族压迫，主张民族独立与解放，提倡民族的自信心，正确地把握民族的实际与特点的文化。

（二）民主的。即反封建、反专制、反独裁、反压迫人民自由的思想习惯与制度，主张民主自由、民主政治、民主生活与民主的作用的文化。

（三）科学的。即反对武断、迷信、愚昧、无知，拥护科学真理，把真理当作自己实践的指南，提倡真能把握真理的科学与科学的思想，养成科学的生活与科学的工作方法的文化。

（四）大众的。即反对拥护少数特权者，压迫剥削大多数人，愚弄欺骗大多数人，使大多数人永远陷于黑暗与痛苦的贵族的特权策的文化，而主张代表大多数人民利益的、大众的、平民的文化，主张文化为大众所有，主张文化普及于大众而又提高大众。①

毛泽东后来将"民主的"这一性质合并到"大众的"性质里，用"民族的科学的大众的文化"来概括新民主主义文化。它是民族的、科学的、大众的文化，通过对错误的文化观的批判，对中西文化的根本问题作了回应，毛泽东在对待外国文化的问题上指出："但是一切外国的东西，如同我们对于食物一样，必须经过自己的口腔咀嚼和胃肠运动，送进唾液胃液肠液，把它分解为精华和糟粕两部分，然后排泄其糟粕，吸收其精华，才能对我们的身体有益，决不能生吞活剥地毫无批判地吸收。所谓'全盘西化'的主张，乃是一种错误的观点。"② 张闻天也指出："中华民族的新文化，决不是完全抄袭外国文化的所谓'全盘西化'。外国文化中的反动文化（如主张侵掠，反对民族解放；主张独裁与法西斯主义，反对民主与自由；主张宗教迷信，反对科学真理，拥护压迫剥削，反对大众，反对社会主义的文化），是我们应该排斥的。而'全盘西化'论者，却正在把这类反动文化，大量输入中国。"③

---

① 洛甫：《抗战以来中华民族的新文化运动及其今后任务》，《中国文化》第1卷第2期，1940年4月15日。
② 毛泽东：《新民主主义的政治与新民主主义的文化》，《中国文化》第1卷第1期，1940年2月15日。
③ 洛甫：《抗战以来中华民族的新文化运动与今后任务》，《中国文化》第1卷第2期，1940年4月15日。

四、革命为改造中国之途径

20世纪以来，中国主要的政治力量，都以革命作为改造中国的手段。孙中山1896年就已经提出进行现代意义上的政治革命。此后，孙中山领导了包括10次起义在内的反清武装斗争，在民国建立后又不断开展捍卫共和的二次革命、护国运动、护法运动，晚年领导国民革命，愈挫愈奋，临终遗嘱"革命尚未成功，凡我同志，务须依照余所著《建国方略》、《建国大纲》、《三民主义》及《第一次全国代表大会宣言》，继续努力，以求贯彻"①。

中国共产党在革命的目标和途径上，对辛亥革命和国民革命都有所超越。在马克思主义中国化的形成时期，毛泽东将中国资产阶级民主革命区分为"旧民主主义革命"和"新民主主义革命"，正确地指出："中国革命的历史进程，必须分为两步，其第一步是民主主义的革命，其第二步是社会主义的革命。"新民主主义革命是其中的第一步，在第一步完成后，必然要进行第二步的革命。新民主主义革命之所以"新"，就在于它必须是由无产阶级领导的、以建立无产阶级领导下各革命阶级联合专政的新民主主义共和国为目标的。三民主义"只有民主革命阶段，没有社会主义革命阶段"。②

新民主主义理论为"新中国"理想的追求开辟了新的天地。"新中国代替旧中国而出现，即是新民主主义革命秩序代替旧中国社会秩序而出现"③。在抗日战争时期，中国共产党在自己领导下的各根据地实行了新民主主义的政策，奠定了新民主主义社会的初步基础，但中国共产党人绝不以此为满足，而是要争取新民主主义更进一步发展，这就需要以革命的胜利，获得新民主主义由地方的局部的向全国的统一的新民主主义共和国发展。中国共产党领导的革命进程，意义就在于此。

---

① 孙中山：《国事遗嘱》，《孙中山全集》第11卷，北京：中华书局1986年版，第639～640页。

② 毛泽东：《新民主主义的政治与新民主主义的文化》，《中国文化》第1卷第1期，1940年2月15日。

③ 青之（李平心）：《论新中国：中国的现在和未来》，香港书店1941年版，第5页。

第五章 "新中国"理想与20世纪三四十年代政局

1927年国共合作全面破裂后，面对国民党由"新"转"旧"，各阶层有志之士不畏强御，纷纷走上了追寻"新中国"理想的新征程。中国共产党人开拓出新民主主义革命之路。国民党内孙中山的忠实追随者与部分地方实力派痛感国民党为蒋介石所挟制，也相继打出了反蒋运动的大旗。即便是素来不认同革命方式的知识阶层，为一党专制的统治所窒息，也迫切希望通过自身的努力促使"党国"向民主中国的转型。

20世纪30年代，中国国内的分裂与对抗为日益深重的国难形势所逆转，日本对华侵略的步步加深，使民族生存成为社会各阶层不得不优先考虑的问题。为民族主义意识所鼓荡，第一次国共合作时期的三民主义理想成为国共双方再度合作的黏合剂。在日本发动全面侵华战争之际，中国各阶层也形成了抗日民族统一战线。但国共的二度合作更多的是对外敌入侵的因应，随着外部局势的变化，国共本有立场与建国理想的对抗愈演愈烈，并在抗战胜利前后公开化为"两个中国"、"两种前途"之争。

抗战时期，社会各界虽同时唱出"抗战建国"的口号，但正如梁漱溟所注意到的，"大家仍重在抗日的一面"，而且"抗战未完内部已渐失统一"。[①] 抗日战争胜利之后，在社会各界看来，中国真正迎来了千载一时的建国良机。国共重庆和谈与政治协商会议的召开，也给全国民众孜孜以求的和平建国理想带来了一丝曙光。然而，国共两党革命党的特质，使二者最终选择了"一方制胜而定霸，一方覆败而消灭"[②] 的武力解决方式。抗战中得以整合并在政治舞台上占据重要位置的中间势力，在两虎相争的背景下很难

---

① 《中国统一在何处求？》，中国文化书院学术委员会编：《梁漱溟全集》第六卷，济南：山东人民出版社1989年版，第588页。

② 《中国党派问题的前途》，中国文化书院学术委员会编：《梁漱溟全集》第六卷，济南：山东人民出版社1989年版，第85页。

保持自身的独立性与自主性,"不免作左右袒"①。绝大多数民主党派的建国理想逐渐汇流于中共的新民主主义路线。随着新政治协商会议的召开,一个近代以来无数仁人志士为之上下求索的新中国终于呱呱坠地。

第一节 中间势力对"新中国"的追寻(1927—1937)

一、"第三党"复兴国民革命的尝试

20世纪20年代中国政局变化之速令局外人常生目不暇给之感。1924年1月国共宣布合作,携手开展国民革命,但为时不过三年,国民革命军总司令蒋介石就向共产党人举起血腥的屠刀,三个月后武汉国民政府跟进,第一次国共合作破裂。中国共产党也迅速打响了武装反抗国民党统治的第一枪,国共纷争逐渐成为中国政治的主题。面对骤变的政治形势,中国社会各阶级、各阶层的代表开始重新思考中国革命的前途和出路,中国共产党开始探索适合中国国情的新民主主义革命理论和道路。中国国民党在组织和思想上也出现了分化与重组的新格局,一些孙中山革命事业的忠实追随者与部分从中国共产党内游离出来的人员合组成中国国民党临时行动委员会,重揭国民革命的旗帜,以期三民主义在中国的实现。由于该组织既反对蒋介石对三民主义的背叛,也不认同中国共产党致力的共产革命,其思想主张居于两者之外,故被称作"第三党",其核心人物就是被毛泽东盛赞"以身殉志"②的邓演达。

邓演达(1895—1931),广东惠阳人,保定军官学校毕业,曾任黄埔军校教育长、国民革命军总政治部主任等职。北伐战争开始后,他忠实地执行孙中山手订的国共合作与农工政策,对国民革命的狂飙突进发挥过重要作用。国民革命高潮时期,由于蒋介石私心自用,逐渐偏离既定革命轨道,邓演达曾进行过斗争。"四一二"政变发生,国民革命遭遇重挫,邓演达极力阻止武汉国民政府的变质,但最终无力回天,又不愿同流合污,只得孤身前往苏联。在临行前致国民党同志的告别信中,邓演达告诫全党:"总理的三民主义是我们革命的张本,照着总理的三民主义做去,必然可以得到大多数民众——尤其是农工群众的拥护,可以完成国民革命";反之,"三民主义

---

① 何文俊:《论中间派及中间路线》,钟离蒙、杨凤麟主编:《中国现代哲学史资料汇编·"第三条道路"批判》(内部资料),沈阳:1982年,第43页。

② 毛泽东:《"以身殉志,不亦伟乎!"》,梅日新、邓演超主编:《回忆邓演达》,广州:广东人民出版社1999年版,第1页。

如果受了曲解，农工如果受了摧残，革命分子如果被摈斥，政治工作如果被威胁，则不独党的革命意义和权威消灭，而且必然招致反革命的结果"，必然重蹈辛亥革命失败的覆辙。①

为了挽救已濒临绝境的国民党，邓演达与1927年9月来到赤都的宋庆龄、陈友仁商定组建"中国国民党临时行动委员会"，是年11月，三人联名在莫斯科发表《对中国及世界革命民众宣言》，正式打出了"临时行动委员会"的旗号。宣言回顾了国民党内革命势力与反革命势力的斗争史，痛斥当前窃据国民党旗号的南京与武汉已沦落为"旧势力之化身，军阀之工具，民众之仇敌"，中国已进入了"新的黑暗反动时代"；组织"临时行动委员会"的目的即在于取消南京、武汉"伪党部"的职权，临时承担指导革命的责任，同时筹备召开中国国民党第三次全国代表大会，以确保继续在"孙中山先生的精神领导底下，去团结领导被压迫剥削的革命民众，向一切反动仇敌进攻，得到最后的胜利——把三民主义的革命纲领完全实现"。②

与此同时，国内的部分国民党左派及一些与共产党脱离关系的人士逐渐联合起来，他们认为，改组后作为多阶级政党的国民党已经没落，必须另组新党延续孙中山国民革命的理想。③ 在此认识下，他们拾取孙中山曾用过的"中华革命党"作为号召与团结革命力量的旗帜。1928年春，中华革命党成立大会在上海召开，大会选举邓演达、谭平山、章伯钧、朱蕴山、季方、张申府等为中央执行委员，邓演达为总负责人。邓演达回国前，总负责人一职由谭平山暂代。为了与邓演达等人协调意见，中华革命党派出郑太朴前往德国，与邓演达取得了联系。④ 1930年5月，邓演达回到上海，决定以中华革命党为基础组建新党。在讨论新党名称时，经过慎重考虑，多数人同意以"中国国民党临时行动委员会"作为新党名称。8月9日，中国国民党临时行动委员会第一次全国干部会议在上海举行，会议通过了邓演达起草的《中国国民党临时行动委员会政治主张》，选举了作为领导机构的中央干部会，邓演达任该会总干事，并出版《革命行动》作为机关刊物。

---

① 邓演达：《告别中国国民党的同志们》，梅日新、邓演超主编：《邓演达文集新编》，广州：广东人民出版社2000年版，第180~181页。
② 邓演达：《对中国及世界革命民众宣言》，梅日新、邓演超主编：《邓演达文集新编》，广州：广东人民出版社2000年版，第203~208页。
③ 谭平山：《中华革命党宣言草案》，《谭平山文集》编辑组编：《谭平山文集》，北京：人民出版社1986年版，第467~468页。
④ 元邦建著：《谭平山传》，哈尔滨：黑龙江人民出版社1986年版，第127页。

邓演达虽武人出身,但"能读、能讲"①,文思泉涌,下笔神助,第三党的许多重要文献均出自他的手笔。从这些或长或短的文字中,我们可以清楚地梳理出邓演达与第三党对中国社会性质、阶级状况的分析,所诉诸的革命方式与目标,以及对新中国理想蓝图的描画。

邓演达等在对中国社会现状进行认真考察后认为:"中国现时的社会,在形式上固有异于古代的封建制度,但就其内容的性质而论,的确还离不了封建势力的支配。因此,整个的中国社会还滞留在封建势力支配阶段,还是前资本主义的时代。"在这样的社会里,资产阶级受制于发展程度,基本不具备革命性;革命的中坚力量是"在政治上受着严重的压迫,在经济上受着惨酷的剥削,十二分的需要解放的争斗"的农工阶级,他们在中国人口中占据绝大多数,因此中国的革命出路只能是唤起广大农工阶级的国民革命。②

关于中国革命的性质,邓演达在多篇文献中均有阐述。如在批驳南京政府的反革命本质时,他就指责蒋介石等人对总理的三民主义断章取义,其实质不过是"一民主义"、"半民主义",故必须坚决打倒,"实行整个的三民主义"。③ 第三党的政治宣言对此问题的表述更为翔实具体,明确指出中国社会的特殊性决定了中国革命不是"单一性的革命","不是先后继起的三个革命——民族革命、民权革命、民生革命——的历史的阶段合成的",而是同时以"帝国主义者,封建军阀地主以及依附前两者为生的高利盘剥的、反动的资本阶级"为对象的集三大革命于一体的"复杂性的一种革命"。为了与被反动势力窃据的三民主义划清界限,以正视听,第三党对三民主义的实现提出了更为具体的要求:"彻底的肃清帝国主义在华的势力,取消一切不平等条约,使中国民族完全解放,要使平民群众取得政权,要实现社会主义。"④

---

① 何香凝:《忆邓择生》,梅日新、邓演超主编:《回忆邓演达》,广州:广东人民出版社 1999 年版,第 7 页。与邓演达有共事经历的郭沫若也特别提到邓"长于演说,也长于文笔,颇具政治家的风度"。参见郭沫若《纪念邓择生先生》,梅日新、邓演超主编:《回忆邓演达》,广州:广东人民出版社 1999 年版,第 14 页。
② 邓演达:《中国国民党临时行动委员会政治主张》,梅日新、邓演超主编:《邓演达文集新编》,广州:广东人民出版社 2000 年版,第 237~239 页。
③ 邓演达:《党的根本问题》,梅日新、邓演超主编:《邓演达文集新编》,广州:广东人民出版社 2000 年版,第 174~175 页。
④ 邓演达:《中国国民党临时行动委员会政治主张》,梅日新、邓演超主编:《邓演达文集新编》,广州:广东人民出版社 2000 年版,第 240~241 页。

关于未来国家政权，第三党有着较为具体的方案，这一方案既是他们在夺取政权过程中次第展开的各项政策，也是对"新中国"理想蓝图的全面描画。

第三党为之奋斗的终极目标就是建立"平民政权"。这个政权"掌握在平民群众手里"，"以工农为重心"，在全国最高权力机构的国民大会中，"直接参加生产的农民工人占60%"，"其他各职业团体及准职业团体占40%"。① 该政权实行的外交政策是：

A. 废除一切不平等条约。
B. 重新订立完全平等的条约。
C. 对苏联，以双方完全平等及不干涉中国革命为限，与之恢复邦交。
D. 与各弱小民族团结成亲密的关系，建立反帝国主义的联盟。②

经济政策从内容上包括对外、对内两部，从性质上可分为破坏、建设两种。所谓破坏，是指消除帝国主义在华的经济统治势力，肃清本国封建残余，具体包括收回关税自主权及外国人经营管理的一切企业、废除厘金等一切苛捐杂税等。在破坏废墟上展开的经济建设主要有：

1. 金融机关国有。
2. 大产业、关键产业及独占性产业的国营、公营并促进合作社的组织。
3. 耕者有其田。
4. 城市及农村发展的均衡。③

此外，在社会、文化等领域也提出了一系列非常具体的政策。

对于如何取得政权，邓演达及第三党的阐述较为笼统且分散，其所设想的方式大体是唤醒并组织民众，以民众的职业组织如工会、农会及准职业组织如学生会、妇女组织、士兵组织为依托，造成强有力的力量，汰旧生新，

---

① 邓演达：《中国国民党临时行动委员会政治主张》，梅日新、邓演超主编：《邓演达文集新编》，广州：广东人民出版社2000年版，第244页。
② 邓演达：《中国国民党临时行动委员会政治主张》，梅日新、邓演超主编：《邓演达文集新编》，广州：广东人民出版社2000年版，第249页。
③ 邓演达：《中国国民党临时行动委员会政治主张》，梅日新、邓演超主编：《邓演达文集新编》，广州：广东人民出版社2000年版，第252页。

推翻旧的专制政体，建立平民政权。而对于这一过程中的武装斗争问题，第三党政治宣言在专门的部分虽然没有明确言及，但揆诸相关论述，通过武装斗争夺取政权实为题中应有之义。在甫抵莫斯科应共产国际之邀所作的报告中，邓演达对左派革命工作的缺陷有所反思，认识到"每个革命政治纲领之实施，都是在一种最剧烈的社会争斗之后，才有可能"，"所以必须准备作剧烈的斗争底武装力量，才能和敌人争斗，才能得到胜利"，指出必须加强革命武装力量的组织。① 而在政治宣言中谈到"政权的保持"问题时，主要阐述的也是人民武力的"造成"问题。

对于孙中山手订的国共合作，邓演达坚决拥护，认为"依照中国社会的客观要求说，目前共产党的工作应该同我们中国国民党的工作并未有多大差别"，所以针对国民党"赤化"、"共产化"的谣传，他以共产党"国民党化"加以辩驳。② 不过邓虽将共产党视作特定阶段内并肩奋斗的"同志"，但对共产党发动中国革命的理论依据、手段及目标并不认同，③ 特别是对国共关系彻底破裂之后共产党人在全国模仿俄国革命、全盘推行苏维埃革命的模式大加诟病，认为这种丧失民族主义地位的空想做法，使共产党"失坠了他领导中国革命——民族的革命——的资格和使命"④。第三党政治宣言简洁而全面地梳理了其与共产党人在主要问题上的差别：

> 共产党纯粹是国际的，而我们是带民族性的。共产党以中国革命为手段，而我们的目的就是中国革命。共产党以为现时的经济组织已经主要的是资本主义的组织，因此它要用共产主义革命的方式去解决中国问题……我们以为中国经济发展的障碍不是资本主义，而且在中国还未形成近代资本主义，因此，我们反对用不对症的药方——共产主义革命——去破坏一切现存的经济组织，而主张要把妨害中国经济发展的根源

---

① 邓演达：《中国革命最近的严重局势之由来》，梅日新、邓演超主编：《邓演达文集新编》，广州：广东人民出版社2000年版，第202页。

② 邓演达：《现在大家应该注意的是什么？》，梅日新、邓演超主编：《邓演达文集新编》，广州：广东人民出版社2000年版，第53页。

③ 杨奎松先生的研究显示：国共合作期间国民党内的左派，其实就是加入国民党的共产党人，而原先被认为是左派的孙中山和其他一些领导人其实只能算是中派。换言之，如邓演达与共产党人的关系只可能是既有合作，又有分野。参见杨奎松著《国民党的"联共"与"反共"》，北京：社会科学文献出版社2008年版，第176页。

④ 邓演达：《我们对现在中国时局的宣言》，梅日新、邓演超主编：《邓演达文集新编》，广州：广东人民出版社2000年版，第209页。

除去，去发展社会主义，建设社会主义的基础。①

邓演达对三民主义理论的坚守，对共产党人的明确批评，在当时"左"倾思想占主导地位的中国共产党人看来，自然是"道不同不相为谋"②。共产国际同样反应冷淡，拒绝提供支持。

对于同样与蒋介石为敌的改组派，由于以汪精卫为首，在社会上颇具迷惑性，仍被一些人称作国民党内的"左派"。第三党政治宣言对改组派的批评可谓是一针见血：

> 从改组派上部成分上说，它是一大群旧社会的统治者或半统治者的集团，他们只是因为偶然的一时的利益共同合作，只是各自寻找出路。所以它无从建立一个共同的纲领，它的政策忽左忽右……它的工作对象只是勾串及依附旧势力，它无决心实现革命的主张。它只是反蒋而不反南京的统治，所以结果至多只是取蒋而代之，或去一蒋介石而产出多数蒋介石。③

经历过"七一五"的背叛，邓演达认识到汪精卫不过是另一个"蒋介石"；蒋汪矛盾不过是权力之争、利益之争，这样的识见确非一般人所能企及。正如邓演达所见，"自国民党统一全国后，党内因意识形态引起的政治纠纷几乎很少见，各派系之间最大的矛盾是由于权力分配引起的冲突，可以说无所谓'左派'、'右派'之纷争"④。

组织与主张既定，第三党在邓演达的领导下积极开展活动，一面致力于地方组织的建立与健全，扩大宣传影响；一面通过组建"黄埔革命同学会"，来分化和争取蒋介石所依靠的核心力量，积极寻找适当时机发动武装起义，接续中断已久的国民革命。第三党的活动从根基上动摇了蒋介石国民政府的统治。1931年8月，由于叛徒的告密，邓演达不幸被捕，11月底蒋

---

① 邓演达：《中国国民党临时行动委员会政治主张》，梅日新、邓演超主编：《邓演达文集新编》，广州：广东人民出版社2000年版，第261~262页。
② 周恩来回忆指出，邓演达回国后"曾找我们谈判合作反对蒋介石，可是我们没有理睬他"。参见周恩来《这人的人格很高尚》，梅日新、邓演超主编：《回忆邓演达》，广州：广东人民出版社1999年版，第2~3页。
③ 邓演达：《中国国民党临行行动委员会政治主张》，梅日新、邓演超主编：《邓演达文集新编》，广州：广东人民出版社2000年版，第262页。
④ 金以林著：《国民党高层的政治派系：蒋介石"最高领袖"地位是如何确立的》，北京：社会科学文献出版社2009年版，第10页。

介石下野前夕，被秘密杀害于南京。邓演达领导的第三党虽然没有完成打倒蒋介石的宏愿，但他对孙中山三民主义理想的坚持，对专制独裁统治的不屈抗争，对新中国理想蓝图的描摹，犹如倏忽而逝的彗星，瞬间耀亮了20世纪20年代末30年代初的中国夜空。①

二、福建事变与中华共和国

20世纪30年代在反抗蒋介石专制独裁统治的过程中，尝试打出政权旗帜以相抗的，前有共产党人建立的中华苏维埃共和国，后有众多中间力量合作肇建的中华共和国。中华共和国的实际领导者和推动者是陈铭枢。

陈铭枢（1889—1965），广东合浦（今广西合浦）人，1927年任第四军副军长，参加北伐战争。1929年任广东省政府主席兼第十一军军长。1930年所部改为第十九路军，为"一·二八"淞沪抗战的主力。1932年5月，中日签订《淞沪停战协议》，坚持抗战的第十九路军被调往福建"剿共"。6月，陈铭枢愤而辞去本兼各职。

蒋介石政府对日本的一再妥协退让，在国民党内逐渐酿成一股反蒋抗日的潮流。② 据陈铭枢自述，"蒋介石杀害邓演达，又破坏十九路军淞沪抗战"，是自己与蒋氏矛盾激化的主因。③ 在国内的反蒋活动无果后，陈铭枢于1933年初偕欧阳予倩赴苏联等欧洲国家，由于对西方国家社会现状了解的加深，以及为众多旅欧中间派人士所促发，"建立新党、建立新政府等系列方案"逐渐成熟。④

与此同时，随着日本对华侵略步步加深，民族矛盾日益激化，各派力量开始酝酿合作反蒋，其中以闽粤桂三省的联络最为活跃。1933年6月，在国外游历半年有余的陈铭枢带着新设想、新希望回到福州。随后召开的陈

---

① 尚斐在回忆中称邓演达是民主革命的彗星，可谓取譬允当，形神兼似。尚斐：《民主革命的彗星邓演达遗事》，梅日新、邓演超主编：《回忆邓演达》，广州：广东人民出版社1999年版，第69页。

② 参见杨天石《20世纪30年代初期国民党内部的反蒋抗日潮流——读台湾所藏胡汉民资料》，《蒋介石与南京国民政府》，北京：中国人民大学出版社2007年版。

③ 朱宗震等编：《陈铭枢回忆录》，北京：中国文史出版社1996年版，第109页。陈铭枢与邓演达是同学兼同事，交谊甚笃，特别是在北伐战争中，关系尤为密切。邓演达回国运动反蒋时，陈铭枢是其在军界联络的最重要人物。邓为蒋所杀，是蒋陈矛盾激化的重要原因。参见吕乃澄《陈铭枢与"福建事变"》，民革中央宣传部编：《陈铭枢纪念文集》，北京：团结出版社1989年版，第34页。

④ 朱宗震等编：《陈铭枢回忆录》，北京：中国文史出版社1996年版，第116页。

（铭枢）、蔡（廷锴）、蒋（光鼐）、邓（世增）四巨头会议，一致商定了上、中、下三策：上策是闽粤桂三省联合反蒋，中策是闽桂联合图粤反蒋，下策是联共反蒋。① 方案确定后，陈铭枢等四出活动，积极运动联络。但由于以陈济棠为代表的地方实力派脑海中只有地盘和权力之私，对第十九路军采取实用主义的态度，致使三省联合未能取得实质性进展。② 在上、中两策难得要领的情况下，陈铭枢加紧了与中国共产党的联系，最终在早期中共党员陈公培的协助下，由第十九路军总部秘书长徐名鸿与中共中央局宣传部部长潘汉年，于10月26日正式签署《反日反蒋初步协定》，第十九路军也因此成为第一支与共产党达成协议、合作抗日反蒋的国民党军队。但是，共产国际与中国共产党领导人在"左"倾思想的主导下，压制党内正确意见，不但不准备认真履行双方协议，而且在宣传上表现出明显的敌意，③ 使第十九路军与红军联合、互为犄角的计划基本落空。

在缺乏有力呼应的情况下，陈铭枢执意打出反蒋抗日的大旗。1933年11月20日上午，福州市数万民众齐集市内公共体育场，与来自全国25个省市及华侨代表100余人共同参加了全国人民代表大会。大会通过的《人民权利宣言》指出，"中国革命之中断与年来中国殖民地化之加深以及人民的种种痛苦，皆蒋中正媚外残民之结果"，蒋氏国民政府"已彻底变为帝国主义者统治中国的工具"。为求中国独立自由起见，大会通过以下决议：

> 规定中国为中华全生产的人民之民主共和国，中国最高权力属于全国生产的农工及共同支持社会结构的商学兵之代表大会；中国国家之独立，为不可侵犯之最高原则；全国人民除背叛民族、剥削农工者外，有绝对之自由平等权。
>
> 规定施政目标及纲领为：实现农工生产人民之彻底解放；否认一切不平等条约；实行计口授田，一切森林矿山河道荒地概归国有；发展民族资本；人民有劳动之权利义务，一切劳动均受最大保护；人民享有身体居住、言论、出版等自由，同时负有武装保卫国家之义务。

---

① 陈碧笙：《闽变回忆》，中共福州市委党史资料征集委员会等编辑：《福建事变期间我党与十九路军关系问题讨论会专辑》，1982年版，第12～13页。
② 比较晚近的研究有：陈红民《两广与福建事变关系述论》，《近代史研究》2001年第4期；罗敏《从对立走向交涉：福建事变前后的西南与中央》，《历史研究》2006年第2期。
③ 张运洪：《论共产国际对"福建事变"的影响》，《党史研究与教学》2010年第5期。

规定当前任务有：号召全国反帝反南京政府之革命劳力，立即组织人民革命政府，打到以南京政府为中心之国民党系统；迅速召集第一次全国生产人民代表大会，制定宪法解决国是。①

当晚，大会主席团议决组织人民革命政府，全称为"中华共和国人民革命政府"，史称"福建人民政府"，推定李济深、陈铭枢、陈友仁、蒋光鼐、蔡廷锴、方振武（未到任，随后改选戴戟）、黄琪翔、徐谦、李章达、余心清（冯玉祥代表）、何公敢等11人为政府委员，李济深为主席。新政府设都福州，废止南京政府年号，以1933年为中华共和国元年，并废除原来的青天白日党国旗，使用翁照垣设计的新国旗。新国旗为上红下蓝中嵌黄五角星，其中红色代表工人，蓝色代表农民，黄色寓指光明正大，五角星象征生产人民的大联合。② 22日，中华共和国人民革命政府正式宣告成立。在次日发布的对内、对外通电中，人民革命政府号召全国民众"一致奋起，拥护革命政府，与蒋中正御用之国民党卖国政策作殊死战，以实现中华民族之最高理想"，警告列强勿与蒋介石政府"以任何借款，无论其为金钱，为商品，为军械"。③

福建人民政府虽没有得到其他军事实力派的支持，但却聚集了一批与蒋介石独裁专制统治素有嫌隙的政治派别，包括陈铭枢派（以神州国光社为主干）、第三党（以黄琪翔为首的100多名第三党党员在新政府中担任重要职位）、李济深派、冯玉祥派以及一些前中共党员等。为了在各派联合的基础上建立具有战斗力的核心力量，陈铭枢决定将再造新党的设想付诸实施。11月21日，即人民革命政府正式成立前一日，新政府的核心成员由李章达领衔通电全国，批评蒋介石"既甘为孙中山之叛徒，竟悍然实施其法西斯之恐怖幽暗政策，而国民党遂成为蓝衣化之蒋氏御用机关驯至国民党本身，无由自救"，宣布集体脱离国民党。④ 新政府也决定不再悬挂孙中山遗像，取消"总理遗嘱"和"总理纪念周"，显示出与国民党彻底决裂的姿态。以

---

① 《中国人民临时代表大会人民权利宣言》，福建省档案馆编：《福建事变档案资料》，福州：福建人民出版社1984年版，第12～13页。

② 卞杏英著：《蔡廷锴将军——从淞沪抗战到福建事变》，福州：福建人民出版社1994年版，第127页。

③ 《人民革命政府对内通电》、《人民革命政府对外宣言》，福建省档案馆编：《福建事变档案资料》，福州：福建人民出版社1984年版，第41、44页。

④ 《通电宣告脱离国民党》，福建省档案馆编：《福建事变档案资料》，福州：福建人民出版社1984年版，第32页。

陈铭枢为总书记的生产人民党随即面世。

生产人民党总纲草案规定,该党是"以直接生产的农工及由农工出身武装保护生产之士兵为最基本的成分"①,但最初的加入者主要是参与闽变的各政治派别。然而,素有"万流所宗"之称的陈铭枢②,虽然表面上将各有统系的各家各派统合进新党之中,但实无力将其锻造成一个为共同目标协力奋进的战斗核心。闽变失败之日,即为生产人民党解散之时。

福建事变发生于民族矛盾日趋尖锐的大背景下,兼之福建人民政府和生产人民党与国民党甚至孙中山切割的激烈做法,不但没有造成一呼百应的声势,反而为渊驱鱼为丛驱雀,使自身陷于孤军奋战的同时,也予南京政府以讨伐的"合法性"。事变发生后,全国舆论中亦不乏同情与支持的声音,但批评与指责的声浪显然占据上风。《东方杂志》刊载的一则评论颇有代表性。论者虽然注意到"李济深、陈铭枢等在福建组织独立政府,其立场显与从来之军阀有别",但"国难之深重,不当再有内讧",认为闽变实为"轻举妄动"、"冒天下之大不韪"之举。③ 素以"客观"、"中立"形象议政的胡适也指出,"抗日救国"虽为万众心之所属,"但他们心坎里明白:必须先有个国家,然可以讲抗日救国。挂了'抗日救国'的招牌,事实上却是要使一个无力的政府更无力,要使一个不团结的国家更分裂:这就使人人都看得透的'挂羊头,卖狗肉'了"④。可见,受制于天时,福建事变在时论中明显处于不利的地位。在同一篇文章中,胡适认为闽变由"反蒋"一变而为"反国民党",颇为"耐人寻味",断言"胡汉民、陈济棠、李宗仁、白崇禧诸人是不能在这个反国民党的旗帜之下和他们合作的"。⑤ 诚如所见,此时的胡汉民虽热心于联络各路诸侯反蒋,甚至组织新国民党以与蒋氏国民党相抗,"但是,福建方面改国号,造新党,特别是联合共产党等做法,都超出了胡汉民所允许的范围"⑥,是以事变之后立即表态与福建方面划清界

---

① 《生产人民党总纲草案》,福建省档案馆编:《福建事变档案资料》,福州:福建人民出版社1984年版,第55页。

② 这一称呼非常形象地传达出陈铭枢社会联系广泛的特点。《陈铭枢与"福建事变"》,民革中央宣传部编:《陈铭枢纪念文集》,北京:团结出版社1989年版,第34页。

③ 允恭:《国难中之闽变》,《东方杂志》第30卷第24号,1933年12月。

④ 胡适:《福建的大变局》,《独立评论》第79号,1933年12月3日。

⑤ 胡适:《福建的大变局》,《独立评论》第79号,1933年12月3日。

⑥ 杨天石:《胡汉民的军事倒蒋密谋及胡蒋和解》,《蒋介石与南京国民政府》,北京:中国人民大学出版社2007年版,第338页。

限。"南天王"陈济棠本来就与陈铭枢积不相能，事变前对福建方面的运动一直虚与委蛇，事变后在蒋介石的金钱攻势下很快倒戈相向。李宗仁、白崇禧虽有心相助，但在反蒋各派瞻顾观望的情势下，也始终没有迈出切实援闽的实质性步伐。①

各路反蒋势力的袖手旁观，使福建人民政府和第十九路军陷入孤军奋战的境地，在蒋介石的重兵围剿下，福建事变在坚持50余天后即告失败，主要领导人李济深、陈铭枢、蒋光鼐、蔡廷锴、陈友仁、徐谦等亡命香港，继续从事抗日反蒋活动。福建事变虽坚持未久，却给中国共产党提供了一个极好的重新检视自身政略与策略的镜像。事变发生后，由于中国共产党采取关门主义政策，为蒋介石造成了各个击破的良机。福建事变被迅速镇压后，蒋介石旋即调转枪口，集中全力对中央苏区发动第五次"围剿"，红军被迫长征。惨痛的教训使中国共产党开始反思与清算革命斗争中的关门主义。1935年12月27日，毛泽东在陕北瓦窑堡会议上发表重要讲话，批评党内长期流行的认为民族资产阶级不可能与工人农民联合的错误观点，并特别以福建事变为例，指出无论代表民族资产阶级的"蔡廷锴们将来的事业是什么，无论当时福建人民政府还是怎样守着老一套不去发动民众斗争，但是他们把本来向着红军的火力掉转去向着日本帝国主义和蒋介石，不能不说是有益于革命的行为"②，从而决定调整策略，确定建立与民族资产阶级联合的抗日民族统一战线。中国共产党在策略上的转变与成熟，为第二次国共合作、全民族团结抗战局面的形成准备了条件。

三、革命之外：知识阶层的梦想与进取

1932年11月，在舆论界居于举足轻重地位的《东方杂志》发起"于一九三三年新年大家做一回好梦"的活动，就"先生梦想中的未来中国是怎样"、"先生个人生活中有什么梦想"这两个问题向全国各界知名人士征求答案。在1933年第1号刊出的《新年的梦想》中，共有142人一吐衷肠。据该刊记者所作的统计分析，这100多人主要来自京沪平等各大城市，"以中等阶级的自由职业者为最多"，"中间尤以大学教授、编辑员、著作家及

---

① 蒋光鼐：《对十九路军与"福建事变"的补充》，中国人民政治协商会议全国委员会文史资料研究委员会编：《文史资料选辑》第59辑，北京：文史资料出版社1979年版，第130～132页。

② 毛泽东：《论反对日本帝国主义的策略》，《毛泽东选集》第1卷，北京：人民出版社1991年版，第142～162页。

新闻记者、教育家为最多",所以他们所做的"梦""虽然不能代表四万五千万人的'梦',但是至少可以代表大部分智识分子的梦了"。① 当然,上百人集体做"白日梦",既由于思想背景、政治立场、对时代感知及问卷把握等方面的差异而各具个性化色彩,亦因文化传统与时代背景等方面的共通性而具有同一化特征。

在对未来中国的憧憬中,柳亚子、谢冰莹、郁达夫、章克标、谢六逸、顾凤城、伊罗生、陈时等相当一部分人梦想着大同世界的实现。众人集体梦中的大同世界或乌托邦情结,部分源自中国历史文化传统,部分与近代以来空想社会主义对中国社会的持久渗透密切相关。这种高远虚悬的理想之境,表面观之不过是对前人理想的重述,但敏感的记者还是读出其背后潜藏的时代意涵:"实在对于未来中国的梦想太广大了,所以单把过去和现在的乌烟瘴气的中国扩大了,不能满足一般人的梦想。一般人所希望的却是脱皮换骨改造过后的新中国!这新中国假令在现实中不会出现,至少在梦想中却是应有的。"②

与上述隐晦曲折地表达对时代的看法不同,更多人的梦想直接透显出对政府、对时局的强烈不满。大夏大学教授梁园东梦想"我们的社会成为一个以自己为中心的社会,而不要再是一个以政府为中心的社会","如果政府是不得已的,那末我就梦想一个政府,他至少是一个不怕人讲话的政府";上海市政府参议武育幹梦想"那时的中华民国是一个真正名符其实的'民'国,不是实际上的什么'军'国、'匪'国、'官'国、'X'国";北京大学教授李宗武希望"中国的军人不要只能内战,不能抗外","军事当局不要只知剿共,不知御侮","中国民众能监督政府,使政府不为少数军阀所私,使政府为民众全体的政府";读者何法甚至呼唤"新式'洪秀全'复活,率领了新的'太平军','天朝'的历史一页一页地翻开了";《读书杂志》特约撰述员彭芳草直言"未来的中国,政府不守无抵抗主义,也不向国际联盟求救"。

如果说受残酷现实的沉重压迫,上述诸人仍有所期,另部分人只能是噩梦连连,甚至丧失了做梦的能力。巴金说,"在现在的这种环境中,我连做梦也没有好的梦做,而且我也不能够拿梦来欺骗自己";老舍"对中国将来的希望不大,在梦里也不常见着玫瑰色的国家";神州国光社编辑胡秋原虽然有梦,但"有点绝望于现在";中华书局编辑周宪文虽努力做一场好梦,

---

① 《新年的梦想》,《东方杂志》第 30 卷第 1 号,1933 年 1 月 1 日。
② 《新年的梦想》,《东方杂志》第 30 卷第 1 号,1933 年 1 月 1 日。

但不幸转瞬间变成了人与人之间"互相屠杀，愈杀愈凶"的恶梦；画家钱君匋梦见"未来的中国是一团糟"，"因为照目前的情形而看而推测，要他不一团糟，无论如何也做不到的"；孙伏园坦言："在这昏黑的年头儿"，包括自己在内实无梦想的闲暇。

1933年中国知识阶层的集体梦，总体悲观色彩浓烈，既体现了他们对南京国民党政权对内专制独裁、对外妥协退让的强烈不满，也反映了知识阶层救国无由的愤懑心绪。正如记者注意到的，100多人中仅"有几位先生所梦想的中国，不是一个含糊的轮廓，而是一个完密周详的设计"①。换而言之，知识阶层普遍不满于国共路线的同时，他们中的多数人此时尚未形成一幅明确的救国路线图。

余英时先生指出，20世纪20年代末，中国知识阶层已经由传统的"士"转化为现代的知识分子，后者在政治上虽居于边缘化的地位，但仍"往往以边缘的身份念念不忘于中心的任务"②。作为主要受欧美影响成长起来的现代知识精英，他们所念兹在兹的"中心的任务"是西方民主政治在中国的实现。为了推动这一目标的实现，他们对南京国民党政府诉诸的主要方式有言论干政及组织反对党。

言论干政的典型当然是知识界领袖胡适。1932年底胡适本来受邀做梦，但可能由于诸事牵缠，梦没有做完，所以未见刊出。但从这个不太完整的梦境中，还是可以见出自由主义者胡适的政治追求：

> 话说中华民国五十七年（西元一九六八）的双十节，是那位八十岁大总统翁文灏先生就职二十年的纪念大典，老夫那天以老朋友的资格参预那盛大的祝典，听翁大总统的演说，题目是《二十年的回顾》。他老人家指出中华民国的改造史，可分为两个时期：第一时期是"统一时期"，其中最大的事件是：
> 全国军人联合通电奉还政权（三十七年）
> 元老院的成立，容纳③

---

① 《新年的梦想》，《东方杂志》第30卷第1号，1933年1月1日。
② 余英时：《中国知识分子的边缘化》，《中国知识分子论》，郑州：河南人民出版社1997年版，第166～169页。
③ 《胡适为〈东方杂志·新年的梦想〉栏所写的应征答案》，中国社会科学院近代史研究所中华民国史组编：《胡适来往书信选》下册，北京：中华书局1980年版，第576页。

胡适梦想，1948年军人还政于民，知识精英担任总统，民主政治得以实现。而其所设想的中华民国史改造史的第一时期，也大体可与孙中山建国程序中的军政合训政阶段相对应。

对于造就中华民国的辛亥革命，胡适的基本认识是"破坏方面确是有了绝大的成绩"，"是后来一切社会改革的开始"，但在建设方面却力有未逮，亟待后来者的持续努力。① 胡适本人的努力之途因个人认识、所处地位的不同前后略有变化。1917年胡适由美返国之初，有见于中国政治的黑暗，曾立下"二十年不谈政治"的宏誓，希望从思想文化方面为中国政治造就革新的基础。但现实政治的风雨不断袭来，作为青年思想领袖的胡适很难长期规避于政治之外，他与政治关系的底线慢慢由"不谈政治"调整为"不干政治"。应该说，胡适一生大体信守"不干政治"的原则，其参与政治的方式主要侧重于"谈"的层次。

胡适参与政治的方式选择，与其本人的认识与兴趣偏好颇为相合。在他看来，政论家不一定非要入于政党一途，完全可以在政党之外发挥效用。他将政论家分为"服从政党的政论家"、"表率政党的政论家"与"监督政党的政论家"三种。前两种角色由于党派立场的限制存在一定的局限，第三种则由于其"超然"的地位，只有政见，没有党见，不但可以充当党派政治的润滑剂，而且可以影响各政党政策，所以"这种独立的政论家，越多越有益，越发达越好"②，胡适终其一生扮演的就是这一角色。

就胡适谈政治的内容来看，他比较强调宪政、法治、人权与自由。1920年发表的、被认为促成中国自由知识分子群体聚集的《争自由宣言》③，非常直接地反映了胡适等在军阀统治之下的主体诉求。两年后，胡适、丁文江等"好人"们结社办刊，"努力"、"奋斗"，在政治方面的首要要求是有一个"宪政的政府"，"因为这是使政治上轨道的第一步"。④ 南京国民政府建立之初，胡适一度寄予厚望，但由于国民党政府所推行的"白色恐怖"政策与党化措施，使胡适渐渐由希望变成了失望，与国民政府的关系也由亲近变为疏离。1929年，胡适等人因为向政府要约法、要人权，而与国民党爆发了"人权"与"约法"论战。在论战中，胡适并未与陈德徵之流缠斗，

---

① 胡适：《双十节的感想》，《独立评论》等122号，1934年10月14日。
② 适（胡适）：《政论家政与党》，《努力周报》第5期，1922年6月4日。
③ 章清著：《"胡适派学人群"与现代中国自由主义》，上海：上海古籍出版社2004年版，第59页。
④ 蔡元培等：《我们的政治主张》，《努力周报》第2期，1922年5月14日。

而是将批评的锋芒直指孙中山的思想和国民党"以党治国"的意识形态，并认为现在的国民党是一种守旧势力充斥的"反动局面"①。

胡适对孙中山的批评，虽然引起了国民党的强烈反弹，作为学生兼朋友的傅斯年也不无微词②，但他显然不准备放弃"只会批评人'干'"的言论事业。《人权与约法》一文写就当日，胡适在日记中写道："我总觉得丁西林说的话不错：'向来人说多一事不如少一事。今日我们应该相信少一事不如多一事。'此文之作也是多一事也。"数日之后，胡适读王安石诗作后不禁有感而发："人生固然不过一梦，但一生只有这一场做梦的机会，岂可不努力做一个轰轰烈烈像个样子的梦？岂可糊糊涂涂懵懵懂懂混过这几十年吗？"③ 然而梦虽可以如人权与约法论战一样做到"轰轰烈烈"，其对政治的影响却难言收获实效。

人权与约法论战之后，胡适与国民党的关系渐趋转暖，他也本着"补偏救弊"的"修正"态度继续充当南京政府的"诤臣"。④ 1932年在国难的背景下，他和一班同人"笔墨报国"⑤，创办《独立评论》。⑥ 但民族危机的加深，使胡适等人不得不再次审视自己的政治角色，学者从政成为众多知识分子的共同选择。胡适一开始虽然对一众友好蜂拥进入政府做官有所保留，但在全面抗战爆发之后，自己也不能不奋勉驰驱，充当起"过河卒子"。

作为自由主义者的胡适一向信从改良而非革命是社会政治进步最经济、最有效的手段，但由于缺乏必要的制衡手段，通过言论事业构筑民主体制的建设之梦实属飘渺难及。美国学者周明之对胡适问政的困境和心绪有较为细

---

① 胡适：《新文化运动与国民党》，欧阳哲生编：《胡适文集（5）》，北京：北京大学出版社1998年版，第585页。

② 1929年4月27日胡适日记："傅孟真说：孙中山有许多很腐败的思想，比我们陈旧的多了，但他在安身立命处却完全没有中国传统的坏习惯，完全是一个新人物。我们的思想新，信仰新；我们在思想方面完全是西洋化了；但在安身立命之处，我们仍旧是传统的中国人。中山肯'干'，而我们都只会批评人'干'，此中山之不可及处。"胡适显然认同这样的批评。胡适著、曹伯言整理：《胡适日记全编》（5），合肥：安徽教育出版社2001年版，第404页。

③ 胡适著、曹伯言整理：《胡适日记全编》（5），合肥：安徽教育出版社2001年版，第404、419页。

④ 胡适著、曹伯言整理：《胡适日记全编》（5），合肥：安徽教育出版社2001年版，第448页。

⑤ 胡适：《独立评论的一周年》，《独立评论》第51号，1933年5月21日。

⑥ 关于《独立评论》比较晚近的全面研究有张太原著：《〈独立评论〉与20世纪30年代的政治思潮》，北京：社会科学文献出版社2006年版。

腻的把握：

> 胡适与当权者的关系总是很暧昧的。由于赞成非暴力的变化和不愿纠缠于恶劣环境之中，他总是处于愤怒的情绪和深感自己无力之中。胡适严厉批评有权势的政府，因为它们不能维护人类的基本尊严并有效抵抗外国侵略；他不倦地要求政府渐进而且能系统地自我改良并给人民各种应该享有的合法权利。但是，由于自身并不能影响政府，胡适总是支持维持现状，总是希望走入歧途的政治家能有某种程度的良心自觉，希冀现状提供的这一点少得可怜的稳定能为他的精神努力提供一些珍贵的时刻。①

与往往寄希望于当权者良心发现的言论事业相比，胡适也曾有过组织政党的短暂冲动②，但最终并未化作行动。20 世纪二三十年代恰值民国时期两次组党热潮的中歇期，处身国民党建立的"党外无党"的高压统治，绝大多数知识分子对抗强权政治的方式基本是个人而非组织的。这一时期活跃于政坛试图扮演反对党角色的仅有中国青年党、中国国家社会党等。

中国青年党于 1923 年底在法国巴黎成立，其主要成员均曾参加少年中国学会，该群体聚集组党的重要目的是为了与共产党竞争，宣扬其国家主义理念。"四一二"反共清党未久，青年党领袖曾琦即声言本党"反共不反国"，"国家主义者对国民党向来具有同情，认为宗旨无大冲突"③。是年 7 月召开的中国青年党第二次全国代表大会，决定了"在夹攻中继续奋斗，一面反共、一面反党治"的方针，其在国民党治下充当反对党的角色就此定位。④ 履行职责之始，青年党反对国民党一党专制和训政理论，鼓吹实行多党政治和民主宪政，活动颇形活跃。1935 年前后，在青年党内部分化及民族矛盾激化的背景下，青年党与国民党的关系有所调整，转向以合作为

---

① （美）周明之著：《胡适与中国现代知识分子的选择》，雷颐译，成都：四川人民出版社 1991 年版，第 156～157 页。孙郁在研究中称胡适为"微笑的异端"，颇为形象。孙郁著：《微笑的异端：影像中的胡适》，沈阳：辽宁人民出版社 2008 年版。

② 胡适著、曹伯言整理：《胡适日记全编》（4），合肥：安徽教育出版社 2001 年版，第 239 页。

③ 曾琦：《国共两党决裂后吾人对国民党之态度及忠告》，陈正茂等编：《曾琦先生文集》（上），台北：中央研究院近代史研究所 1993 年版，第 162、163 页。

④ 周淑真著：《中国青年党在大陆和台湾》，北京：中国人民大学出版社 1993 年版，第 88、89 页。

基调。

中国国家社会党于 1932 年 4 月在北平秘密成立，其主脑人物是张君劢。受西方思想的影响，张君劢一直致力于政党政治的实践，以图将西方式的民主政治移植国内。国社党所标举的政治理念是由"修正的民主政治"、"渐进的社会主义"与文化上的民族主义三者构建的"国家社会主义"理论，"其实质是要变专制独裁为资产阶级的民主政治，变思想统制为思想自由，同时在维护私有财产制度的前提下，实行国家资本主义政策，以加强国家的经济竞争能力"①。在国民党一党专制的统治下，国社党围绕政纲所进行的一系列组织和宣传活动不但只能处于半公开状态，而且受到持续打压，其影响始终只能局限在某些知识分子群体之内。

1939 年 4 月，国社党领袖张君劢与青年党领袖曾琦联袂致函蒋介石，对党派关系修好之后的国民党挤压两党生存空间的做法深表不满，对书生问政只能"以大义相责难，以空言相维系"②颇感无奈。这种困境与难局既是当下"在野党"与"在朝党"关系的具体反映，也为南京政府初期乃至整个民国时期试图在国共之外开出第三条道路的书生政治的真实写照。

第二节 抗战与建国：国共的合与离

一、三民主义与抗日民族统一战线的形成

全面抗战爆发前夕，国共二度携手大局初定，时人不禁感慨系之："现在国难临头，民族的生死存亡，决于一战……对立已有了十年的历史的国共两党，照过去的情形，似乎绝对没有携手的可能。可是'兄弟阋墙外御其侮'的中心意识尚未消灭在每个愿为国家危亡前途打算的两党的同志间，竟毅然放弃自己过去的主张，决定把要求中华民族解放这一目标放在第一位，而跟中央一致对外"；并断言："两党所结成的统一战线，将形成中国革命的一个新阶段，并且将完成其伟大的前途"。③ 的确，经历长期政治和军事尖锐对抗的国共两党，能够捐弃前嫌再度合作，共同为民族的生存与独立而战，让许多人为之惊喜交织。而这一局面的造成，除了民族主义意识的

---

① 郑大华著：《张君劢学术思想评传》，北京：北京图书馆出版社 1999 年版，第 14～15 页。
② 中国第二历史档案馆：《张君劢、曾琦致蒋介石函》，《民国档案》2002 年第 1 期。
③ 杜远著：《国共合作的未来》，上海：国难研究社 1937 年版，第 13～15 页。

作用，也与国共两党"放弃自己过去的主张"，从原先的立场有所后退，向第一次国共合作时期的思想基础某种程度地回归密切相关。

1927 年第一次国共合作彻底破裂后，国民党对曾经的盟友施以血腥的镇压和军事上的围剿，共产党人认识到"往日的国民党是各阶级反帝国主义的革命联盟，叛变后的国民党完全成为帝国主义的新工具"，"推翻帝国主义和国民党的统治"是中国革命的唯一前途。① 这样的生死对抗使共产党人在高倡自身意识形态的同时，也对国民党所标举的三民主义大加挞伐：

> 三民主义曾经是辛亥革命以来的口号，现在完全变成为反辛亥革命的旗帜。孙中山的三民主义恰好是代表不彻底的薄弱的狡猾的中国资产阶级之本性，中国资产阶级是从帝国主义和地主阶级难产出来的，故一面与二者冲突（不彻底的革命性之来源），同时又与二者有密切的关系（彻底的反革命性质来源），所以孙中山一开始号召革命，同时即预备了反革命的理论基础……
>
> 孙中山三民主义在与中国共产党及国际无产阶级合作时代，提高了不少革命性，蒋派汪派整个国民党背叛以后，就同着民族资产阶级完全消失其革命作用而成为反革命的旗帜。现在只有不停的在群众面前撕破这反革命旗帜，才能达到辛亥事业之最后完成。②

1931 年九一八事变后，民族矛盾日益上升，社会各界强烈要求停止内战一致对外。南京国民政府在蒋介石的主导下一意孤行，施行其"安内攘外"实质对日不断妥协退让的政策；国民党系统的各地方实力派在反对蒋介石专制独裁与维护自身利益之间，与国民党中央不断上演着分分合合的闹剧；共产党虽然意识到抗日统一战线的重要性，但在国共两党意识形态和政治军事高度对抗的背景下，采取的是对国民党下层统战，进而打倒蒋介石、消灭国民党的政策。国内各实力集团的针锋相对，使得中国在民族危机日深之际内战烽烟依然不息。

僵局的打破首先来自中国共产党政策的改变。1935 年 7 月共产国际在莫斯科召开第七次代表大会，面对已经并正在发生重大变化的国际形势，决定调整先前的统一战线策略，提出建立广泛的反法西斯统一战线，在殖民地

---

① 蔡和森：《国民党反革命统治下的辛亥革命纪念》，湖南人民出版社编：《蔡和森文集》（下），长沙：湖南人民出版社 1979 年版，第 189 页。

② 蔡和森：《国民党反革命统治下的辛亥革命纪念》，湖南人民出版社编：《蔡和森文集》（下），长沙：湖南人民出版社 1979 年版，第 192 页。

和半殖民地国家,共产党的主要任务是建立反对帝国主义的民族统一战线。在共产国际正确方针的指导下①,中共中央代表团发表《为抗日救国告全体同胞书》(即《八一宣言》),指出中华民族已到"抗日则生,不抗日则死"的生死关头,全国各党派应有"兄弟阋于墙外御其侮"的真诚觉悟,共组"国防政府"和"抗日联军",停止内战,团结抗日。② 12月下旬,在长征中已逐渐肃清"左"倾关门主义影响的中共中央召开瓦窑堡会议,正式确立抗日民族统一战线策略。不过这时的统战政策虽在统战对象等方面有重要变化,但依旧将蒋介石与日本并列为打倒的对象。

与此同时,蒋介石在深知中日战争无可避免的情况下,开始对外积极改善与苏联的关系,对内多渠道寻求与中共接触,企图借助苏联以政治方式加快解决"共党问题"。出于对日本帝国主义的担忧,苏联也迫切希望国共联合。在内外条件均已发生变化的情况下,中国共产党的抗日统一战线策略逐渐由"反蒋抗日"向"逼蒋抗日"演进。

经过1936年上半年国共间多渠道的接触与试探,中国共产党意识到与国民党结合成全民族统一战线的可能性,而在将这种可能性转变为现实性的过程中,中国共产党采取的主要策略之一就是将自身的思想立场后撤,回复第一次国共合作的思想原点,将三民主义作为两党合作共同抗日的思想基础。

6月20日,中共中央致书国民党二中全会,以孙中山的反帝革命精神相劝勉,希望国民党人没有忘记总理遗志,"为中国的自由平等而英勇奋战"③。8月14日,毛泽东致函宋子文,深望"时有抗日绪论"的宋氏能够"竿头更进,起为首倡,排斥卖国贼汉奸,恢复贵党一九二七年以前孙中山先生之革命精神,实行联俄联共农工三大政策"④。25日,中国共产党致书

---

① 共产国际对中共统一战线政策的影响,参见(俄)K.B.库库什金《共产国际和中国共产党的抗日民族统一战线策略》,《共产国际与中国革命》,徐正明、许俊基等译,成都:四川人民出版社1987年版,第323~343页。

② 《为抗日救国告全体同胞书》,中央统战部、中央档案馆编:《中共中央抗日民族统一战线文件选编》(中),北京:档案出版社1985年版,第12~18页。

③ 《中共中央致国民党二中全会书》,中央档案馆编:《中共中央文件选集》第11册,北京:中共中央党校出版社1991年版,第46页。

④ 毛泽东:《给宋子文的信》,中共中央文献研究室编:《毛泽东文集》第1卷,北京:人民出版社1993年版,第420页。

中国国民党,对国民党内外政策未作彻底改变表示"非常失望"①,敦促国民党"恢复孙中山先生革命的三民主义精神,重振孙中山先生联俄、联共与扶助农工三大政策,把自己的'心思才力'去贯彻革命的三民主义与三大政策的'始终','贯彻'孙中山先生革命遗嘱的'始终',坚决地担负起继承孙中山先生革命事业的责任"。② 9 月 18 日,毛泽东在给宋庆龄的信中,冀望宋庆龄"利用国民党中委之资格作具体实际之活动","唤醒国民党中枢诸负责人员",迅速改正种种"违反孙中山先生革命的三民主义与三大政策之行为"。③ 22 日致蔡元培函中,毛泽东同样希望蔡元培利用个人影响力坐言起行,督促南京政府彻改前非,"实行真正之抗日作战,恢复孙中山先生革命的三民主义与三大政策"④。

除了这种思想上的宣示勾起国民党人的集体记忆、为国共两党的再度合作构建思想基础外,中国共产党对抗战统一战线的形式与目标的设定也不断从激进化立场上后撤。在 8 月致国民党书中,共产党郑重表示"赞助建立全中国统一的民主共和国","全中国统一的民主共和国建立之时,苏维埃区域即可成为全中国统一的民主共和国的一个组成部分"。⑤ 9 月 23 日,毛泽东在同斯诺谈话中重申了这一主张。

然而,蒋介石虽然没有拒绝与共产党联手的可能性,但出于对红军问题的担忧,始终不愿放弃消灭中共武装的政治算盘。甚至在绥远抗战已经打响、国内抗日情绪高涨的形势下,不惜冒天下之大不韪,于 12 月初亲赴西安督促"剿共"军事,从而导致西安事变的发生。⑥

西安事变和平解决后,蒋介石对共产党依旧疑虑重重,但不得不放弃军事上"剿共"的打算,将双方博弈场所转移到谈判桌上。共产党在谈判的

---

① 毛泽东:《中国共产党致中国国民党书》,中共中央文献研究室编:《毛泽东文集》第 1 卷,北京:人民出版社 1993 年版,第 425 页。
② 毛泽东:《中国共产党致中国国民党书》,中共中央文献研究室编:《毛泽东文集》第 1 卷,北京:人民出版社 1993 年版,第 431 页。
③ 毛泽东:《给宋庆龄的信》,中共中央文献研究室编:《毛泽东文集》第 1 卷,北京:人民出版社 1993 年版,第 441 页。
④ 毛泽东:《给蔡元培的信》,中共中央文献研究室编:《毛泽东文集》第 1 卷,北京:人民出版社 1993 年版,第 444 页。
⑤ 毛泽东:《中国共产党致中国国民党书》,中共中央文献研究室编:《毛泽东文集》第 1 卷,北京:人民出版社 1993 年版,第 429 页。
⑥ 杨奎松著:《国民党的"联共"与"反共"》,北京:社会科学文献出版社 2008 年版,第 339～344 页。

过程中，一再表示放弃武装暴动政策，服从三民主义，承认国民党的领导地位，并在军队改编等问题上作出重大让步。国民党内上层人物要求恢复孙中山三大政策的呼声也日益增强。在 1937 年 2 月召开的国民党五届三中全会上，宋庆龄与何香凝、冯玉祥、孙科、李烈钧等 14 人联合提出《恢复中山先生手订联俄、联共、扶助农工三大政策案》，就是这股潮流的典型反映。①5 月，在国共谈判已有大致结果的情况下，毛泽东在延安召开的中国共产党全国代表会议上发表长篇讲话，全面回顾了民族矛盾和国内矛盾的发展演变，指出目前国共关系已进入第二阶段，与前一阶段工作的主要任务是争取和平有所不同，现阶段的主要任务是"争取民主"。而对于共产党人对三民主义所应持有的态度及其与共产党革命纲领的关系也作了指导性的说明：

> 共产党是否同意三民主义？我们的答复：是同意的。三民主义有它的历史变化。孙中山先生的革命的三民主义，曾经因为孙先生与共产党合作加以坚决执行而取得人民的信仰……现在民族危机极端严重，国民党已不能照旧不变地统治下去，因而全国人民和国民党中的爱国分子，又有两党合作的迫切要求。因此，重新整顿三民主义的精神……两党重新合作，并领导人民坚决地实行起来，是完全适合于中国革命的历史要求，而应为每一个共产党员所明白认识的。
>
> 共产党人绝不抛弃其社会主义和共产主义的理想……但是共产党的民主革命纲领，与国民党第一次全国代表大会所宣布的三民主义的纲领，基本上是不相冲突的。因此我们不但不拒绝三民主义，而且愿意坚决地实行三民主义，而且要求国民党和我们一道实行三民主义，而且号召全国人民实行三民主义。②

卢沟桥事变爆发后，特别是"八一三"淞沪开战，中日战争已扩展为两国间的全面战争。面对日趋紧张的战争形势，国共两党被迫加快谈判进度，在原先一些阻滞谈判进程的问题上达成了妥协。9 月 22 日，中央社播发周恩来于两个月前向蒋介石提交的中共中央宣言，共产党在宣言中表示：

---

① 宋庆龄：《恢复中山先生手订联俄、联共、扶助农工三大政策案》，《宋庆龄选集》上卷，北京：人民出版社 1992 年版，第 163～164 页。

② 毛泽东：《中国共产党在抗日时期的任务》，《毛泽东选集》第 1 卷，北京：人民出版社 1991 年版，第 259 页。

"孙中山先生的三民主义为中国今日之必需,本党愿为其彻底的实现而奋斗"①。次日,蒋介石发表公开谈话,承认共产党的存在,认为"此次中国共产党发表之宣言,即为民族意识胜过一切之例证","而其宣称愿为实现三民主义而奋斗,更足证明中国今日只能有一个努力之方向"。② 24日,目睹曾经兄弟相残的国共两党言归于好、重新携手,宋庆龄感动不已,同时不忘告诫两党记取国共分裂的"悲惨历史","诚信地友爱地团结成一体","把全民打成一片",完成反帝反封建使命,如是,则"孙中山先生死而有知,也应该含笑九泉了!"③

二、从合作走向对抗

全民族抗日统一战线的形成,为中华民族对抗暴日提供了重要保障,但强敌压迫之下取得暂时妥协的国共两党并未真正消除成见,也没有放下长期以来形成的相互间高度戒备与防范心理,两党间的矛盾随外部条件的变化随时存在触发的可能。

就两党均表认可的三民主义而言,表面观之,国共虽再度团结在三民主义的旗帜之下,但两党对三民主义的理解与解释实存在不可逾越的鸿沟。抗战期间国共两党均多次重申己方坚持三民主义的立场,而指责对方违背或歪曲三民主义,眼花缭乱之中彰显的是国共建国理想与意识形态的巨大差异以及两党关系渐行渐远的事实。

抗战爆发初期,鉴于国民党高度专制独裁的政治军事体制与全民族团结抗战的大局格格不入,共产党频频建议国民党改弦更张,实行革命的三民主义。8月下旬,中国共产党发表著名的《抗日救国十大纲领》,要求国民政府取消一切不利于全民族抗战的政策法规,"召集真正人民代表的国民大会,通过真正的民主宪法,决定抗日救国方针,选举国防政府"④。9月,共产党人进一步提出将"孙中山先生的三民主义"和《抗日救国十大纲领》作为两党合作的共同纲领,并明确指出当前问题的症结,"不是共产党信仰

---

① 周恩来:《中共中央为公布国共合作宣言》,中共中央文献编辑委员会编:《周恩来选集》上卷,北京:人民出版社1980年版,第76页。

② 《蒋介石:对中国共产党宣言的谈话》,中央统战部、中央档案馆编:《中共中央抗日民族统一战线文件选编》(下),北京:档案出版社1986年版,第823页。

③ 《宋庆龄:国共统一运动感言》,中央统战部、中央档案馆编:《中共中央抗日民族统一战线文件选编》(下),北京:档案出版社1986年版,第825~827页。

④ 《中国共产党抗日救国十大纲领》,中央档案馆编:《中共中央文件选集》第11册,北京:中共中央党校出版社1991年版,第327~330页。

不信仰实行不实行革命的三民主义的问题,反而是国民党信仰不信仰实行不实行革命的三民主义的问题"①。1938年3月,共产党就如何加强国内团结、如何组织和动员民众等问题向国民党提供了一系列意见,建议"遵照中山先生的精神,建立一种包括各党派共同去参加的某种形式的民主革命联盟,即由各党派、各团体拟定一统一战线纲领,作为各方宣传鼓动共同遵守的方针"②。

然而,中日大战固然向国民党提出凝聚全民族力量的客观要求,但国民党唯我正确、唯我独大的传统思维显然仍占据着支配性的地位。在一本这一时期出版的宣传国民党与抗战建国关系的著述中,作者对国民党的历史大为揄扬,称"中国近数十年来,政治上的变迁,革命运动的勃发,建设事业的推进,都是以中国国民党为中心。所以就中国现代史来说,中华民国和中国国民党实有不可分的关系,中国国民党实际上就是中华民国的骨干,也可以说是先天的中华民国。一部中国国民党党史,就是一部中华民族求解放自由独立的奋斗史。也就是一部中华民国的建国史"③,这种宣传论调清楚地反映出国民党企图独占抗战领导权的用心。

这样的意图在1938年3月底4月初召开的国民党临全大会以及会议通过的《抗战建国纲领》中也有充分的显现。临全大会与《抗战建国纲领》虽然较为全面地提出了国民党推动抗战的各项方针,宣示了国民党顺应大局积极抗敌的决心,但在关涉整个抗战前途的政治体制的改革上,却无视共产党和社会各界的强烈呼声,无视全民族动员的客观需要,继续维持国民党一党专政,且朝着强化蒋介石个人独裁地位的方向迈进。在4月1日发布的临时大会宣言中,国民党一方面坚称"中国以立国的基本精神而论,自有三民主义为最高之信仰,惟当努力以求其实现,决不曲意诡随,以自丧其所守",一方面实曲意从己,违背国民党一大精神,对三民主义重新进行解释,且将批评的矛头直指共产党与社会各界的系列主张。如在阐释民族主义时,力辟"人道主义者"所抱持的"世界主义"理想与"社会主义者"所信仰的"国际主义",认为这两种主张只会招致国人思想混乱、意志散漫,

---

① 毛泽东:《国共合作成立后的迫切任务》,《毛泽东选集》第2卷,北京:人民出版社1991年版,第367、369页。

② 《中共中央对国民党临时全国代表大会的提议》,中国人民解放军政治学院党史教研室编:《中共党史参考资料》第8册,出版单位不详,1979年版,第147页。

③ 朱子爽编:《中国国民党与抗战建国》,重庆:中国文化服务社1939年版,第1页。

实肇亡国惨祸之端。救治之方就是立行"发扬民族之固有道德，恢复民族之自信力"的民族主义。这种对民族主义的理解显然与国民党一大大相径庭。而在阐释民权主义、民生主义时，则大谈抗战时期的特殊需要，强调政府拥有"紧急处分之权"，坚决杜绝"阶级斗争"等。①

国民党不愿放弃党治，不愿与共产党等其他党派分享抗战的领导权，其所设想的如意算盘是通过谈判使共产党放弃独立性，从而达到消灭共产党组织于无形的目的。

抗战爆发后，国共两党就如何密切两党关系、解决合作的组织形式问题一直进行商讨，共产党所提出的"民主革命联盟"以及共产党人跨党加入国民党的方式均遭蒋介石的拒绝，蒋氏非常直白地向共产党谈判代表陈绍禹、周恩来等人提出："共产党员退出共产党，加入国民党，或共产党取消名义将整个加入国民党，我都欢迎，或共产党仍然保存自己的党我也赞成，但跨党办法是绝对办不到。我的责任是将共产党合并国民党成一个组织，国民党名义可以取消，我过去打你们也是为保存共产党革命分子合于国民党，此事乃我的生死问题，此目的如达不到，我死了心也不安，抗战胜利了也没有什么意义，所以我的这个意见，至死也不变的。"② 将"溶共"看得高于抗战的蒋介石，与高度珍视统一战线中独立自主的毛泽东等人自然是圆凿方枘，国民党重回反共的老路只是时间问题。

抗战进入相持阶段后，日本重新检讨侵华方针，转而采用武力与诱降相结合的策略。在日本的大力策动下，国民党集团迅见分化，汪精卫集团公开投敌。在内外形势均已呈现重大变化的情况下，国民党于1939年1月下旬召开五届五中全会。会议一方面重申继续抗战的意向和决心，一方面将与共产党的斗争确定为新阶段的工作重心，并拟定了多种"溶共"、"防共"、"限共"、"反共"方法，会后迅速下发执行。自此，中国国民党的抗战政策发生重要变化，即由初期的反抗日本侵略者为主转向抗日与反共并重。

国民党中央的反共决策使地方上本来就充满矛盾与对立的国共关系迅趋白热化，国民党也由政治上的限共急速滑向军事上的反共，并在1939年冬1940年春掀起了第一次的反共高潮。对于国民党顽固派的进攻，共产党采

---

① 《国民党临时全国代表大会宣言》，章伯锋、庄建平主编：《抗日战争》第3卷（上），成都：四川大学出版社1997年版，第85～95页。

② 《陈绍禹、周恩来等关于一个大党问题与蒋介石谈判情况向中央的报告》（1938年12月13日），中央统战部、中央档案馆编：《中共中央抗日民族统一战线文件选编》（下），北京：档案出版社1986年版，第183页。

取了既斗争又团结、以斗争求团结的政策,希望藉此"限制他们实施反动政策的范围"①。但共产党在抗战时期政治军事实力的显著增长显然触动了国民党的敏感神经,通过军事斗争限制甚至消灭共产党及其军队成为国民党的基本决策。1941年1月,蒋介石在日本加紧进行军事进攻企图短期解决中国问题的背景下,悍然发动皖南事变,使第二次反共高潮达至顶峰。正如毛泽东等人所扼腕的,皖南事变令"敌伪抚掌,国人愤激,友邦惊疑","其对国内团结,实有创巨痛深之影响"。②事变之后,共产党人从抗战大局出发,虽然并未全面破裂与国民党的关系,但双方距离重续国共内战的历史其实仅有一步之遥。

国共两党的军事对抗乃至全方位的抗衡,实际也是两种不同建国理想的争持与角逐。中国共产党人的最高理想是实现共产主义,而于民主革命阶段的建国理想则顺应外部时势的需要,在抗战前后有过几次明显的变化。抗战前夕,共产党的建国主张由"工农共和国"一变而为"人民共和国",再变而为"民主共和国"。建国主张的频繁调整,显现的是共产党激进立场的不断后退,以及民族统一战线范围的持续扩大。对于国共合作大局已定背景下提出的"民主共和国"的性质与前途,毛泽东有较为周详的解答,指出:"我们的民主共和国,是在执行民族抗战任务的过程中建立起来的,是在无产阶级领导之下建立起来的,是在国际新环境之下(苏联社会主义的胜利,世界革命新时期的前夜)建立起来的。因此,按照社会经济条件,他虽仍是资产阶级民主主义性质的国家,但是按照具体的政治条件,它应该是一个工农小资产阶级和资产阶级联盟的国家,而不同于一般的资产阶级共和国。因此,它的前途虽仍然有走上资本主义方向的可能,但是同时又有转变到社会主义方向的可能,中国无产阶级政党应该力争这后一个前途。"③ 1939年5月4日,毛泽东在延安青年五四运动20周年纪念会上发表演讲,指出"我们现在干的是资产阶级性质的民主主义的革命,我们所做的一切,不超过资产阶级民主革命的范围",革命的"目的就是打倒帝国主义和封建主义,建立一个人民民主的共和国。这种人民民主主义的共和国,就是革命的

---

① 毛泽东:《目前抗日统一战线中的策略问题》,《毛泽东选集》第2卷,北京:人民出版社1991年版,第748页。

② 《共产党七参政员为重申不能出席本届会议理由复参政会函》,中央统战部、中央档案馆编:《中共中央抗日民族统一战线文件选编》(下),北京:档案出版社1986年版,第553页。

③ 毛泽东:《中国共产党在抗日时期的任务》,《毛泽东选集》第1卷,北京:人民出版社1991年版,第263~264页。

三民主义的共和国"。①

　　随着抗战相持阶段国民党"限共"、"反共"行为的日益外显,毛泽东在关于未来新中国的思考中也逐渐排除了资产阶级共和国的可能性。在1940年1月发表的《新民主主义论》中,毛泽东通过对古今中外各方面条件的分析,指出中国革命分两步走,"这个革命的第一步、第一阶段,决不是也不能建立中国资产阶级专政的资本主义的社会,而是要建立以中国无产阶级为首领的中国各个革命阶级联合专政的新民主主义的社会,以完结其第一阶段。然后,再使之发展到第二阶段,以建立中国社会主义的社会"②。

　　对于中国共产党所提出的另一种"新中国"及其在根据地所展开的试验,视社会风气之转移为建国成败之关键的国民党,③ 在政治、军事两种手段交相互用企图压制乃至消除影响的同时,也亟须适时就建国的一系列问题作出自己的回答,以占据舆论宣传的制高点。

　　1943年1月,中美、中英平等新约签订,被国民党视作"不仅是我们中华民族在历史上为起死回生最重要的一页"④,同样是抗战建国所取得的伟大成就。以此为契机,国民党以蒋介石的名义抛出了可被称作新建国纲领的《中国之命运》。⑤ 正如研究者所指出的,"蒋著的主题是,围绕不平等条约产生与废除的历史过程展开叙述,集中提出并回答一个问题:哪个党能够救中国"⑥,这样的论证策略与中国共产党颇为类似。《中国之命运》昭告全国民众,尤其是国民党一直努力争取的青年,往昔决定中国命运盛衰荣枯的不平等条约在国民党领导的国民革命中被成功取消后,今后国运"全在内政"⑦,而内政的前途仍系于国民党一身,因为"中国惟有三民主义是博大

---

①　毛泽东:《青年运动的方向》,《毛泽东选集》第2卷,北京:人民出版社1991年版,第562～563页。
②　毛泽东:《新民主主义论》,《毛泽东选集》第2卷,北京:人民出版社1991年版,第672页。
③　蒋中正著:《中国之命运》,重庆:正中书局1943年版,第187页。据张治中回忆,《中国之命运》发表时,蒋介石最关注的是对国民的教育意义,而对可能引发的负面影响并未深悉。张治中著:《张治中回忆录》,北京:中国文史出版社1985年版,第408页。
④　蒋中正著:《中国之命运》,重庆:正中书局1943年版,第118页。
⑤　刘会军:《〈中国之命运〉论析》,《史学集刊》1994年第3期。
⑥　邓野:《蒋介石关于"中国之命运"的命题与国共的两个口号》,《历史研究》2008年第4期。
⑦　蒋中正著:《中国之命运》,重庆:正中书局1943年版,第191页。

精深的思想，亦惟有国民革命是正大光明的路线，而且惟有中国国民党，他是领导革命创造民国的总枢纽，他是中华民族复兴和国家建设的大动脉。除此之外，在这个军政和训政时期之中，无论用何种名义，或何种策略，甚至于组织武力，割据地方，这种行动，不是军阀，至少亦不能不说是封建"①。

国民党高调抛出的"没有国民党，就没有中国"的论调，在共产党看来根本不值一哂。《解放日报》发表社论，通过国共两党军队抗战成绩的比较，套用《中国之命运》的表述方式，证明："如果今日的中国，没有中国共产党，那就是没有了中国。如果中国共产党革命失败了，那亦就是整个中国国家的失败。简单的说，中国的命运完全寄托在中国共产党。"② 共产党意识形态专家艾思奇批评蒋介石自认继承了孙中山先生真正的三民主义和知难行易的思想，但事实上在《中国之命运》中一无所见，"只有关于这些思想的一些空洞的名词，以及在这些名词装饰下的中国式的买办封建性的法西斯主义的政治学，和反对科学唯物主义，提倡迷信盲从的，法西斯主义的唯心论哲学"③。

1944 年是国内外形势出现重要变化的一年，从国际上看，世界反法西斯战争的形势取得重大突破，就国内而论，国共实力此消彼长，民主宪政运动风起云涌。在此背景下，出于多方面考虑，中国共产党开始提出和宣传废止国民党一党专政、建立联合政府的主张。④ 一党训政与联合政府也自此成为随后两年内中国政治交锋的主题。在 1945 年 4 月 23 日开幕的中国共产党第七次全国代表大会上，毛泽东致开幕词，指出现在"在中国人民面前摆着两条路，光明的路和黑暗的路。有两种中国之命运，光明的中国之命运和黑暗的中国之命运"，"我们应当用全力去争取光明的前途和光明的命运，反对另外一种黑暗的前途和黑暗的命运"。⑤ 在次日所作的长篇政治报告

---

① 蒋中正著：《中国之命运》，重庆：正中书局 1943 年版，第 198 页。
② 《没有共产党　就没有中国》，中国人民大学中共党史系资料室编：《中共党史教学参考资料　抗日战争时期（下）》（内部资料），1981 年，第 93～99 页。
③ 艾思奇等著：《论中国之命运》，重庆：晓光社 1946 年版，第 1 页。
④ 邓野在研究中指出，"第二次国共合作的成立方式，是一种成立于原有的一党训政秩序之内的合作方式，表现为执政党与在野党之间的、不对等的'朝野'合作方式。"联合政府的提出，表明中国共产党试图"变不对等的朝野合作为对等的朝内合作"。邓野著：《联合政府与一党训政：1944—1946 年间国共政争》导论，北京：社会科学文献出版社 2003 年版，第 5 页。
⑤ 毛泽东：《两个中国之命运》，《毛泽东选集》第 3 卷，北京：人民出版社 1991 年版，第 1025、1026 页。

《论联合政府》中，毛泽东详解抗战时期两条路线、两个前途之争，重申中国共产党的一般纲领和具体纲领，要求废止国民党一党专政，建立民主的联合政府。①

联合政府主张提出后，得到社会各界的热烈响应，包括国民党内的一些人士也认为不失为解决国共政争的一种方式，但为同时期召开的国民党六全大会明确拒绝。国民党六全大会无论是在战后政治的设想还是国共关系的处理上都未能表现出新思维，依旧重弹战后召开御用国民大会"还政于民"以及政治解决"共党问题"的老调。革命时代中国政局的任何变动，最终均取决于当事各方实力的比对。国共战时因企求政治解决而出现的和平之局，战后将随共同敌人的失去而一并俱去，战争成为双方共同选择的最终解决之道。

三、中间势力与抗战建国

抗日战争时期，影响国共关系的一个重要变量就是代表中小资产阶级和广大中间人群利益的中间势力。中间势力因全民族团结抗战而在政治上日渐活跃，并由分散趋于整合，1941年成立的中国民主政团同盟就是这股政治力量的重要代表。中间势力这一称呼非常形象地反映了居于国共之外、之间的政治主张与立场，它在政治舞台上的重要性也往往随国共关系的离合而增减。

全面抗战爆发后，国民政府在全国人民的强烈要求下，部分开放党禁，组织容纳各党派和社会贤达的国民参政会。国民参政会自成立之日起即承载着多项职能，它既是各党派意见沟通与交锋的重要场所，也是在野党派反映民意、推动政治民主化进程的主要平台。中间党派在调解国共关系、向国民政府要求结束党治及实行民主宪政的过程中，迫切需要改变自身政治上的边缘地位，逐渐意识到团结与联合的必要性。1939年11月23日，统一建国同志会在重庆应运而生。

参与统一建国同志会成立大会的有国民参政会中主要中间党派的参政员以及个别无党派参政员。② 统一建国同志会"以诚意接受三民主义为抗战建国最高原则，以全力赞助其彻底实行，并强调'国家至上，民族至上'"，

---

① 毛泽东：《论联合政府》，《毛泽东选集》第3卷，北京：人民出版社1991年版，第1029~1098页。

② 闻黎明：《第三种力量与抗战时期的中国政治》，上海：上海书店2004年版，第136~137页。

认为"中国今后唯需以建设完成革命,从进步达到平等;一切国内之暴力斗争及破坏行动,无复必要,在所反对"。其所设计的国家建设大体以西方民主国家为模版,同时,针对中国政情,特别强调政治民主化、军队国家化、尊重思想学术之自由等。① 统一建国同志会的上述主张,反映出他们在拥护政府抗战、要求政府开启政治民主化进程外,也潜藏着希望共产党放弃独立自主、在国民政府的领导下"统一建国"的意向。

统一建国同志会的成立虽然意味着中间党派达成了初步的联合,但团体组织较为松散,活动仅限"坐而论道",对政府行为不能形成有效的制约,成员逐渐意兴阑珊,同志会名存实亡。② 1941年1月皖南事变发生,令中间党派大为震惊,他们纷纷谴责政府措置不当,普遍对中共表示同情,同时"认为有必要组织起来,成立中国民主政团同盟,要求团结抗战,要求民主。大家一致感到:政治不民主,抗战胜利必无可能。而为了促进抗战胜利,必须加强全国之团结"③。

中国共产党及时对中间党派的态度作出研判,认为皖南事变令中间势力对己方的态度完全好转,但仍旧"动摇不定"④,故对中间党派进一步强化组织的活动采取了赞助与推动的立场。

1941年3月19日,中国民主政团同盟(以下简称"民盟")在重庆秘密成立。民盟采用团体会员制,参加成立大会的代表大多来自第三党、青年党、国家社会党、救国会、中华职业教育社、乡村建设派,也就是人们通称的三党三派。此外还有个别如张澜这样以个人身份加入的无党派人士。会议制定并通过了政纲、简章和《敬告政府与国人》等文件,选举黄炎培为主席。9月18日,民盟机关报《光明报》在香港正式出版,梁漱溟任社长。10月10日,《光明报》发表《中国民主政团同盟成立宣言》和《中国民主政团同盟对时局主张纲领》,正式公布民盟成立。

宣言细述成立缘起,痛陈国际形势日见好转,而国内"统一气象"反

---

① 《统一建国同志会信约》,中国民主同盟中央文史资料委员会编:《中国民主同盟历史文献1941—1949》,北京:文史资料出版社1983年版,第2~3页。

② 赵锡骅:《民盟史话1941—1949》,北京:中国社会科学出版社1992年版,第2页。

③ 许德珩:《许德珩回忆录:为了民主与科学》,北京:中国青年出版社2001年版,第209页。

④ 《中央一九四一年三月政治情报》,中国人民大学中共党史系资料室编:《中共党史教学参考资料 抗日战争时期(中)》(内部资料),北京:1980年,第246~247页。

不如前，认为"其几之动，毋亦各恃其力，而有忽于人心之向背耶！不求于心而求于力，人心抑闭，武力充塞，寖假而至于今日，弥漫周匝，唯是强霸之力。以此为国，真可痛哭！"长此以往，深恐建国之机稍纵即逝，"爰自为结合，以作团结全国之始，将以奉勉国人者，先互勉于彼此之间"。民盟将"今后领导国人，挽回大局"的责任仍"望于执政之国民党"，希望国共两党能"以武力属之国家，而勿分操于党；彼此互以理性相见，而视大众趋向为依归。国家统一，夫岂难定，申言之，即必须军队国家化，政治民主化是已"。① 这一主张在同日公布的纲领中有条分缕析的具体说明。

16日，《光明报》发表社论，对民盟的性质、特点等作了进一步申说，指出民盟不是"单一组织"，而是许多党派的"联合体"。这些党派与国共两党有显著的不同，"大家都没有武力，作其政治要求的后盾"，所以，"他们的前途，只能以言论以理性去活动，争取大众的同情拥护。这样就启发出来，培养起来中国政治上的民主势力。只有民主势力培养起来，才能奠定国内的永久和平。所以不第为他们主观意识上的民主团结要求，可使国民信赖；更且从其客观条件，保证这一联合本身之和平无害，保证这一联合的发展，实为民主前途，团结前途的福星"。②

民盟只有言论，没有武力，与国共相比处于绝对的弱势地位，其所提出的军队国家化、政治民主化也只是一个愿景，在当时中国的军政格局下不但没有立即施行的可能，反而为国共双方各执一词攻击对方提供了武器。国民党可以借军队国家化为词，要求中共交出军队，放弃独立自主，从而达到政治解决之目的；共产党则强调政治民主化的诉求，要求国民党结束党治，实行民主。这种两党各取所需的状况一方面为民盟的活动提供了空间，使自身的政治与社会影响日渐凸显，另一方面也使民盟对国共的居间调处往往无功而返，"武力为国"依然如故。

民盟成立后从事的最重要的政治活动，就是参与和领导了第二次民主宪政运动。这次运动虽然由于国民政府的搪塞敷衍而未能取得实质性成效，但其造成的浩大声势却是对民主法制观念的一次极好宣传与普及，同时也将战后中国应该建设成什么样的国家这一问题摆到了所有国人的面前。

---

① 《中国民主政团同盟成立宣言》，中国民主同盟中央文史资料委员会编：《中国民主同盟历史文献 1941—1949》，北京：文史资料出版社 1983 年版，第 5～7 页。
② 《中国民主政团同盟的成立宣言》（1941 年 10 月 16 日《光明报》社论），中国民主同盟中央文史资料委员会编：《中国民主同盟历史文献 1941—1949》，北京：文史资料出版社 1983 年版，第 10～11 页。

中国共产党提出联合政府主张后，很快就得到了各民主党派的关注和响应。这不独是因为民主党派先前所坚持的以国民党为主体、赞助其实行民主政治的主张屡屡碰壁，亟需改弦易辙；亦由于联合政府直击专制政府的要害，它的成立为民主党派所高举的"军队国家化、政治民主化"愿景提供了现实的可能性；同时这一口号也"最大限度地代表了第三方面的政治利益，空前地提升了第三方面的政治地位，从而最大限度地调动了第三方面的积极性"①。

为了因应急速变动的各方面形势，1944 年 9 月 19 日，中国民主政团同盟在重庆召开全国代表会议。大会决定将同盟更名为"中国民主同盟"，改团体会员制为个人会员制。"从此盟员就不是代表个别党派的身份而都以个人的身份参加，这就为大量无党派的进步知识分子敞开了大门。这次代表会议在民盟史上是一次非常重要的会议，在组织上是一个大跃进"②。会议经过认真讨论，决定响应中国共产党的主张，将组建联合政府、建设民主国家作为同盟的奋斗目标。

10 月 7 日，民盟主席张澜在成都面向大学师生所作的演讲中，开始公开宣传联合政府的主张，认为"民主政治的开步走，就是联合政府"③。10 日，周恩来在延安各界庆祝双十节的集会上发表题为《如何解决》的重要演讲，敦促"国民政府立即召集全国各方代表，开紧急国事会议，取消一党专政，成立联合政府，改弦更张，以一新天下之耳目"④。同日，民盟发表《对抗战最后阶段的政治主张》，呼吁国民党立即结束一党专政，建立各党派联合政权，实行民主政治。

民盟与共产党在联合政府问题上的合作，实则标志着双方在联合政府的旗号下达成了统一战线。自此而后，中国的政治生态发生改变，出生时以不偏不倚立场调处国共关系定位的民盟，开始倒向共产党一方。而就民主运动的内容来看，两方合作推动的联合政府方案，使此前较为高蹈的民主宪政运

---

① 邓野：《联合政府与一党训政：1944—1946 年间国共政争》，北京：社会科学文献出版社 2003 年版，第 38 页。

② 叶笃义：《略谈中国民主同盟历史》，于刚主编：《中国各民主党派》，北京：中国文史出版社 1987 年版，第 102～103 页。

③ 张澜：《在成都华西坝五大学十二个学会主持的国是座谈会上的演说（节录）》，四川师范学院《张澜文集》编辑组编：《张澜文集》，成都：四川教育出版社 1991 年版，第 205～206 页。

④ 《如何解决》，中央档案馆编：《中共中央文件选集》第 14 册，北京：中共中央党校出版社 1992 年版，第 364 页。

动更为具体化,民主宪政运动也因此呈现出明显的不同面貌。

民盟在联合政府问题上表现出的高度认同,令一干"自私自利的反民主"人士丑诋民盟"受共产党利用"。对此,张澜于1945年2月撰文回顾民盟历史,对本方的立场予以澄清。文章指出,民盟对国共两党的态度是"极其公正明白的","国民党能实行真三民主义的民主政治,民主同盟即与之携手,取友好态度;如国民党徒以三民主义为口号,仍想藉训政为名,保持一党专政的独裁,民主同盟亦绝不合作"。对于为共产党利用的谣传,张文并未正面回应,而是指出,即便有,也是因为"三民主义未见实行,而使民主同盟起而要求,并让共产党得而利用,这是国民党人应该自己反省的"。①

以蒋介石为主导的国民党对革命的三民主义口惠而实不至,不但令民盟等中间势力开始左转,而且在国民党内也激起了反对的声浪,以立法院院长孙科为代表的当权派也加入了要求蒋介石实行三民主义、施行民主政治的阵营。

孙科是孙中山之子,地位身份特殊,在国民党内拥有一定的影响力。战前孙科颇致力于宪政的鼓吹,时常以孙中山三民主义忠实继承人的形象示人。抗战爆发后,在经历初期的沉寂后,随着第二次宪政运动的发动,孙科活动转趋活跃,成为国民党内与蒋介石独裁统治相抗争的民主派领袖。

在批判蒋介石专制独裁统治、阐述自身民主诉求的过程中,孙科特别擅长从世界潮流出发,来反观中国社会的现实需要。因为目睹民主已成"整个世界的大潮流",所以"中国如果不实行民主,那就绝不能立国";② 因为现在国际"民主阵营中,已没有反共的口号",所以国民党"要扫除反共的心理","绝不可也绝不能用武力","用政治方法求解决"。③ 此外诸如"经济计划化"、保障基本人权等主张也无一不是来自"世界潮流"的参照。

孙科认为,中国紧跟世界潮流的根本取径就是实行三民主义,因为总理不仅"研究中国历史文化的长处在什么地方",而且读外国书,"这是为了研究外国的社会、政治、经济、文化、思想方法等学问,把有关系的材料搜

---

① 张澜:《中国民主同盟的缘起主张与目的(节录)》,四川师范学院《张澜文集》编辑组编:《张澜文集》,成都:四川教育出版社1991年版,第208~209页。

② 孙科:《怎样促进民主》,《三民主义新中国》,上海:商务印书馆1946年版,第52页。

③ 孙科:《世界潮流和我们的作风》,《三民主义新中国》,上海:商务印书馆1946年版,第62页。

集起来，将世界先进国家的优点与缺点研究出来，作为我们的借镜，并加以融会贯通，取其所长，弃其所短，所以就创造了三民主义"。"三民主义在英文只有一句话可以相当说明，就是美国林肯总统在解放黑奴时，所说'使为人民所有，由人民所治，归人民所享的政治不致销灭于世界上'这段话的'民有民治民享'意义是形容三民主义，再好没有的"。①

对于总理逝世后三民主义践行过程中所出现的问题，孙科也多有剖析。在一次辨析"左"、"右"的演讲中，他指出："总理是以革命党来领导中国国民革命，凡是参加的同志，尽是忠诚义烈的革命党人，当然都应该站在左方"，"总理的革命思想实在是集世界左倾革命思想的大成，乃演进为中国革命的三民主义。我们的主义既是左，则我们的行动就不应是右"，不幸的是，国共关系破裂之后"我们党""反以不革命，反革命者自居"，背"左"趋"右"，"使本党领导人民，完成革命建国的进程，走了许多迂回曲折的枉路"。"现在本党最要紧的是要实行民权主义，使全国民主化，就是说我们现在要赶快从走错了的右路回到左路来"。②

针对抗战时期中国政治民主化所出现的困局，孙科呼吁"必须建立一个民主的代议政府"③。中国共产党的联合政府主张由于符合政治民主化趋向，也得到了他的公开支持。

在孙科看来，民主是三民主义的内在要求，也是当今世界的大势所趋，当前的中国只要谨遵总理的主义，知难行易，一个三民主义的新中国就可指日可待。1944年2月，孙科在中央警官学校警政高等研究班的演说中，畅想未来中国：

> 三民主义与新中国建设的关系既如此其深切，全国人民站在国家民族的立场上，旷观世界的大局，瞻望祖国的前途，除了一心一德竭其智虑，力求三民主义新中国之实现而外，还能有丝毫的怀疑，错失此百年以来，'千载一时'的复兴机会吗……我深信，如果全国同胞能够一致奉行三民主义，举国协力以求其实现，则抗战以后二三十年间，中国一定能够成为现代富强康乐的新国家，并且能够恢复在东亚的领导地位，

---

① 孙科：《世界潮流和我们的作风》，《三民主义新中国》，上海：商务印书馆1946年版，第58页。
② 孙科：《说左右》，《三民主义新中国》，上海：商务印书馆1946年版，第77~78页。
③ 孙科：《中国政治和经济的前途》，《三民主义新中国》，上海：商务印书馆1946年版，第28页。

领导东亚的弱小民族,携手迈进于大同世界。①

第三节　和战变奏下建国理想的分与合（1945—1949）

一、战后初期各种建国主张的争持与竞逐

抗日战争胜利后,民族矛盾已然消失,阶级矛盾成为国内主要矛盾,国共关系何去何从,中国未来路在何方,成为所有人关注的焦点。1945年8月13日,毛泽东在延安干部会议上全盘解析战后时局,指出全党和全国人民面临的新情况和新任务"是建立一个无产阶级领导的人民大众的新民主主义的国家呢,还是建立一个大地主大资产阶级专政的半殖民地半封建的国家？这将是一场很复杂的斗争"。"蒋介石对于人民是寸权必夺,寸利必得。我们呢？我们的方针是针锋相对,寸土必争。我们是按照蒋介石的办法办事"。他告诫全党必须从各方面做好准备,以应付任何可能出现的复杂局面。②

与此同时,国民党虽无意与中共分享抗战成果,但迫于中国已被纳入雅尔塔体系,国共关系取决于美苏关系,在美苏就远东局势暂时达成妥协的情况下,国民党只能勉强和着美国的节拍起舞。兼之在国内接收争夺中所处的不利地位,即刻与共产党兵戎相见也存在事实上的困难。是以蒋介石在和战两手中首先运用起和的策略,于8月中下旬连发三电,邀请毛泽东赴渝会谈。毛泽东从开始的犹疑到后来的接受,背后同样有苏联因素的作用。中共中央决定接受邀请之后,于8月25日发表宣言,公开自己对时局的主张。宣言提出承认解放区民选政府和军队、承认各党派合法地位、保障基本人权、召开各党派和无党派代表会议、成立民主联合政府等六项紧急措施,要求国民政府立即实施,"以奠定今后和平建设的基础",并声明"愿意与中国国民党及其他民主党派,努力求得协议,以期各项紧急问题得到迅速的解决,并长期团结一致,彻底实现孙中山先生的三民主义"。③ 28日,毛泽东、

---

① 孙科:《三民主义的新中国》,《三民主义新中国》,上海:商务印书馆1946年版,第8页。

② 毛泽东:《抗日战争胜利后的时局和我们的方针》,《毛泽东选集》第4卷,北京:人民出版社1991年版,第1130、1126页。

③ 《中共中央对目前时局宣言》,中央档案馆编:《中共中央文件选集》第15册,北京:中共中央党校出版社1991年版,第247～249页。

周恩来一行在美国驻华大使赫尔利的陪同下飞赴重庆，国共和谈正式启动。

国共两党弃战言和深契全国人民和中间党派的热望。日本投降之际，民盟主席张澜发表谈话，警告抗战胜利来之不易，"是上千万同胞以无数的血、泪、汗换来的"，"内战足以毁灭一切成果"，表达了对内战再起的坚决反对及对和平民主的强烈渴望。呼吁"立刻召开党派会议，从事团结商谈，以使内部的政治纠纷能迅速而彻底的得到总解决"。① 在随后民盟发出的紧急呼吁中，"老百姓的呼声"被凝炼成"民主统一，和平建国"的口号，并细化为十项具体主张，希望国共两党"给以充分的考虑"。②

中共代表团一行抵达重庆后，社会各界在热烈欢迎之余寄予了无限的期望。毛泽东被称作"老百姓的救星"，他的到来"给中国人民带来了真正的和平与团结的希望"，"带来了无限的希望和快乐"。重庆和谈也被视作"一个起点，并且是一个决定的起点，从整个国内国际大势，中国人民有理由相信，由这个起点开步，将能走到他们所要求的未来"。③ 国共和谈所开启的国家建设新机，让著名民主人士柳亚子诗兴大发，赋诗《赠毛润之老友》："阔别羊城十九秋，重逢握手喜渝州。弥天大勇诚堪格，遍地劳民乱倘休。霖雨苍生新建国，云雷青史旧同舟。中山卡尔双源合，一笑昆仑顶上头。"④ 但国共建国主张的截然异致与全国民众相逢一笑泯恩仇的乐观预期存在着巨大的落差。国共两党就政治民主化与军队国家化的具体措施及先后次序展开了激烈的争辩。在谈判的过程中虽然中共在军队、地盘等实质性问题上有所让步，但由于双方立场相距悬远，"国人侧耳静待"的"政治必须彻底民主"、军队"绝对超越党派关系"的"好音"迟迟未能传来。⑤ 10月10日国共双方签订的会谈纪要，仅是就一些原则性的问题达成了表面上的妥协，

---

① 《中国民主同盟主席张澜对抗战胜利结束后发表谈话》，中国民主同盟中央文史资料委员会编：《中国民主同盟历史文献 1941—1949》，北京：文史资料出版社 1983 年版，第 57～59 页。

② 《在抗战胜利声中的紧急呼吁》，中国民主同盟中央文史资料委员会编：《中国民主同盟历史文献 1941—1949》，北京：文史资料出版社 1983 年版，第 60～63 页。

③ 《全国人民要和平　拥护毛泽东同志争取和平的主张》、《一群女工致毛泽东同志的信》、《毛泽东到了重庆》，四川大学马列主义教研室中共党史科研组编印：《重庆谈判资料选编》（内部资料），成都：1979 年，第 42、37、52 页。

④ 柳亚子：《赠毛润之老友》，四川大学马列主义教研室中共党史科研组编印：《重庆谈判资料选编》（内部资料），成都：1979 年版，第 50 页。

⑤ 张澜：《给国共两党领袖的公开信》，四川师范学院《张澜文集》编辑组编：《张澜文集》，成都：四川教育出版社 1991 年版，第 227～228 页。

而就如何达成这些原则的具体方式，国共显然各执一词，国共关系与中国前途仍属未定之天。

尽管国共两党的建国主张"针锋相对"，但民族解放战争的伟大胜利以及国共顺从民意的和谈姿态，极大地激发了广大中间群体的参政问政热情。一大批中间派人士不愿"做自了汉，而且也不能让自己汗血牺牲所争取的成果，永供别人的糟蹋毁灭"①，是以或集结组党，或公开党派旗帜，积极与闻国家大事，宣示自身对于建国的基本主张。从1945年10月到1946年5月的八个月间，先后有三民主义同志联合会、中国民主建国会、中国民主促进会、中国国民党民主促进会、九三学社等多个民主党派登台亮相，一时间中国政坛热闹非凡，民初政党政治的盛况恍若再现。

上述党派政治主张与民盟颇为接近，它们普遍认同"民主统一，和平建国"口号，仅是由于党派构成的群体性差异而在具体政纲上有所区别。其中，三民主义同志联合会与中国国民党民主促进会由国民党内的民主派人士组成，他们均宣称忠诚于孙中山革命的三民主义，要求国民党结束党治，建立民主联合政府。② 1948年1月，这两个组织合并为中国国民党革命委员会，由宋庆龄任名誉主席，李济深任主席。

除了新党派的组建外，民盟、青年党等旧有党派则相继召开全国性的代表大会，在统一全党认识的基础上，结合时势拟订出建国纲领。1945年10月1日至12日，民盟在重庆召开临时全国代表大会（后被追认为第一届全国代表大会），中心议题是"研讨怎样把握住这个千载一时的机会，实现中国的民主。把中国造成一个十足道地的民主国家"③。会议讨论并通过了《政治报告》、《中国民主同盟纲领》和《临时全国代表大会宣言》等三大文件。《中国民主同盟纲领》分为政治、经济、军事、外交、教育、社会、妇女等七部分，详细描绘了民盟的建国蓝图。政治上，民盟主张中央采行议会制、责任内阁制，地方实行自治，充分保障司法独立与基本人权等。军事上，主张军队与军权国家化，"国家并应以法律禁止军队中之党团组织"，

---

① 《民主建国会成立宣言》，于刚主编：《中国各民主党派》，北京：中国文史出版社1987年版，第515页。
② 民革中央宣传部编：《民革与新中国的建立》，北京：团结出版社2009年版，第5、8页。
③ 《中国民主同盟临时全国代表大会政治报告》，中国民主同盟中央文史资料委员会编：《中国民主同盟历史文献1941—1949》，北京：文史资料出版社1983年版，第71页。

"现役军人绝对不得干预政治,并不得兼任行政官吏"等。①

对于议会制与常腾于国民党之口被认为"还政于民"的国民大会制,《政治报告》说明了此取彼弃的基本原因。指出英美历史已经证明,议会制确能保障人民"行使主人的权力,真正做国家政府的主人",与此相比,"五权宪法中把立法这一部门也划成政府的能而不是人民的权,再设立一个庞大不着边际的国民大会以行使所谓直接民权,这种制度,从民主运用的观点来说,就远不如英美现行的议会制度"②。

怎样在当前"险恶的形势"下予以有效推动,使中国真正走上"和平、统一、团结、民主"的建国正轨,10月16日公布的《大会宣言》就国事中的紧迫问题提出了解决方案:(一)召开政治协商会议(党派会议)。"会议中解决一切问题,尤应以国家的福利,人民的福利做目标,不应以党派的利害做目标","议决的事项,必须迅速而有效的见诸事实";(二)建立民主联合政府。"举国一致的民主联合政府,是当前国家和平、统一、团结的唯一途径,同时亦是全国通力合作,群策群力共同建国的唯一途径";(三)召开国民大会。"国民大会的组织法、选举法及宪草必须加以修改","国民大会必求其名符其实,必须成为真正代表民意的机关"。此外尚有释放政治犯、废止特务制度、全盘统筹军队编遣计划等。③

12月2—12日,与民盟事实已经脱离关系的中国青年党召开第十次全国代表大会,重订党章和党纲,提出"本党本国家主义之精神民主政治之原则,内求统一与自由,外保安全与独立,以建设全民福利的现代国家,并促进平等合作的世界为宗旨"④。新修订的政纲规定,中国青年党"最高度政治理想,是要建设一个国家至上的社会",以及在此目标之下"建设一个自由,平等,协作的真正民主政治,以保障全民的利益"。针对战后时局而拟定的"平易可行"的"低度政治纲领"则包括:政治民主化、中枢采行

---

① 《中国民主同盟纲领》,中国民主同盟中央文史资料委员会编:《中国民主同盟历史文献1941—1949》,北京:文史资料出版社1983年版,第66~70页。

② 《中国民主同盟临时全国代表大会政治报告》,中国民主同盟中央文史资料委员会编:《中国民主同盟历史文献1941—1949》,北京:文史资料出版社1983年版,第76~77页。

③ 《中国民主同盟临时全国代表大会宣言》,中国民主同盟中央文史资料委员会编:《中国民主同盟历史文献1941—1949》,北京:文史资料出版社1983年版,第88~93页。

④ 《中国青年党政纲》,中国第二历史档案馆编:《中国青年党》,北京:档案出版社1988年版,第82~93页。

责任内阁制、确立省自治地位、保障民族平等；保障私有财产、限制资本集中、主张农工并重、控制国营事业；军队国家化、国防科学化等。① 15 日，中国青年党发表《第十次全国代表大会宣言》，指出"目前当务之急"在于："其一在各方一致放弃武力万能的迷信，而以军权属之国家，其二在从速树立一现代民主国家的体系，而使全国人民可以振奋兴起，其三若干社会领导人士，尤宜共体时艰，相忍为国，毋徒取快一时，而以国家为孤注一掷，其四必使现代政党与现代政治家有在中国生存与发展其能力的可能"②。

民主党派的高调亮相，在马叙伦看来，实际包藏着解决中国问题的关键，因为"一国里到了有两个相等力量的政党发生不调和的时候，第三党或第三者是有力量决定他们前途的"。中国驶向民主政治的"特别快车"，前面横亘的"一座几万吨重的大礁"，亟须民主党派协同人民合力搬开。③ 罗隆基也认为，一个真正代表民意的第三大政党能够起到缓冲和制衡的作用，"自然内战不至轻易发生"④。

民主党派的这种角色在 1946 年 1 月召开的全国政协会议上表现得尤为充分。以民盟为代表的中间党派和无党派代表的人数超过国共代表之和，政协就和平建国纲领、改组国民政府、军队整编、国民大会、修改宪法草案达成的五项决议，也相当程度地体现了民主党派的主张和存在。一时之间，中国大地似乎真的出现了"和平、统一、团结、民主"的曙光。

2 月 1 日，重庆《中央日报》发表社论，认为"就会议本身而言，已有其难能可贵的成功"⑤。同日，民盟在总部机关报《民主报》发刊词中称："倘政协会的结果，将来真是成功，那么，今天是中华民国历史的新纪元。

---

① 《中国青年党党章》，中国第二历史档案馆编：《中国青年党》，北京：档案出版社 1988 年版，第 243 页。

② 《中国青年党第十次全国代表大会宣言》，中国第二历史档案馆编：《中国青年党》，北京：档案出版社 1988 年版，第 129 页。

③ 马叙伦：《国民的责任应该说话》，中国民主促进会中央宣传部编：《马叙伦政论文选》，北京：文史资料出版社 1985 年版，第 5～6 页。

④ 罗隆基：《中国需要第三个大政党》，钟离蒙、杨凤麟主编：《中国现代哲学史资料汇编·"第三条道路"批判》（内部资料），沈阳：1982 年，第 215 页。

⑤ 《政治协商会议闭幕》，重庆市政协文史资料研究委员会、中共重庆市委党校编：《政治协商会议纪实》上卷，重庆：重庆出版社 1989 年版，第 487 页。

今后的中华民国,是个崭新的时代。"① 2 日,《新华日报》以《中国历史的新方向》为题发表社论,欢呼"这次政协已'为中国政治开辟了一条民主建设的康庄大道'","打开了和平建设的大门"。② 有论者甚至从整个中国历史从专制走向民主的转折点这一高度来定位政协会议的成就,认为"从会议的讨论中心——还军于国,还政于民观察:则政治协商会议无疑义地,将为结束数千年来的专制遗毒,而导引中国走上真正民主的坦途,所以其意义是空前的"③。

但各方"以口舌代枪炮,以会场代战场"争取得来的政协协议,事实却不具备落实履行的基本条件。有研究者指出:"国民党既然是执政党,理应对实行政协决议负有更大的责任,也将为此付出更大的代价,但国民党上下已经习惯了多年来一党垄断政权的运作方式和既得利益,对于民主化带来的挑战显然缺乏应有之心理承受力与技术准备。"④ 政协会议尚在进行之时,国民党内的不满情绪即开始蔓延,并逐渐汇聚成一股潮流,形成了对政协支持者的绝对优势。在 3 月 1 日开幕的国民党六届二中全会上,国民党强硬派对政协决议群起攻之,大会通过的决议案将政协决议基本推翻。随后,国共在东北争夺愈演愈烈,内战烽火重新点燃。抗战胜利后全国人民所期盼的和平建国的梦想短时间内彻底破灭。这种状况恰好印证了政协会议召开前马叙伦先生的观察:"现在'国共问题'完全是西风要压到东风,东风要压倒西风"⑤,身为中国两大革命党的国共两党最终还是选择了用"革命"而非和平的方式决出胜负。

二、"不归于杨则归于墨":中间势力的"左"与"右"

国共内战再起之后,国共之争已由会场转移到战场。在国共两极对抗尖

---

① 《中国民主同盟总部机关报〈民主报〉发刊词》,中国民主同盟中央文史资料委员会编:《中国民主同盟历史文献 1941—1949》,北京:文史资料出版社 1983 年版,第 143～144 页。

② 《中国历史的新方向——庆祝政协会议成功》,重庆市政协文史资料研究委员会、中共重庆市委党校编:《政治协商会议纪实》上卷,重庆:重庆出版社 1989 年版,第 493 页。

③ 郭荫棠编著:《政治协商会议》,厦门:星光日报社 1946 年版,第 6～7 页。

④ 汪朝光著:《中国命运的决战》,《中国近代通史》第十卷,南京:江苏人民出版社 2006 年版,第 33～34 页。

⑤ 马叙伦:《国民的责任应该说话》,中国民主促进会中央宣传部编:《马叙伦政论文选》,北京:文史资料出版社 1985 年版,第 20 页。

锐化的背景下，中间势力该如何抉择与自处成为所有关心国家命运的人士不能不思索的问题。

在国共武力对峙的两极格局中，中间派人士关于自身角色的思考可以说是五花八门，"有些人以为中间派就是中立派，对于当前的国共纷争和内战应当采取超然中立的态度，既不可得罪国民党，也不可得罪共产党。有些人以为中间派就是调和派，其任务在于调解国共两党的纷争，要想把武装冲突将近二十年的国共两党拉拢合作，把自己的地位比作媒人，只要做媒成功，其任务即告完毕"。在著名民主人士施复亮看来，"中间派决不是中立派，也不是调和派。在是非之间决不应中立，在民主与反民主之间也无法调和。中立和调和，都不是中间派应有的态度"。"中间派有它自己独立的民主进步的立场，以多数人民的利益为是非的基本标准，以拥护政协决议为当前的最高任务，坚决地站在民主的方面，与一切民主的力量合作，对一切反民主的势力作不懈的斗争，以期实现政治的民主化，军队的国家化和经济的工业化"。① 这一立场为大多数中间派人士所认同。

国共内战爆发之初，以民盟为代表的中间势力曾采取多种方式试图熄灭内战烽火，使国共重新回复到和平统一民主建国的轨道上来。但国民党一意孤行，不仅不予理睬，反而视民盟等民主势力"是共产党尾巴"②，不断施以强力镇压与利诱分化的方式来打击破坏。

对于"民盟是共产党尾巴"的指控，张澜曾多次澄清，强调："我们站在民盟立场，对于国共两党仍然是确定中立，站在国家立场，对于国共两党的行动，则必须明辨是非。"③ 显然，已决心以战争手段解决"共党问题"、继续推行一党专制的国民党，并不打算认真区分民主党派与共产党立场的异同，而是直接将"主张停战要行民主的，都看成是共产党，因为这两种口号是共产党也喊的，所以把看成共产党的人们，特别地痛恨，就是因为他不

---

① 施复亮：《中立、调和与中间派》，钟离蒙、杨凤麟主编：《中国现代哲学史资料汇编·"第三条道路"批判》（内部资料），沈阳：1982年，第192、194页。
② 《中国民主同盟主席张澜就国民党当局破坏民盟发表谈话》，中国民主同盟中央文史资料委员会编：《中国民主同盟历史文献 1941—1949》，北京：文史资料出版社1983年版，第201页。
③ 《中国民主同盟主席张澜就国民党当局破坏民盟发表谈话》，中国民主同盟中央文史资料委员会编：《中国民主同盟历史文献 1941—1949》，北京：文史资料出版社1983年版，第202页。

帮助政府'张正气'"。① 正是在这种片面认识的支配下，全面内战爆发前后，国民党人制造了一起又一起针对民主人士的惨案。

在强力打压中间势力妄图使其屈服的同时，国民党又双管齐下地祭出召开国民大会还政于民的传统招式，施以欺骗与利诱的伎俩。1946年11月15日，国民大会在南京开幕。围绕着是否参加国民大会的问题，中间势力发生分化。由于此次国大严重偏离了政协决议的框架，民盟选择与中国共产党一道予以抵制，青年党、民社党以及部分无党派人士在国民党的大力运动下则选择参加。以此为标志，中间势力事实已分裂为左右两翼。

国民党对中间势力的拉拢与分化，不但没有能够达到通过诱降加以消灭的目的，反而使民主势力进一步纯洁了自身阵营，厘清了各自的分野。对此，左派人士可以说是洞若观火："这种分化，并不等于消灭第三方面。恰恰相反，经过这一个时期的严重的历史考验，倒证明，谁真正配做第三方面的代表人物，谁不配。真金不怕火来烧，经过这一次参加国大问题的试炼，民主同盟却愈显出其精神。民社党中动摇份子和投降份子之暴露，恰恰反证了民主同盟中绝大部分的坚定"，"这次它勾引了青年党与一部分民社党去参加一党国大，而民主同盟屹立如故，旧的第三方面被它拆散，新的与民主性更高的第三方面，又将产生"。②

国民党对民盟等中间势力的持续打压，尤其是撕毁政协决议的反民主举措，将自己置于民主阵营的对立面地位，与民盟等中间势力的关系无可避免地渐行渐远。

正如一些民主派人士所指陈的，政协路线虽为各方妥协达成，但"本质上，却是一种中间性的或中间派的政治路线"，"因为政协的路线是一条企图用和平合作的方式来实现政治民主化、军队国家化和经济工业化的政治路线，完全跟中间派所代表的中间阶层的历史任务相符合，而且跟中间派的政治斗争的方法和态度相一致"。在当前中国的客观条件下，只有这样的路线"才足以代表全国人民的共同要求和整个国家的真实利益"，才是"今天中国最可能为多数人民所拥护的政治路线"。③ 国民党对这条路线的摒弃，

---

① 马叙伦：《拿国家来"赌气"》，中国民主促进会中央宣传部编：《马叙伦政论文选》，北京：文史资料出版社1985年版，第230页。

② 石父：《第三方面的新生》，钟离蒙、杨凤麟主编：《中国现代哲学史资料汇编·"第三条道路"批判》，沈阳：1982年，第38页。

③ 施复亮：《中间派的政治路线》，钟离蒙、杨凤麟主编：《中国现代哲学史资料汇编·"第三条道路"批判》，沈阳：1982年，第194页。

只能被解读为该党决意与"民主统一,和平建国"的全民公意为敌。与这个"把中国看成是他的党产,把政府看成是他'万世帝王之业'"① 的国民党作"殊死战"成为众多民主人士不得不然的选择。

是以,在国民党逆拂众意召开国民大会炮制宪法之际,较为激进的民主人士马叙伦即宣布所谓的"第三方面"已不复存在:

> 我们中国近二十年的政局上,过去是国共两党的问题,现在却不是这个问题了,我们应该晓得现在是民主和反民主的斗争尖锐化了,所以只有反民主的政府和民主的民众两个方面,不能有第三方面的。从现实来说,共产党固然也站在争取民主的方面,他单独对国民党是有他的另一个立场,而站在民主斗争的立场,他和我们一般是在人民方面的,如果认清这个立场,怎么可能在民主和反民主两方面以外取得一个第三方面的资格,除非如现在在中国的美国特使马歇尔。
>
> 我敢给大家指出在民主和反民主的斗争里只许有民主阵线,而不许有什么新第三方面……再有第三方面,就是帮反民主的忙的奸细,是我们的敌人,我们不愿意再有这种事实出现,而且不愿意在民主斗争里再听到这个名词。②

在 1947 年 1 月召开的民盟一届二中全会上,张澜直言无讳地分辨了国共内战的是与非。他批评政协会后发生的一系列事件,"已明白表示国民党方面的反动份子有彻底推翻政协的阴谋",国民大会的召开是"政府用任何言词不能掩饰"的"彻底撕毁政协决议的行为",③ 以至于"直到今天,我们替人民所争得的自由民主这张'支票',政府却未兑现。当权者仍是处于'超法律'地位。凭藉这种'超法律'的权力,就撕毁了政协决议,更片面的制定了所谓'宪法',企图以'法治'之名来保'党治之实'"④。张澜重

---

① 马叙伦:《拿国家来"赌气"》,中国民主促进会中央宣传部编:《马叙伦政论文选》,北京:文史资料出版社 1985 年版,第 230 页。

② 马叙伦:《论第三方面与民主阵线》,中国民主促进会中央宣传部编:《马叙伦政论文选》,北京:文史资料出版社 1985 年版,第 299～300 页。

③ 《中国民主同盟一届二中全会政治报告》,中国民主同盟中央文史资料委员会编:《中国民主同盟历史文献 1941—1949》,北京:文史资料出版社 1983 年版,第 273、276 页。

④ 《中国民主同盟一届二中全会政治报告》,中国民主同盟中央文史资料委员会编:《中国民主同盟历史文献 1941—1949》,北京:文史资料出版社 1983 年版,第 261 页。

申了民盟在国共政争中的立场，指出："站在政团的立场，对国共两党的党争，民主同盟是个第三者，我们应保持不偏不倚的态度。但民盟既是一个独立自主的政团，我们依据我们的政纲政策以争取国家及人民的福利，民盟对国事自然应该明是非辨曲直。是非曲直之间就绝对没有中立的余地。民主同盟的目的是中国的民主，是中国的真民主。民主与反民主之间，真民主与假民主之间，就绝对没有中立的余地。"①

民盟民主立场与国民党反民主立场的高度对立，使其成为国民党当局的眼中刺，必欲拔除而后快。1947年随着国共谈判的最终破裂，国民党显然加大了对民主运动的围剿力度，除了对民盟、民主促进会、三民主义同志联合会等三个党派的上层成员暂予容忍外，对中间党派的中下层成员则举起了屠刀。10月27日，国民党政府宣布民盟为"非法团体"。11月6日，为避免不必要的损失，民盟被迫宣布解散。其他民主党派也纷纷转入地下。

1948年1月1日，国民党内民主派大联合所组建的中国国民党革命委员会在香港宣告成立。《中国国民党革命委员会成立宣言》历数1924年以来国民党历史，认为"近二十年来中国国民党执政所造出之罪恶"是"背弃本党总理遗教的叛徒蒋介石及其领导下的反革命集团"一手造成，指出"今日之革命任务，即辛亥以来尚未完成之反帝反封建的三民主义革命任务。故三民主义理论，仍为今日中国革命之正确指导理论，中国国民党仍为中国革命之领导政党，三大政策仍为实现三民主义反帝反封建之必要手段"，宣布自此而后"脱离蒋介石劫持下的反动中央，集中党内忠于总理忠于革命之同志，为实现革命的三民主义而奋斗"。②

1月5—19日，民盟一届三中全会在香港召开。重新公开活动的民盟一改此前颇为珍视的中间性立场，明确宣布今后要与共产党"携手合作"，"为彻底摧毁南京反动政府，为彻底实现民主、和平、独立、统一的新中国而奋斗到底！"③ 三中全会是民盟历史上的重要转折点，"从此，民盟走上与

---

① 《中国民主同盟一届二中全会政治报告》，中国民主同盟中央文史资料委员会编：《中国民主同盟历史文献1941—1949》，北京：文史资料出版社1983年版，第266页。

② 《中国国民党革命委员会成立宣言》，于刚主编：《中国各民主党派》，北京：中国文史出版社1987年版，第414、419页。

③ 《中国民主同盟一届三中全会宣言》、《中国民主同盟一届三中全会紧急声明》，中国民主同盟中央文史资料委员会编：《中国民主同盟历史文献1941—1949》，北京：文史资料出版社1983年版，第376、364页。

中国共产党全面合作的光明大道，在实际上接受了中国共产党的领导"①。

中间党派的"左""右"分化，非常清晰地折射出乱世中中间路线（第三条道路）的困境。中间派的政治路线本质上需要一个和平稳定的外部环境，"只有在内战停止，和平恢复之后，中间派的政治路线才有实现的可能"，但战后国共两虎相争的客观时势，显然并没有给中间势力提供多少可以施展的空间。当武力最终成为中国问题的解决方式时，"中间阶层和中间派在中国政治上都不会有重要的地位，也不会起什么独立的作用。在内战继续进行的期间，中间阶层的绝大部分，势必要被迫参加这一边去进行违反自己意志的内战，被迫丧失自己的中间阶层的地位……中间派的民主人士，在这种时候也很可能向左右两端分化，有的投靠国民党去求取'一官半职'，有的追随共产党去从事暴力革命，有的心灰意冷不问政治；只有极少数人才能保持原来的中间派的政治立场"。②

与奋战于政治第一线的中间党派颇为类似，同属中间阶层的知识群体在对国共的态度上也出现了严重的分化，战后绝大多数知识分子都经历了由国民党支持者到共产党支持者的转换，而这一转变的驱动力主要来自于对国民党政府的绝望。1948 年 9 月，清华大学教授张奚若在与美国学者的谈话中分析了知识阶层的思想转变：

> 大多数中国知识分子都不喜欢参与政治。但是，当他们听到政府一遍又一遍地重申她的目的是要带给中国一个民主诚实的政府机构时，他们看到的却是这些声明一次又一次被嘲弄的事实……所以，今天，很少有人相信人民会对政府的改革抱有希望。这就是我们知识分子思想认识经历了三个阶段的原因。
>
> 最初，我们中的大多数人是支持政府的。尽管我们也看到了她的许多不足之处，但是我们希望她能改进。后来，我们对政府的改进是越来越不抱希望了，但我们又发现没有什么合适的政权可以替代她……在这第二个阶段中，我们这些知识分子是摇摆的，困惑的。接着就是现在，第三个阶段，我们已经完全相信这个政府是无药可救了，我们希望越快把她推翻掉越好。既然中国共产党是唯一有能力来作出这个改变的，我

---

① 史良：《在中国民主同盟成立四十周年纪念大会上的讲话》，于刚主编：《中国各民主党派》，北京：中国文史出版社 1987 年版，第 90 页。

② 施复亮：《中间派的政治路线》，钟离蒙、杨凤麟主编：《中国现代哲学史资料汇编·"第三条道路"批判》（内部资料），沈阳：1982 年，第 195 页。

们现在愿意支持共产党，他们要比国民党政府好。就我们自己的愿望，我们宁可选择中间道路，但这已是不可能的了。①

就张奚若本人而言，思想转向当属知识阶层中的先知先觉者。被徐志摩戏称"有名的炮手"的他，在1947年就公开宣称："共产党是对的，国民党是错的。今日的内战是由企图保持既得利益的集体发动的。"② 与颇能洞烛机先的政治学者不同，大多数知识分子其实对共产党并无太多了解，他们所"逐渐形成的对中国共产党的倾向，其中含蕴着大量的希望成分"③。

在国民党与共产党二选一的游戏中，国民党的不堪必然使得共产党成为大众的选项。这样的规律同样适用于作为中间阶层中上层的自由主义者。④ 在中国自由主义者们看来，批判是"一种有力武器"，也是他们的"主要任务"："我辈书生，尤其中年以上，文不能运筹帷幄，武不能决胜疆场，我们所能从事的赞襄与挞伐，更似乎只有明辨是非的批判一途"。⑤ 但"明辨是非"在国共两极对抗的格局下委实不易，1948年12月《观察》周刊被查封，所罗织的罪名就是"攻击政府，讥评国事，为匪宣传，扰乱人心"⑥。正如朱自清所感知的，国民党所厉行的高压政策使"大家一同苦闷在这活不下去的现状之中"，即便是不清楚"打破之后改变成什么样子"，"大家恐怕忍不住要联合起来动手打破它的"。⑦ 国共内战尘埃落定之际，除胡适、傅斯年、《自由中国》同人等与国民党素有交谊者外，大多数自由主义者都

---

① （美）德克·博迪著：《北京日记：革命的一年》，洪菁耘、陆天华译，上海：东方出版中心2001年版，第23～24页。

② 张奚若：《人民怎样渡过这内战的难关？》，周培源编：《张奚若文集》，北京：清华大学出版社1989年版，第387页。

③ 刘绪贻口述、余坦坦整理：《箫声剑影：刘绪贻口述自传》，桂林：广西师范大学出版社2010年版，第269页。

④ 虽然几乎所有知识分子骨子里都有自由主义的成分，但在中国，时论中所称的自由主义者，是指"一般个人经济生活尚称优裕而非富有、曾留学欧美或在国内直接间接地接受自由主义教育影响，而崇信民主主义的中上层知识分子"。杜迈之：《论中国的自由主义者》，钟离蒙、杨凤麟主编：《中国现代哲学史资料汇编·"第三条道路"批判》（内部资料），沈阳：1982年，第57页。

⑤ 伯奇：《自由主义、批判、批判的态度》，钟离蒙、杨凤麟主编：《中国现代哲学史资料汇编·"第三条道路"批判》（内部资料），沈阳：1982年，第73页。

⑥ 谢泳编：《储安平：一条河流般的忧郁》，北京：中国青年出版社1999年版，第42页。

⑦ 朱自清：《论不满现状》，《观察》第3卷第18期，1947年12月27日。

怀着将信将疑的心态留在了大陆,与工农学生一起站在了欢迎人民解放军的队伍中"喊口号,讲革命"①。

三、新中国理想的汇流与新中国的诞生

经过国共两党一年多的战场角力,中国革命已经走到扭转了蒋介石集团"反革命车轮"、"推进了自己的革命车轮"② 的历史转折点。与此同时,中间党派所致力的第三条道路也推车撞壁,事实上已经破产。中国的民主运动自此进入了"武装斗争成为主要形式"③ 的新时期。

需要指出的是,民主党派虽然纷纷意识到推翻蒋介石集团的统治是建设新中国的前提,但在关于未来新中国的构想上,由于各自的认识与思想背景,与中国共产党所描绘的新民主主义社会并非完全相合,客观上仍属国共之外的第三条道路,更遑论那些具有复杂背景的第三条道路论者。所以第三条道路的"绿芽"尽管已经"一一被摘"④,但适时走第三条道路的想法在社会上仍具备相当的影响力。

对于中间派及第三条道路所表现出的复杂态势,中国共产党采取了区别对待、通过批评团结达到融合的策略。1948年1月,周恩来在为中共中央起草的有关指示中,将同盟军划分为"直接"、"间接"两种,并注意到其间的"不稳定性与投机性",主张"在加强我党领导和又团结又斗争中"加以解决。⑤ 14日,中央在给香港、上海等地方局的指示中指出,对民盟、李济深、冯玉祥等"一切可以争取的中间派,不管他们言论行动中包含多少动摇性及错误成分,我们应采积极争取与合作的态度,对他们的错误缺点,采取口头的善意的批评态度";而"美帝及国民党反动派存有幻想、反对人民民主革命、反对共产党的某些中产阶级右翼分子的公开的严重的反动倾

---

① 毛泽东:《别了,司徒雷登》,《毛泽东选集》第4卷,北京:人民出版社1991年版,第1496页。
② 毛泽东:《目前形势和我们的任务》,《毛泽东选集》第4卷,北京:人民出版社1991年版,第1244页。
③ 周恩来:《关于当前民主党派工作的意见》,中共中央文献编辑委员会编:《周恩来选集》上卷,北京:人民出版社1980年版,第283页。
④ 石父:《第三方面的新生》,钟离蒙、杨凤麟主编:《中国现代哲学史资料汇编·"第三条道路"批判》(内部资料),沈阳:1982年,第43页。
⑤ 周恩来:《关于当前民主党派工作的意见》,中共中央文献编辑委员会编:《周恩来选集》上卷,北京:人民出版社1980年版,第286页。

向"，则应在报刊上公开予以批评与揭露。①

在团结与争取民主党派的过程中，中国共产党诉诸的重要方式是重提民主党派颇为钟情的政治协商会议与联合政府口号。1948年4月17日，中国共产党首次提出准备邀请民主人士来解放区，召开"各民主党派各人民团体的代表会议"，讨论"召开人民代表大会成立民主联合政府的问题"；"会议的名称拟称为政治协商会议"。② 4月30日，中共中央发布纪念"五一节"口号，号召"各民主党派、各人民团体、各社会贤达迅速召开政治协商会议，讨论并实现召集人民代表大会，成立民主联合政府"③。5月1日，毛泽东致函李济深、沈钧儒，就召开政协会议一事进行商讨。④ 同日，中共中央在给民主人士集中的上海、香港两地的中央局与中央分局的指示中，已列出了拟邀请民主人士的名单。⑤

中国共产党发出的召开政治协商会议商讨联合政府问题的邀请，获得了民主党派和中间团体的热烈响应。5月5日，以中国国民党革命委员会李济深、何香凝，中国民主同盟沈钧儒、章伯钧领衔的民主党派和无党派代表人物联名致电毛泽东，表示中国共产党主张"适合人民时势之要求，尤符同人等之本旨"，愿与"共同策进完成大业"。⑥ 此外，各民主党派和人民团体也纷纷发表通电、声明或宣言，除同持欢迎态度外，有的还阐述对当前政局及新政协运动的主张，表现出了极高的认同度及参与热忱。

针对民主党派中潜伏或显露的与中国共产党既定路线的各种偏离，中国共产党采取多种方式积极加以引导与疏通。

---

① 毛泽东：《对可以争取的中间派应采取积极争取与合作态度》，中共中央文献研究室编：《毛泽东文集》第5卷，北京：人民出版社1996年版，第15页。

② 《毛泽东关于请张东荪等民主人士来解放区开代表会议事给刘仁的信》（1948年4月27日），中央档案馆编：《中共中央文件选集》第17册，北京：中共中央党校出版社1992年版，第143～144页。

③ 《中共中央发布纪念"五一"节口号》，中央档案馆编：《中共中央文件选集》第17册，北京：中共中央党校出版社1992年版，第146页。

④ 毛泽东：《给李济深、沈钧儒的信》，中共中央文献研究室编：《毛泽东文集》第5卷，北京：人民出版社1996年版，第90～91页。

⑤ 《中央关于邀请各民主党派代表来解放区协商召开新政协问题给沪局港分局的指示》，中央档案馆编：《中共中央文件选集》第17册，北京：中共中央党校出版社1992年版，第150页。

⑥ 《各民主党派与民主人士李济深等响应中共"五一"号召致毛泽东电》，杨建新等编著：《五星红旗从这里升起——中国人民政治协商会议诞生纪事暨资料选编》，北京：文史资料出版社1984年版，第149页。

中国共产党号召发出之日适为国民党"行宪国大"闭幕之时,国共两党的民主姿态在社会上所造成的截然反响,恰为"旧中国在灭亡,新中国在前进"的真实写照。新华社就此发表社论指出:"一切主张消灭人民敌人的武装和特权的人们,只有一条区别于反革命路线的共同道路,这就是新民主主义的道路,这就是反对帝国主义、封建主义、官僚资本主义的统一战线的道路,这就是新的政治协商会议的道路。中国历史阶段的基本特点,决定了中国大地主大资产阶级不能参加中国民主的行列,决定了这个行列只能由无产阶级及其政治代表中国共产党来领导。"① 实际上指明了政协"新""旧"的分野,明确了新政协运动的框架。

对于意欲保持国民党政治地位的"和平运动"以及各种形"中"实"右"的中间道路,中国共产党一直保持高度警惕,旗帜鲜明地予以揭破。1948年上半年,香港地区的左翼报刊曾为此发表多文,"蔚然成为一个'追击中间路线'和打击所谓'自由主义者'的运动";同时《华商报》等报刊还组织民主人士召开座谈会,对"中间路线"及"自由主义"运动展开批判。② 前述5月23日新华社社论直接划出了此类运动的判别标准:"凡以保存人民敌人的武装和特权为实质的运动,无论是从那个角落来的,也无论是打着什么旗号的,都不是什么'第三条路线',而只是反革命路线在日暮途穷时的化形。"③

而就李济深、冯玉祥等希图借助美国发起的反蒋运动,中共中央在注意策略的同时同样立场鲜明。8月1日,中央就此指示相关工作人员,一面对倒蒋运动"应当利用",以有利于解放战争的开展,一面要求与中间派人士"保持密切联系,尊重他们,多对他们作诚恳的解释工作",破除他们对美国及国民党当权派的幻想,"不使他们跑入美帝圈套里去"。④

在中国共产党的大力争取下,1948年8月起,众多民主党派、无党派和华侨的代表性人士相继赶赴解放区。自10月下旬开始,中国共产党分头与解放区、香港、上海等地的民主人士就政协会议的筹备及相关事宜展开具

---

① 《旧中国在灭亡,新中国在前进》,中国人民解放军政治学院党史教研室编:《中共党史参考资料》第11册,出版地、出版时间不详,第286页。
② 胡光:《自由主义运动的批判在香港》,中国人民解放军政治学院党史教研室编:《中共党史参考资料》第11册,出版地、出版时间不详,第287~290页。
③ 《旧中国在灭亡,新中国在前进》,中国人民解放军政治学院党史教研室编:《中共党史参考资料》第11册,出版地、出版时间不详,第286页。
④ 毛泽东:《对中间派倒蒋活动应取的策略》,中共中央文献研究室编:《毛泽东文集》第5卷,北京:人民出版社1996年版,第116~117页。

体磋商,并逐渐达成基本共识。

在中国共产党与民主人士就建国细则进行的商讨中,虽然出现了如张东荪与毛泽东之间关于"新型民主国家"的争论,但由于民主人士深知"人民民主革命,在中国共产党领导之下有了今天的成就,绝非轻易得来"①,加上中国共产党"是以彻底坦白与诚恳的态度,向他们解释政治的及有关党的政策的一切问题,积极地教育与争取他们"②,是以,民主人士逐渐转变思想,以中国共产党的新民主主义理论为标准调整己身立场。

1949年1月22日,各民主党派和民主人士代表人物联合发表对时局的意见,表示"愿在中共领导下,献其绵薄,共策进行,以期中国人民民主革命之迅速成功,独立、自由、和平、幸福的新中国之早日实现",并显然接受与运用中国共产党新民主主义话语系统阐述与表达对时局的看法。③ 27日,中国国民党革命委员会在沈阳发表对时局声明,认为"革命的三民主义,必定是与新民主主义同其内容,而三反(反帝、反封、反官僚资本,引者注)斗争的进行,又必须在中国的无产阶级政党——中共领导之下,才有不在中途夭折的保证"④。其他民主人士在各自声明中也对中共政策表达了毫无保留的支持态度。

3月5—13日,新中国历史上具有重要意义的中共七届二中全会在河北省平山县西柏坡村举行。毛泽东在报告中指出:"召集政治协商会议和成立民主联合政府的一切条件,均已成熟。一切民主党派、人民团体和无党派民主人士都站在我们方面。"⑤ 全会批准了召开新的政治协商会议及成立民主联合政府的建议。

---

① 《各民主党派领导人和著名民主人士发表〈对时局的意见〉》,中国人民解放军政治学院党史教研室编:《中共党史参考资料》第11册,出版地、出版时间不详,第331页。

② 《中央关于对待民主人士的指示》,中央档案馆编:《中共中央文件选集》第18册,北京:中共中央党校出版社1992年版,第69页。

③ 《各民主党派领导人和著名民主人士发表〈对时局的意见〉》,中国人民解放军政治学院党史教研室编:《中共党史参考资料》第11册,出版地、出版时间不详,第330～332页。

④ 《中国国民党革命委员会对于时局声明》,杨建新等编著:《五星红旗从这里升起——中国人民政治协商会议诞生纪事暨资料选编》,北京:文史资料出版社1984年版,第221页。

⑤ 毛泽东:《在中国共产党第七届中央委员会第二次全体会议上的报告》,《毛泽东选集》第4卷,北京:人民出版社1991年版,第1435页。

6月30日，毛泽东发表了《论人民民主专政》一文，系统阐述了人民民主专政的必然性及其基本内涵，并对主要反映中间阶层的一些疑虑如"你们一边倒"、"你们太刺激了"、"我们要做生意"、"我们需要英美政府的援助"等进行了正面的答辩①，中国共产党与民主人士曾经有过的一些争议就此尘埃落定。

经过认真筹备，1949年9月21—30日，中国人民政治协商会议第一届全体会议在北平隆重召开。被邀参加会议的代表共662人，来自45个单位（地区）。代表按党派界别分，共产党人约占44%，各民主党派人士约占30%，工人农民和无党派人士约占26%。会议代表的构成特点，充分反映了"中国共产党所领导的人民民主统一战线范围的扩大和新中国社会基础的广泛"②。

毛泽东在开幕词中用形象化的语言说出了新中国创建的伟大意义："我们的工作将写在人类的历史上，它将表明：占人类四分之一的中国人从此站立起来了。"③ 特邀代表宋庆龄在讲话中指出："今天，中国是一个巨大的动力，中国的人民在前进，在革命的动力中前进。这是一个历史的跃进，一个建设的巨力，一个新中国的诞生！"她强调中国共产党是"唯一拥有人民大众力量的政党"，是"孙中山先生的民族、民权、民生三大主义的胜利实现"的"最可靠"保证。④ 民盟主席张澜同样深切感受到历史跃进的脉搏，认为新政协会议的开幕，"是中国人民正式宣告中国新民主主义时代的开幕。这是中国人民正式宣告帝国主义、封建主义、官僚资本主义在中国统治时代的结束。这是中国人民正式向全世界宣告，从今天起，中国人民真正做了自己的主人"⑤。中国国民党革命委员会代表何香凝感慨孙中山革命理想

---

① 毛泽东：《论人民民主专政》，《毛泽东选集》第4卷，北京：人民出版社1991年版，第1468～1481页。

② 王树棣等主编：《中国人民政治协商会议史》，哈尔滨：黑龙江教育出版社1991年版，第23页。

③ 毛泽东：《中国人从此站立起来了》，中共中央文献研究室编：《毛泽东文集》第5卷，北京：人民出版社1996年版，第343页。

④ 宋庆龄：《在中国人民政治协商会议第一届全体会议上的讲话》，《宋庆龄选集》上卷，北京：人民出版社1992年版，第468页。

⑤ 张澜：《在中国人民政治协商会议第一届全体会议开幕式上的讲话》，四川师范学院《张澜文集》编辑组编：《张澜文集》，成都：四川教育出版社1991年版，第363页。

历经曲折后"得以实现",认为今天的成就"可以告慰在九泉下的孙先生了!"①民主建国会代表黄炎培将即将成立的新中国比作一所"新的大厦","这所新的大厦,有五个大门,每个门上两个大字,让我读起来:独立、民主、和平、统一、富强"②。

中国人民政治协商会议第一届全体会议的召开,"宣告了旧中国的永远灭亡和新中国的伟大诞生"③。会议讨论和通过了《中国人民政治协商会议共同纲领》、《中华人民共和国中央人民政府组织法》、《中国人民政治协商会议组织法》等历史性文件,为新中国的成立准备了条件。9月30日会议闭幕当日,选举产生了中华人民共和国中央人民政府委员会,民主党派和无党派人士占据了其中的相当份额,充分显示政协会议的召开与新中国的成立"代表了全国人民的意志,表现了全国人民的空前的大团结"④。

中华人民共和国的诞生,是20世纪人类史上最为重大的历史事件之一,因为它是一个终点,它的呱呱坠地标志着近代以来无数仁人志士所追求的"新中国"理想结出了硕果,意味着世界上人口最多的民族终于结束了100多年来被欺凌受剥削为人操纵的悲惨命运。因为它同时又是一个起点。"四万万七千五百万中国人民开始自己当权管理国家","古老的东方民族揭开了历史的新的巨册"⑤,获得新生的中华民族开始了必将改写人类文明史的伟大变革。虽然中华民族为"建设独立民主和平统一富强的新中国"而开始的新的追梦之旅充满了挑战,但所有目睹1949年"新""旧"转换的曾经的追梦人都深信:"我们民族的前途是无限光明的"⑥。

---

① 《中国国民党革命委员会代表何香凝在一届政协全体会议上的讲话》,杨建新等编著:《五星红旗从这里升起——中国人民政治协商会议诞生纪事暨资料选编》,北京:文史资料出版社1984年版,第317页。

② 《民主建国会代表黄炎培在一届政协全体会议上的讲话》,杨建新等编著:《五星红旗从这里升起——中国人民政治协商会议诞生纪事暨资料选编》,北京:文史资料出版社1984年版,第330页。

③ 《旧中国灭亡了,新中国诞生了!》,《人民日报》1949年9月21日,第1版。

④ 毛泽东:《中国人民大团结万岁》,中共中央文献研究室编:《毛泽东文集》第5卷,北京:人民出版社1996年版,第347页。

⑤ 《中华人民共和国万岁》,《人民日报》1949年10月1日,第2版。

⑥ 毛泽东:《中国人民大团结万岁》,中共中央文献研究室编:《毛泽东文集》第5卷,北京:人民出版社1996年版,第347页。

第六章　新中国与辛亥革命史的建构

中华人民共和国成立后，对于被中共意识形态视作新民主主义革命继承并超越的辛亥革命，党和国家延续了第二次国共合作后所形成的纪念传统，每届辛亥革命、孙中山诞辰、忌辰逢十之期，一般都会举行国家级的纪念活动。新中国对辛亥革命与孙中山纪念的常态化与不间断化，既为新中国政治生活的基本构成，也是新时期辛亥革命集体记忆建构的主体方式。频繁的纪念活动一方面固化了中共意识形态认知，另一方面，顺应时代主题的变换，其所发掘的历史与精神资源也往往因时而异，变动不居。辛亥革命史建构的趋时性突出表现在祖国统一问题上。统一既是新时期党和国家的核心关注，也是官方建构辛亥革命历史的基本角度。与官方建构相合离，学界对辛亥革命史的研究在经历初期的泛政治化阶段后，逐渐超越了意识形态的简单化认知及其影响下的革命史框架，从而为更加全面地建构辛亥革命史提供了可能。

第一节　官方纪念与政治评述

一、持续革命背景下的纪念与评述（1949—1976）

新中国时期，大陆对辛亥革命的官方纪念主要由对辛亥革命本身的纪念与对孙中山的纪念两部分构成。总体上看，由于孙中山与辛亥革命在中国近代史上所占有的特殊位置，可以说，除"文化大革命"时期外，新中国对孙中山与辛亥革命的纪念就从来没有停止过。在所有的纪念中，孙中山诞辰、忌辰，辛亥革命的逢十纪念活动最为引人瞩目。这一方面是因为这些活动因有党政最高层的参与而上升为全国性的政治活动，从而具有规格高、规模大的特点，另一方面是因为国家领导人对孙中山与辛亥革命所作的评价在反映官方视野新进展的同时，也为一段时间内社会各界的认识定下了基调；所以逢十纪念活动实为大陆纪念活动的骨架，对它们进行勾勒，颇能揭示大陆对孙中山与辛亥革命官方纪念与政治评述的基本状况。

1951年是辛亥革命40周年，但受制于新中国成立初期的内外形势，官方纪念活动并未举行。新中国对孙中山的第一次纪念活动发生于 1955 年。是年 3 月 12 日是孙中山逝世 30 周年，11 日晚上 7 时，中国人民政治协商会议全国委员会在北京召开了有 1000 多人参加的纪念大会，全国政协主席、国务院总理周恩来主持大会并致开会词。他称孙中山"是中国民主革命的先行者，是一个伟大的爱国者，是为我们祖国的独立和自由而奋斗终身的战士"，认为辛亥革命虽然"最后失败"，但"它结束了中国两千多年的封建帝制，在中国人民中撒播了民主共和国思想的种子"。①

全国政协副主席董必武在讲话中回顾了孙中山领导的革命活动，强调其反对帝国主义的一面，认为"孙中山的革命事业一开始就同外国帝国主义相对立，他的反对帝国主义的立场通过他一生的革命实践而越来越鲜明"，并从历史联系到现实，指出帝国主义依旧是当前中国的重大威胁，需要加强统一战线及与苏联等国的合作与之斗争。②

民革中央主席李济深的发言较为侧重孙中山晚年转变中的"以俄为师"及与共产党人的合作，号召民革成员"效法孙中山先生'不断前进，百折不挠，学而不倦'的革命精神"，"努力改造我们的思想"，在社会主义建设与解放台湾、反对美帝的斗争中发挥更大的作用。③ 12 日孙中山忌日当天，《人民日报》发表社论，总结孙中山的伟大之处在于"他在前一个时期首先揭出了资产阶级民主共和国的理想，并且为了这个理想的实现进行了坚决的斗争；而在后一个时期他放弃资产阶级民主共和国的主张，接受了人民的民主共和国的纲领，并且为了它的实现进行了坚决的斗争"。④

1956 年 11 月 12 日是孙中山诞辰 90 周年纪念日，国家决定举行隆重的纪念活动。为了使活动有序而隆重地展开，北京专门成立了孙中山先生诞辰 90 周年纪念筹备委员会（以下简称"筹委会"）。10 月 26 日，筹委会召开第一次会议，通过了规模宏大、形式多样的纪念活动工作计划。计划包括举行纪念大会，参谒中山陵、中山堂和中山故居，出版《孙中山选集》，摄制新闻纪录片和纪念影片，铸制纪念章，发行纪念邮票，等等，差不多当时所

---

① 《中国人民政协全国委员会举行纪念大会　纪念孙中山逝世三十周年》，《人民日报》1955 年 3 月 12 日，第 1 版。

② 董必武：《在孙中山先生逝世三十周年纪念大会上人民政协全国委员会副主席董必武的讲话》，《人民日报》1955 年 3 月 12 日，第 1 版。

③ 李济深：《在孙中山先生逝世三十周年纪念大会上中国国民党革命委员会主席李济深的讲话》，《人民日报》1955 年 3 月 12 日，第 2 版。

④ 《纪念伟大的民主主义革命家——孙中山》，《人民日报》1955 年 3 月 12 日，第 1 版。

能诉诸的纪念形式和技术手段都已用上。①

30日,筹委会秘书长邵力子在中外记者招待会上介绍了纪念活动的现实意义,特别谈到孙中山的大同理想、和平思想以及"一贯致力于提高人民的生活水平和促进世界各国文化交流的事业",指出:"今天我们的国家在这些方面已经做出了很大的成绩,我们纪念孙中山先生,要求在这些方面继续做出更大、更好的成绩来。"②

诚如邵力子介绍所显现的,纪念不仅是为了缅怀,也是为了继承与学习;而继承与学习当然某种程度地立足于现实社会的需要。1956年举行的纪念孙中山活动有着非常重要的时代背景。从国内看,经历了新中国成立初期的恢复,从1953年起,中国进入了由新民主主义社会向社会主义社会的过渡时期。进入过渡期的国家建设无论在政治上还是经济上均驶上了急速发展的快车道。随着1954年第一届全国人大的召开、第一部《中华人民共和国宪法》的颁行以及1956年农业、手工业、资本主义工商业社会主义改造的趋于完成,社会主义在中国的实现已是触手可及。从国际看,中美关系由张转弛,中国与新兴民族国家的关系取得突破性的进展,但与此同时,社会主义阵营内部的矛盾充分暴露,苏联社会主义模式的弊端也逐渐显现,毛泽东公开承认中苏之间有"扯皮",有矛盾有斗争。③ 在这样的背景下,中国如何走自己的路,如何协调对外关系,如何在已有成绩的基础上更上一层楼,成为共和国的掌舵者们不能不深思熟虑的问题。这样的思虑在孙中山的纪念活动中、在各种对孙中山精神与品格的阐发中均或隐或显有所体现。

宋庆龄撰文将孙中山的伟大归结为"大无畏的精神"、"自我革新"的品质、"对革命事业不息的热诚"等几个方面,希望当前"我们那些在斗争的新阶段中负有重大人物的青年们"学习孙中山的这些品质,"去建设一个伟大的社会主义中国"。④

李济深在文章中说,"对一个革命家最好的纪念就是贯彻他的革命主张,发扬他的革命精神",并从自身认识的角度总结了孙中山"最重要"的

---

① 《纪念孙中山先生诞辰九十周年工作计划》,《人民日报》1956年10月28日,第1版。

② 《在北京举行的中外记者招待会上邵力子谈纪念孙中山先生的意义》,《人民日报》1956年10月31日,第1版。

③ 毛泽东:《在省市自治区党委书记会议上的讲话》,中共中央文献研究室编:《毛泽东文集》第7卷,北京:人民出版社1999年版,第190页。

④ 宋庆龄:《孙中山——中国人民伟大的革命的儿子》,《人民日报》1956年11月4日,第4版。

值得学习的地方有坚强的反帝爱国精神、对社会主义社会的渴望、热爱和平、"思想能够跟着时代不断地向前进"。①

吴玉章在关于孙中山革命精神的讲话中，通过对其"一生不断地进步的几个重要阶梯"的梳理，说明了孙中山"是善于洞察'时务'适应着历史发展而不断地进步的一个伟大的革命家"，同样认为"重温中山先生的遗教，继承和发扬中山先生不断进步的革命精神，永远像中山先生那样始终不懈的热心干革命事业，这是纪念这位历史巨人的最好的办法"。②

程潜的纪念文章则回顾了自己追随孙中山革命事业间的耳濡目染，呼吁同受孙中山教育的台湾国民党人放弃"反共抗俄"的口号，"做一个勇敢的爱国者，学习中山先生追求真理、不断进步的精神，在和平解放台湾的事业中争取立功。"③

朱德文章称颂孙中山为"伟大的民主革命导师"，指出孙中山的革命事业为中国共产党继承并完成，中国革命已处于建设社会主义祖国的新阶段，"我们纪念伟大的民主革命导师孙中山先生，正可以吸取向社会主义新事业前进的鼓舞力量"④。

林伯渠在北京各界举行的纪念大会上发表长篇讲话，详细回顾了孙中山领导的革命事业并给予了极高的评价，称孙中山"是中国历史上第一个用民主主义纲领来号召革命的民族英雄，是中国人民在争取解放的艰苦斗争中的一个伟大的先行者"；对于辛亥革命，林伯渠虽沿用了"不彻底"的定论，但强调指出自此而后"民主主义成了正统"，"中国人民在精神上大大地获得了解放"。⑤

11月12日，《人民日报》发表社论，并刊发毛泽东的纪念文章。社论以《孙中山先生永生》为题，认为孙中山"那种热情磅礴的爱国思想，百折不挠的革命气魄，追求真理的学习精神"，都是值得我们敬慕与珍视的精

---

① 李济深：《向伟大的孙中山先生学习》，《人民日报》1956年11月5日，第4版。
② 吴玉章：《孙中山先生伟大的革命精神》，《人民日报》1956年11月10日，第2版。
③ 程潜：《纪念伟大的革命先行者——孙中山先生》，《人民日报》1956年11月11日，第3版。
④ 朱德：《纪念中国伟大的民主革命导师孙中山先生》，《人民日报》1956年11月11日，第2版。
⑤ 林伯渠：《在北京各界人民隆重纪念孙中山先生诞辰九十周年大会上的讲话》，《林伯渠文集》，北京：华艺出版社1996年版，第659～667页。

神遗产，"他的思想和事业对于许多殖民地和半殖民地国家的革命运动，也还具有现实的意义"。毛泽东的文章词简意丰，高度赞扬了孙中山"全心全意地为了改造中国而耗费了毕生的精力"的崇高品格，指出"现代中国人，除了一小撮反动分子以外，都是孙中山革命事业的继承者"；同时他也提到"很多站在正面指导时代潮流的伟大历史人物大都有他们的缺点"，孙中山也不例外，但后人应该正确对待："要从历史条件加以说明，使人理解，不可以苛求于前人的"。① 对于孙中山的缺点问题，毛泽东可能主要是将其与辛亥革命联系在一起。1954 年 9 月 14 日在中央人民政府委员会临时会议的讲话中，毛泽东谈及辛亥革命的评价问题，他认为辛亥革命是一次"没有成功"、"失败了"的资产阶级民主革命，究其原因，是"孙中山的领导集团犯了错误，有缺点"。②

新中国对辛亥革命第一次大规模的纪念是在 1961 年，是年 10 月时值辛亥革命 50 周年。9 月，中国人民政治协商会议全国委员会决议隆重纪念，并组成纪念筹备委员会，由国家副主席董必武任主任委员。③ 10 月 9 日，首都各界人民 1 万多人在人民大会堂隆重集会，纪念辛亥革命 50 周年。国家主席刘少奇出席大会。大会由全国政协主席、国务院总理周恩来主持并致开幕词，董必武、何香凝发表长篇讲话。三位领导人在讲话中高度评价了辛亥革命的伟大历史意义，认为这场资产阶级民主革命虽然失败，但"提供了十分可贵的经验，使得中国人民有可能进一步找到彻底解放的正确道路"；同时辛亥革命"革帝国主义的命"不够彻底的教训也昭示当前全国人民必须"更加紧密地团结起来，让全世界人民更加紧密地团结起来，坚决地把反对帝国主义和殖民主义的斗争进行到底"。④ 10 月 10 日，《人民日报》发表题为《一次伟大的民主革命》的社论。

辛亥革命 50 周年纪念适逢"大跃进"运动造成全国经济严重衰退，所

---

① 毛泽东：《纪念孙中山先生》，《人民日报》1956 年 11 月 12 日，第 1 版。
② 毛泽东：《关于辛亥革命的评价》，中共中央文献研究室编：《毛泽东文集》第 6 卷，北京：人民出版社 1999 年版，第 344～347 页。
③ 张海鹏：《50 年来中国大陆对辛亥革命的纪念与评价》，《当代中国史研究》2001 年第 6 期。
④ 周恩来：《开会词——在辛亥革命五十周年纪念大会上》，《人民日报》1961 年 10 月 10 日，第 1 版；《董必武副主席在辛亥革命五十周年纪念大会上的讲话》，《人民日报》1961 年 10 月 10 日，第 2 版；《各民主党派、无党派民主人士和全国工商联代表何香凝在辛亥革命五十周年纪念大会上的讲话》，《人民日报》1961 年 10 月 10 日，第 3 版。

以活动的整体规模远逊于孙中山诞辰 90 周年纪念。值得一提的是，借此机会，筹备委员会特地邀请各地的辛亥老人前来北京参加国庆和辛亥相关庆祝与纪念活动，使这些曾为中国民主革命作出过贡献的革命老人重新进入公众的视野。① 此外，辛亥首义之地湖北根据全国政协的安排也举行了多种纪念活动。②

1966 年 11 月孙中山诞辰 100 周年来临之际，"文化大革命"已经爆发，红卫兵运动风起云涌。11 月 12 日，首都各界群众和红卫兵 1 万多人举行集会，纪念孙中山诞辰 100 周年。周恩来、宋庆龄、董必武、陶铸、陈伯达、邓小平、刘少奇等党和国家领导人出席了纪念大会。大会开始前，全场齐声朗诵 1956 年毛泽东所写的《纪念孙中山》一文中的语录。随后，董必武宣布开幕并致开幕词，周恩来、宋庆龄、何香凝相继发表讲话。他们的发言所代表的官方评价在总体上一仍旧贯的同时，也因应内外形势的新变化而具备一些新的特点。这主要体现在以下两个方面：

其一，随着"文化大革命"新的革命狂潮的发动，具体评价人不能不因时而动，他们对孙中山革命事业的阐发比较侧重于革命战斗精神部分。

其二，随着中苏关系的全面破裂，苏联与美国一起成为中国反霸斗争的目标，具体评价人在强调孙中山反帝斗争精神的同时，也往往将历史与现实相联结，将孙中山坚持革命、敢于革命与苏修背叛革命进行比照，凸显孙中山精神的时代意义。③ 此次纪念，《人民日报》并未配发社论，11 月 12 日当天的主要篇幅用于报道毛泽东在天安门广场接见红卫兵的新闻。

"文化大革命"发动后，由于整个国家陷于非正常状态，新中国成立后业已形成的对孙中山与辛亥革命纪念的惯例未能延续。这一时期除孙中山诞辰 100 周年纪念外，还有一次是于 1975 年 3 月 12 日举行的小范围的孙中山

---

① 熊辉：《随父辈参加全国纪念辛亥革命五十周年活动纪实》，《湖北文史资料》1996 年第 1 期。

② 周云蒸：《回忆湖北省纪念辛亥革命的几次大型活动》，《湖北文史资料》1996 年第 1 期。

③ 《发扬孙中山的革命战斗精神　毫不妥协地把反帝反修斗争进行到底》、《在孙中山先生诞辰一百周年纪念大会上董必武副主席的开幕词》、《在孙中山先生诞辰一百周年纪念大会上周恩来总理的讲话》、《孙中山——坚定不移、百折不挠的革命家》（宋庆龄）、《在孙中山先生诞辰一百周年纪念大会上民革主席何香凝的讲话》，《人民日报》1966 年 11 月 13 日，第一、三、四版。

逝世50周年纪念活动。①

二、社会主义建设新时期的纪念与评述（1981—2001）

"文化大革命"结束后，经过历时两年的拨乱反正，以中共十一届三中全会的召开为标志，中国成为一个正常的发展中国家，迈入了社会主义建设的新时期。新时期对孙中山与辛亥革命的逢十纪念得到有效接续，对二者的评价也逐渐摆脱原先极为强烈的革命主体意识，而趋重于从中发掘祖国统一、振兴中华的思想与精神资源。

1981年10月辛亥革命70周年，从新闻报道看，此次纪念活动可谓盛况空前。全国自上而下广泛动员，组织了丰富多彩、形式多样的纪念活动。10月9日，北京各界群众1万多人在人民大会堂集会纪念辛亥革命70周年，党和国家领导人多出席会议。会议由中共中央副主席、全国人大常委会委员长叶剑英主持，中共中央主席胡耀邦作主题报告，民革中央副主席屈武、民建中央主委胡厥文、国民党前高级将领李默庵、全国政协常委缪云台作为各方代表先后讲话。中央人民广播电台和中央电视台全程转播了会议实况。

从这次纪念大会的报告与讲话，以及《人民日报》刊发的系列纪念文章可以看出，新时期对辛亥革命的基本评价并无明显变化，但顺应时代主题的变换，对辛亥革命精神与思想资源阐发的重心有所移易。

胡耀邦在报告中回顾了辛亥革命在中国革命史上的地位，重申"我们共产党人和全国各族人民，都把新民主主义和社会主义的胜利看做辛亥革命的继续和发展，对于领导辛亥革命的孙中山先生和他的同志们抱有崇高的敬意"。他称孙中山是"伟大的民族英雄，伟大的爱国主义者，中国民主革命的伟大先驱"；认为"对于孙中山先生的崇敬和怀念，至今仍然是把中国大陆和台湾联系在一起的强大的精神纽带"；呼吁已有两次合作经验的国共两党能够学习孙中山先生"和平，奋斗，救中国"的遗训，"和平，奋斗，兴中国"，携起手来，为实现祖国统一大业，"为创造中华民族光辉灿烂的新历史而共同奋斗！"②

纪念辛亥革命的这一主题在其他的讲话与文章中也有充分的反映。屈武

---

① 张海鹏：《五十年来中国大陆对孙中山的纪念与评价》，《党的文献》2001年第5期。

② 胡耀邦：《在首都各界纪念辛亥革命七十周年大会上的讲话》，《人民日报》1981年10月10日，第1版。

在讲话中说，海峡两岸的分离"违反我们民族的利益"，"国共合作是由孙中山先生倡议并且亲手缔造的"，"台湾当局自称是中山先生的忠实信徒，那就应当照中山先生的革命遗教办事，以民族大义为重，捐弃前嫌，开诚布公，为祖国的统一，全民族的团结，同我们共同努力"。①缪云台在发言中提出，"民族独立和国家统一，这是孙中山先生所期望的并为之奋斗终生。今天纪念孙中山先生所领导的辛亥革命，应该更好地保持和发扬这个传统"。他代表无党派人士寄望"国共两党再一次携手，共谋祖国的统一富强，促进世界和平"。②民革中央代主席王昆仑向"都受过孙中山先生的教诲"的台湾当局掬诚相告："认清国家统一是历史的必然，为了振兴中华，为了子孙后代，勇敢地捐弃前嫌，毅然地弥补前人的过失，遵照中山先生天下为公，顺应潮流的遗教，继承中山先生的联共政策"。③ 10月9日，《人民日报》发表社论《统一祖国 振兴中华——纪念辛亥革命七十周年》，强调"中国共产党是孙中山先生革命事业的真正的继承者"，呼吁台湾当局"遵从孙中山先生'适乎世界之潮流，合乎人群之需要'的遗教，以国家根本利益为重，以民族大义为重"，对大陆的政策建议"作出积极的响应"。

1985年3月12日孙中山逝世60周年，首都各界人士在中山公园中山堂举行纪念仪式。乌兰夫代表中共中央向孙中山遗像敬献花篮。中共中央政治局委员习仲勋、王震、杨尚昆，国务院副总理田纪云，全国人大、全国政协、各民主党派的负责人等参加了纪念活动。④

1986年11月12日孙中山诞辰120周年，党和国家领导人、海内外来宾和首都各界人士1万余人于当天上午在人民大会堂集会纪念。参加大会的有中共中央总书记胡耀邦、全国人大常委会委员长彭真、全国政协主席邓颖超、国家副主席乌兰夫等。应邀出席会议的海外来宾有孙中山的孙女孙穗英、日本宫崎家族代表宫崎蕗苳等。会议由邓颖超主持，彭真作题为《发扬孙中山革命精神和爱国主义精神，共同奋斗实现祖国统一繁荣昌盛》的主题报告。他指出："孙中山关于革命和建设的光辉思想、主张，是他留给我们的珍贵的精神遗产"，中国的革命和建设时至今日虽已取得重大进展，

---

① 屈武：《在首都各界纪念辛亥革命七十周年大会上的讲话》，中国国民党革命委员会中央宣传部编：《屈武文选》，北京：团结出版社1988年版，第40～41页。

② 《我的认识、感想和希望——缪云台在首都各界纪念辛亥革命七十周年大会上的讲话》，《人民日报》1981年10月10日，第3版。

③ 王昆仑：《共写千秋大业新一章》，《人民日报》1981年10月9日，第3版。

④ 《首都各界人士举行仪式 纪念孙中山逝世六十周年》，《人民日报》1985年3月13日，第4版。

但距孙中山提出的"振兴中华"目标依旧任重道远,亟须一切爱国者紧密团结起来,"继承和发扬伟大的革命先行者孙中山先生的革命精神和爱国主义精神,为实现祖国的和平统一、国家的繁荣昌盛这个共同目标而奋斗!"①

1991年10月10日迎来辛亥革命80周年。10月9日,纪念大会在北京国家奥林匹克体育中心体育馆举行。江泽民、杨尚昆、李鹏、万里、乔石等领导同志,全国人大、全国政协、各民主党派中央的负责人与来自海内外的各界人士共5000多人出席会议。全国政协副主席王任重主持大会。国家主席杨尚昆、民革中央名誉主席屈武先后发表重要讲话。杨尚昆提出:"从某种意义上说,包括辛亥革命在内的整个中国革命,都是一场民族复兴运动",而"实现国家的现代化,振兴中华民族"是民族复兴运动发展到目前阶段所提出的新命题。对于祖国统一问题,杨尚昆指出这是"中华民族根本利益所在,是全国人民包括台湾同胞、港澳同胞和海外侨胞的共同愿望,也是孙中山先生的遗愿",重申了大陆的严正立场。②屈武的讲话主要围绕国家统一问题展开,呼吁"台湾国民党当局能够重温孙中山先生的遗教,真正负起自己的历史责任,以民族大义为重,捐弃前嫌,开诚相见,对中国共产党的建议与'和平统一、一国两制'的科学构想作出积极的回应"③。10日,《人民日报》发表社论,号召人们要善于从孙中山等近现代史上的民族英雄身上汲取智慧和力量,继往开来,共同为完成"统一祖国,振兴中华"这一无数革命先驱所梦寐以求的伟大理想而努力奋斗。④

1995年3月12日孙中山逝世70周年之际,北京各界人士和参加全国人大、政协会议的代表在中山堂集会纪念,民革中央名誉副主席贾亦斌主持仪式。⑤

1996年11月12日,全国政协在人民大会堂举行孙中山诞辰130周年纪念大会。江泽民、李瑞环、朱镕基、胡锦涛、荣毅仁等党和国家领导人出席

---

① 《彭真在首都各界纪念孙中山先生诞辰大会上讲话》,《人民日报》1986年11月13日,第1版。
② 《在纪念辛亥革命八十周年大会上杨尚昆主席的讲话》,《人民日报》1991年10月10日,第1版。
③ 屈武:《在纪念辛亥革命八十周年大会上的讲话》,《人民日报》1991年10月10日,第4版。
④ 《继往开来 振兴中华——纪念辛亥革命八十周年》,《人民日报》1991年10月10日,第1版。
⑤ 张海鹏:《五十年来中国大陆对孙中山的纪念与评价》,《党的文献》2001年第5期。

会议。中共中央总书记、国家主席江泽民在会议发表重要讲话，民革中央主席何鲁丽和台盟中央主席蔡子民作为代表在会上发言。江泽民在讲话中着重强调了孙中山思想与精神的时代意涵，认为孙中山"代表着一个时代"，"给中华民族和中国人民留下许多宝贵的精神遗产，特别是他的爱国思想、革命意志和进取精神，值得我们永远学习、继承和发扬"。[①] 何鲁丽、蔡子民在发言中重温了孙中山关于国家统一的思想与实践，希望台湾国民党当局不要忘记孙中山先生的遗教，改弦更张，不断推动中国和平统一的历史进程。[②]《人民日报》当日发表社论，分别从革命家、思想家、伟大的爱国主义者三重视角总括了孙中山思想及实践的历史贡献与现实价值，指出"我们纪念孙中山先生，就是要学习和发扬他那种坚韧不拔的革命精神和崇高的爱国主义精神，更高地举起振兴中华的伟大旗帜，进一步完成孙中山先生的未竟事业"[③]。

2001年10月10日辛亥革命际逢90周年，9日上午，北京各界在人民大会堂召开纪念大会，党和国家领导人李鹏、朱镕基、李瑞环、胡锦涛、尉健行、李岚清出席大会，中共中央总书记、国家主席江泽民发表讲话。讲话中，江泽民重申辛亥革命与孙中山的革命思想和实践对近代中国所产生的巨大震撼和深远影响，指出在阔步走在中华民族复兴之路的今天纪念辛亥革命，"就是要在全国人民中继续发扬中华儿女始终不渝的爱国精神，发扬中华民族一切革命先驱们与时俱进的革命精神，站在时代前列，不断开拓创新，努力开创改革和发展的新局面，努力推进实现祖国完全统一的历史进程，争取对人类作出新的更大的贡献"[④]。10日，《人民日报》发表社论《发扬辛亥革命精神，实现中华民族复兴》。

综上可见，从1955年开始，除"文化大革命"时期外，孙中山诞辰、忌辰与辛亥革命逢十周年，党和国家都会举行规模不等的纪念活动。换言之，新中国时期对孙中山与辛亥革命的纪念已经形成惯例，成为大陆人民政治生活的常规构件。从政治评价看，中国共产党对二者的评价基调在新中国成立前事实上已经确立，毛泽东于1954年关于辛亥革命的讲话和1955年纪

---

① 江泽民：《在孙中山先生诞辰一百三十周年纪念大会上的讲话》，《人民日报》1996年11月13日，第1版。
② 《首都隆重纪念孙中山诞辰130周年》，《人民日报》1996年11月13日，第1版。
③ 《更高举起振兴中华的伟大旗帜》，《人民日报》1996年11月12日，第1版。
④ 江泽民：《在纪念辛亥革命九十周年大会上的讲话》，《人民日报》2001年10月10日，第1版。

念孙中山的文章更是提供了评价的尺度,所以自始迄今对二者的基本评价并无明显的更易。不过正如前文所展现的,对辛亥革命与孙中山的纪念不是单纯的缅怀,继承与学习的面向同样极为注重,而后者必然具有特定时代的具体视野,所以对辛亥革命与孙中山的评述在基本框架不变的格局下也涂抹上了一层因时而变的色彩。简单说来,在新中国成立后前30年国内革命浪潮持续高涨的氛围下,对辛亥革命与孙中山这两大符号思想与意义的阐发较为偏重"革命"、"反帝"等元素;20世纪80年代迈入社会主义建设新时期后,统一祖国与振兴中华成为学习与阐扬的重心,特别是在统一问题上,辛亥革命与孙中山成为大陆推动统一大业的重要历史与思想资源。

第二节　学术研究与进展趋向

一、起步与顿挫(1949—1976)

1949年中华人民共和国的成立,对辛亥革命史研究造成重大影响。此前,辛亥革命研究活动的开展已有数十年历史。国民党统治时期,辛亥革命被纳入国民党党史范畴,相关资料的整理与出版工作虽有一定进展,但学术研究受到压制,官方意识形态成为解读这段历史的唯一标准。20世纪40年代中后期所推出的相关论著如冯自由的《革命逸史》、邹鲁的《中国国民党史稿》等,虽不乏学术含量,但主要贡献也是体现在资料的搜罗与考订上,而其背后所映射的国民党正统史观仍随处可见。中华人民共和国成立后,国民党正统史观虽然继续在台海一隅发挥影响,但在大陆,马克思主义唯物史观取而代之成为占据主导地位的思想与方法。具体说来,阶级斗争史观和阶级分析法、人民史观、生产方式决定论这三种理论成为新中国成立后相当长一段时间内中国史学界的主体理论解释体系。[①]

史观与方法的不同决定了研究的截然异致。依据"阶级斗争的表现",著名马克思主义史学家胡绳提出中国近代史(1840—1949)上曾出现三次革命高潮,分别是太平天国时期、戊戌维新和义和团运动时期、辛亥革命时期。这一观点为绝大多数治中国近代史的学者所接受。[②] 太平天国运动与辛亥革命也因而成为20世纪五六十年代大陆近代史学界最为关注、成果最为

[①] 虞和平:《新中国近代史学50年》,中国社会科学院科研局编:《新中国社会科学五十年》,北京:中国社会科学出版社2000年版。

[②] 梁景和:《中国近代史基本线索的论辩》,南昌:百花洲文艺出版社2004年版,第188~190页。

丰硕的两大领域。

部分是由于研究人才的断层，大陆对辛亥革命研究真正开始于20世纪50年代中期。1955年出版的陈旭麓《辛亥革命》一书可被视为大陆史学界研究辛亥革命的开山之作，该书具体而微地实践了马克思主义唯物史观，说明了"软弱的中国资产阶级不能领导革命获得胜利的根本原因，并适当地肯定这一资产阶级民主革命的历史意义"①。

1956年孙中山诞辰90周年国家级纪念活动的举行，以及毛泽东《纪念孙中山先生》一文的发表，对辛亥革命与孙中山研究起到了极为重要的促动和指导作用。以此为契机，辛亥革命与孙中山研究一时间呈现了爆发性增长的态势。据不完全统计，从1956年下半年到1957年下半年一年左右的时间里，有关孙中山和辛亥革命的各类文章发表超过200篇。② 辛亥革命史研究迅速成长为中国近代史研究领域中的显学。不过随着1957年下半年起各种"左"倾错误运动在学界、教育界的逐步推展，学术研究的热潮瞬时冷却，辛亥革命与孙中山研究也重归沉寂。

鉴于"左"倾政策对社会主义建设所造成的巨大伤害，1961年党和国家开始了政治与思想上的纠左，学术研究因势出现了回归正轨的迹象。是年适逢辛亥革命50周年，政府组织了高规格的纪念活动。作为活动的一部分，10月16—21日，中国史学会和湖北省哲学社会科学学会在武汉联合举办了辛亥革命50周年学术讨论会，有各地学者100多人参加，提交论文40余篇。辛亥历史的亲历者吴玉章亲自到会，并发表了有关辛亥革命研究的重要讲话。会后，中华书局精选其中32篇文章结集出版，这些文章代表了当时辛亥革命研究已达到的水准。20世纪60年代初，辛亥革命史研究中初现的兴盛气象同样未能得以延续。随着"左"倾错误的反弹，特别是"文化大革命"的爆发，包括辛亥革命史研究在内的史学研究长期脱离了学术研究的范畴。

与研究工作同其节奏，辛亥革命史资料的征集与出版工作在20世纪五六十年代也取得了阶段性的成绩。1956年，人民出版社出版了《孙中山选集》，随后，中国史学会主编的中国近代史资料丛刊之《辛亥革命》（共八册）出版，辛亥时期的主要报刊《民报》影印出版。60年代初，全国政协文史资料委员会编辑的《辛亥革命回忆录》等资料也相继问世。史料搜集与出版工作的不断推进在为研究工作提供必要条件的同时，自身也代表了这

---

① 陈旭麓：《辛亥革命》"后记"，上海：上海人民出版社1955年版，第130页。
② 章开沅：《50年来的辛亥革命史研究》，《近代史研究》1999年第5期。

一时期马克思主义史学在辛亥革命史领域所取得的成就。①

20世纪五六十年代中国大陆的辛亥革命史研究虽然命运多舛，但在有限几年所取得的成就还是展现了与国民党统治时期的"旧"史学全然不同的面貌。国民党统治时期，关注的对象仅是一些孤立的政治事件和属于孙中山革命党人系统的少数主流人物，研究的目的主要是为了凸显研究对象的历史功绩，同时代的其他人事不过被当作陪衬。在马克思主义唯物史观的指导之下，新中国学界对辛亥革命史研究的问题意识发生了根本的改变，这主要表现在以下数方面：

其一，阶级斗争视角的引入使研究者关注辛亥时期的阶级斗争问题，与此相关联，资产阶级、农民、会党、立宪派等阶级（阶层）的群体性研究成为关注的热点。

其二，历史对象的本质属性成为学界热衷探讨的问题，如辛亥革命的性质、国内主要矛盾、各革命团体的属性等。

其三，人物研究从对象到问题截然改观，研究的对象不再局限于孙中山革命党人系统，而对孙中山等主流人物的探讨也往往转移到一些新问题上，如孙中山哲学思想中的唯心论与唯物论之争等。新中国时期全新的问题意识以及由此带来的全新的研究实践推进了辛亥革命史研究。

毋庸讳言，这一时期的辛亥革命史研究同样存在明显的缺陷，简单说来，就是水准以上、能够入列学术史的研究论作较为少见。② 究其原因，约略可从以下数方面进行分析：

首先，从学术研究的环境看，20世纪五六十年代的中国是一个典型的泛政治化社会，学术深受政治的干扰，历史研究一般被视作为无产阶级政治服务的工具，其本身的科学性不受重视。处身这样的时代环境，包括辛亥革命史研究在内的史学研究表现出非常明显的因时而变的特点，学术研究常常为变幻莫测的政治运动所打断，缺乏学术进步所必备的持续性。

其次，从基本的解释体系看，马克思主义史学理论虽然以前所未有的科

---

① 吴玉章认为，20世纪五六十年代辛亥革命史料的搜集与出版成绩是"空前"的。吴玉章：《在辛亥革命学术讨论会上的讲话》，湖北省哲学社会科学学会联合会编：《辛亥革命五十周年纪念论文集》，北京：中华书局1962年版，第2页。

② 章开沅先生将具体研究中表现出的不足概括为"四多四少"，即，研究个别人物多，研究社会环境少；研究政治方面多，研究经济、文化少；研究革命党人多，研究其他派系少；肯定群众自发斗争多，肯定资产阶级领导作用少。《辛亥革命史研究的三十年》，见章开沅等著：《国内外辛亥革命史研究综览》，武汉：湖北教育出版社1991年版，第10～12页。

学性极大地推动了辛亥革命史研究，提升了研究的深度，但五六十年代该理论的定于一尊、完全的排他性还是有违学术研究百花齐放、百家争鸣的本质要求。无怪乎有西方学者将此一时期大陆的辛亥革命史研究称为"新正统学派"。①

再次，从研究者对理论的掌握和运用看，马克思主义史学理论博大精深，需要研究者长久的钻研与实践，对五六十年代大部分学人而言，全面准确地理解掌握并运用无碍显然还存在相当的困难。是以，对部分研究者而言，马克思主义理论不过抽空为一些干巴巴的教条，所谓的研究成果也不过是毛泽东等领袖人物经典论断的注脚。

最后，从研究的论题看，20世纪五六十年代研究者较为喜好相对宏观的选题，而如所周知，宏观研究往往需要大量的微观研究做基础，在微观研究明显不足的情况下急于讨论宏观问题，争讼纷纭之间表现出的不过是"理论"上的成见，所谓的研究自然经不起时间的检验。

二、繁盛与趋向（1976—）

"文化大革命"后的春寒料峭时节，久被压制的辛亥革命史研究就出现了复苏萌动的迹象，一些敏感嗅到春天气息的研究者自觉开始了被中断已久的研究工作。中共中央十一届三中全会后，中国进入了社会主义建设的新时期，从事辛亥革命史研究的学术条件发生了翻天覆地的变化：

首先，自"文化大革命"后，学界内外群起反思学术与政治的关系，学术日渐摆脱政治的钳制，获得了自身的主体地位。学术研究的自主性与科学性得到尊重。

其次，随着改革开放国策的推行，国门打开，大量新思想、新理论与新方法涌入国内。"就史学思潮而言，唯物史观的影响在下降，多种思潮竞争，史学思潮的多元化正在逐步地实际形成"②。"新正统史观"的弱化与史学理论多元化趋势的加强，活跃了研究的思维，拓展了研究的视野，源源不断地催生出新的学科生长点，对史学研究的推陈出新起到了较为明显的正面作用。

最后，在内外交往壁垒被打破的大背景下，学术交流体制日趋完善，辛

---

① 朱英：《海峡两岸的辛亥革命史研究与学术交流》，2010年6月澳门"孙中山与辛亥革命"国际学术研讨会论文（未刊稿）。

② 蒋大椿：《当代中国史学思潮与马克思主义历史观的发展》，《历史研究》2001年第4期。

亥革命史研究的国际学术共同体已然形成。

随着学术环境的宽松，国内辛亥革命史研究瞬时表现出蓬勃的生机与活力，涌现了一批以辛亥革命与孙中山研究为职志或主要方向的学术机构，从南到北较为重要的有中山大学孙中山研究所、广东省社会科学院孙中山研究所、华中师范大学历史研究所、中国社会科学院近代史研究所等。上述机构往往自办研究刊物，作为辛亥革命史研究展示与交流的专门平台。

除了广州、武汉、北京等研究中心逐渐形成外，辛亥革命史研究学界非常注重跨地区甚至国际间的整合与交流。

表现之一：出现了多个省级、省际、全国性的辛亥革命或孙中山研究的学术团体，其中较早的一个就是由中南地区辛亥革命史研究队伍集结而成的辛亥革命史研究会。该团体于 1978 年底在广州宣布成立，成立后即在辛亥革命研究中发挥着重要的作用。《人民日报》曾对该团体的成立进行过报道。①

表现之二：各种主题与范围的学术研讨会召开频密，特别是作为定例的辛亥革命逢十纪念所召开的国际学术讨论会，成为辛亥革命研究检阅与交流的重要机制。学术研讨会这一学术共同体形成所必备的要素在 20 世纪五六十年代极少举行，社会主义建设新时期学术研讨会的频繁召开，使这一阶段的辛亥革命史研究与初始阶段表现出全然不同的样态。1981 年 10 月中旬，中国史学会和湖北省社会科学联合会共同举办"纪念辛亥革命 70 周年国际学术讨论会"，与会代表除国内学者 127 人外，还有来自香港地区以及美、英、日等 17 个国家的专家学者 44 人，共收论文 106 篇，其中海外学者提交 25 篇。② 海内外学者济济一堂，共同对研究的问题进行切磋与碰撞，对辛亥革命史研究水平的提升有百利而无一害。此后，1986 年、1991 年、1996 年、2001 年孙中山诞辰及辛亥革命逢十周年都举行了学术研讨会。其他类型与范围的学术讨论会更是数不胜数。高水平学术研讨会的定期举办，既是对历史的纪念，也是对研究的促进，"有关辛亥革命和孙中山等的学术成果，也随着纪念活动的开展而大量涌现"③。其他如海外学术著述的大量译介、国内学者走出国门参加学术会议、访学等多种交流形式也丰富与强化了学术共同体内的联系。

---

① 《辛亥革命史研究会在广州成立》，《人民日报》1979 年 1 月 18 日，第 4 版。
② 《国内外重要学术研讨会简介》，章开沅等著：《国内外辛亥革命史研究综览》，武汉：湖北教育出版社 1991 年版，第 434～435 页。
③ 张宪文：《新时期再议辛亥革命》，《近代史研究》2011 年第 4 期。

学术条件的大幅改善，使国内辛亥革命史研究的水准与日俱增，在较短的时间内，以辛亥革命为主题的研究成果急剧增加，辛亥革命史成为20世纪八九十年代中国近代史中的显学。作为这一波研究热潮的结果，辛亥革命史也成为中国近代史研究中发展最为成熟的领域之一。

说辛亥革命史研究较为成熟，首要指标就是有高水平的通论性著作出版。一般认为，一个学科建立并成熟的标志，就是有反映这个学科研究水准的高质量的通论性著作出现。① 从 1980 年开始，有三部研究辛亥革命的通论性著作出版，分别是章开沅、林增平等多位中南地区专家集体编撰的《辛亥革命史》（共三册），李新主编的《中华民国史》（第 1 编），金冲及、胡绳武合作撰著的《辛亥革命史稿》（共四卷）。这三部辛亥革命史不仅卷帙浩繁，而且视野宏大，在充分吸纳已有研究的基础上试图展现辛亥革命的全景式图像。它们的出版清楚提示辛亥革命史学科不仅卓然树立，而且已经步入了成熟时期。

辛亥革命史研究发展较为成熟，另一个重要的表征就是学术"高原期"的出现。仅就论文数量观察，据统计，1979—1989 年共发表论文 5300 篇左右，为前 30 年论文总数的 10 倍。② 20 世纪 90 年代论文数量虽相对减少，但仍在高位运行。相关资料显示，1990—1999 年发表论文总数合计约 4400 篇。③ 进入 21 世纪，辛亥革命史研究虽不乏辛勤耕耘者，一些博士论文仍以此为研究对象，但正如桑兵教授所注意到的，除粗制滥造低水平重复者外，学人已"很少选取直接的题目"④。学术"高原期"的出现，既表征了辛亥革命史研究的成熟程度，也潜藏着学术研究亟需突破瓶颈再度走上上升通道的内在需要。

与学术研究相辅相成，辛亥革命史资料的整理与出版工作在 80 年代后也呈突飞猛进之势。一方面，多种尘封已久的档案资料公开出版，众多旧时的报纸杂志与著述相继重印；另一方面，辛亥人物文集、年谱等各类资料的整理出版工作长期兴盛不衰。以孙中山为例，在 1956 年出版《孙中山选集》的基础上，由广东社会科学院历史研究室、中国社会科学院近代史研

---

① 汪朝光：《50 年来的中华民国史研究》，《近代史研究》1999 年第 5 期。
② 章开沅：《50 年来的辛亥革命史研究》，《近代史研究》1999 年第 5 期。
③ 严昌洪：《辛亥革命研究的新进展》，华中师范大学中国近代史研究所编：《辛亥革命与 20 世纪中国：1990—1999 年辛亥革命论文选》，武汉：湖北人民出版社 2001 年版，第 5 页。
④ 桑兵：《辛亥革命研究的整体性问题》，《社会科学》2011 年第 2 期。

究所中华民国史研究室、中山大学历史系孙中山研究室合编的《孙中山全集》（11卷）于1981—1986年间相继出版；1991年，陈锡祺主编、中山大学孙中山研究所研究人员集体完成的《孙中山年谱长编》出版问世；时隔20年，适逢辛亥革命百年大庆，中山大学孙中山研究所的一干中青年教师重新集结，在桑兵教授的带领下合编《各方致孙中山函电汇编》巨型史料，全书逾400万字，已由社会科学文献出版社出版。大批史料的披露与公开，为研究者提供了极大的便利，保障了学术研究的总体质量。

对于80年代以来辛亥革命史研究在具体问题上所取得的进展，因为所述已多，毋庸笔者饶舌。① 此处仅就个人的浅陋认识，结合相关的回顾与综述，谈谈新时期辛亥革命研究的可能趋向。

趋向之一：继续深化辛亥时期社会环境的研究。对于此点，众多前辈学者在反思时均有涉及。如章开沅先生多次强调需加强辛亥时期社会环境的研究，认为"全面、深刻地理解和掌握近代中国的国情，乃是摆在我们面前的迫切而又有很大难度的重要课题"②。金冲及、林家有等在检讨孙中山研究工作时也分别指出："把孙中山同他所处的时代结合起来研究"③；"任何历史人物都生活在一定的时代之中，不管其思想主张如何，不论其行为表现怎样，归根到底都是时代的产物。只有明了历史人物所处的时代以及环境的繁杂，才能找寻历史人物经历的艰辛及其思想和实践的历史意义"④。诚如所见，笔者在参与编撰《各方致孙中山函电汇编》的过程中，深切感受到孙中山研究虽然起点很高，但从社会环境（时代语境）入手，实存相当大的空间。已有孙中山研究存在的通病是过于关注孙中山本人，往往局限于孙中山个人的视角，而对孙中山前后左右的关系以及事件或社会环境缺乏整体的、俯察的眼光。换言之，对孙中山的研究，不仅要从孙个人的角度去考察与探讨，更要尽可能全面地重建时代语境，从所有关联人物的角度去衡量孙中山与时代的关联。只有这样，研究者才能摆脱情感的羁绊，超越预设的立场，真正追随前人的脚步回到历史的现场。

---

① 参见严昌洪、马敏《20世纪的辛亥革命史研究》，《历史研究》2000年第3期；章开沅、田彤《新世纪之初的辛亥革命史研究（2000—2009）》，《浙江社会科学》2010年第9期；章开沅等著《国内外辛亥革命史研究综览》，武汉：湖北教育出版社1991年版。

② 章开沅：《辛亥革命史研究如何深入》，《近代史研究》1984年第5期。

③ 金冲及：《进一步加强孙中山的研究工作》，《人民日报》1985年5月3日，第5版。

④ 林家有：《孙中山研究评述》，《人民日报》2001年4月28日，第6版。

趋向之二：与第一点相联系，辛亥革命史研究应敞开胸襟，突破各种人为限制，既注重长时段、中时段、短时段等各种时间尺度的纵向考察，又注意政治、经济、社会、文化等各种时代侧面的横向会通；在研究方法上，既继续高扬马克思主义史学理论，又广泛吸纳各种史学新潮及其他学科的理论与新知；[1] 在研究实践中，既注重"分"，又注重"合"，既注重个案微观的考察，又注重辛亥革命总体史的构建，在"分"与"合"的互动中，在微观、中观、宏观多层次的审视中，洞悉历史的"真相"，将辛亥革命史研究逐步推向前进。

当然，史学创新归根结底还是取决于史学工作者的主观努力。辛亥革命史研究虽然起点甚高，但困难与机遇并存，学术"高原期"实蕴藏着进一步突破的线索。关键在于，以辛亥革命史研究为志业的史学工作者们能够具有不怕困难、克服困难的勇气与信念，不断突破各种主客观条件的限制，挑战自我，超越自我，如此则必将重开辛亥革命史研究的新局。

章开沅教授有言："历史是画上句号的过去，史学是永无止境的远航。"辛亥革命史研究纵然"成熟"，但它依然年轻，永远行进在路上。

第三节　辛亥革命与国家统一

一、"解放台湾"与"反攻大陆"

中国自古幅员辽阔，地广人稠，虽说天下大势分久必合合久必分，但统一无疑是中国历史的主旋律。辛亥革命在结束两千余年的封建君主专制制度，于全球化时代开启中华民族复兴之路的同时，孙中山及所有爱国志士都特别注重中华民族的这一传统属性，极为强调和推动中华民族的团结与统一。被孙中山"教育"出来的国共两党，都自认是孙中山革命事业的继承者，对国家统一有着共同的信念与追求。作为第二次国共合作破裂的结果，1949年后大陆与台湾处于各自为政的状态，尽管双方一度高度对立，但试图以各自方式推动祖国统一进程的心愿则如出一辙。

"解放台湾"是中国共产党"解放全中国"战略的重要组成部分。1949年3月16日，中国共产党觉察到台湾有可能被美国割据或为国民党盘据的前景，以新华社名义发表时评，严正表示："中国人民（包括台湾人民）将

---

[1] 王先明教授指出，在社会史和文化史日渐兴盛的今天，或许向社会—文化视野的转换，不失为拓展和深化辛亥革命研究的选择之一。王先明：《社会—文化视野下的辛亥革命与"革命话语"》，《社会科学》2011年第2期。

绝对不能容忍美国帝国主义对台湾或任何其他中国领土的非法侵略,同样地亦绝对不能容忍国民党反动派把台湾作为最后挣扎的根据地。中国人民解放斗争的任务就是解放全中国,直到解放台湾、海南岛和属于中国的最后一寸土地为止。"① 9月4日,中国共产党再次发表时评痛揭美帝劫夺台湾的阴谋活动,重申"不久一定要跨海东征,打到台湾去,解放台湾同胞,解放全中国!"②

中华人民共和国成立后,人民解放军积极筹备攻台作战,尽管解放金门的战役遭遇顿挫,但1950年上半年海南岛、舟山群岛的相继解放,实际上已让许多人意识到"困守台湾的敌人,末日更加迫近了"③。然而朝鲜战争的不期然爆发,瞬时打断了中国的统一进程,台湾重回美国的卵翼之下,新中国被迫参加了东亚地区的另外一场战争。

朝鲜战争结束后,美国继续其扶蒋反共政策,图谋制造"两个中国"的活动愈演愈烈。为了打破帝国主义分裂中国的阴谋,中国人民再度掀起解放台湾的热潮。在1954年4月28日日内瓦会议的发言中,周恩来代表中国首次在国际舞台上表明了中方关于台湾问题的基本立场。他指出,自朝鲜战争至今,台湾一直被美国侵占,"尽人皆知,台湾是中国的领土,决不允许任何人侵占。美国侵占台湾的行为严重地破坏了中国领土和主权的完整"④。除外交上的主权宣示,国内对台宣传攻势与军事准备也在如火如荼进行之中。同年7—9月间,《人民日报》多次发表社论,屡屡强调台湾问题属于中国内政以及中国人民解放台湾统一祖国的坚强决心。⑤ 各民主党派及与国民党有渊源的各界人士也纷纷行动起来,通过各种方式开展对台湾的统战。9月3日,解放军展开对台军事行动,第一次炮击金门、妈祖。在大陆的强大攻势下,蒋介石为了寻求美国的庇护,于是年底与美签订《美台共同防御条约》,美台反共军事同盟以法律的形式确定下来,台海局势更趋复杂。

蒋介石与帝国主义的公然勾结,直接挑战了近代以来中国人民反抗列强的情感记忆。1955年孙中山逝世30周年纪念活动中,台湾问题成为申论的

---

① 《中国人民一定要解放台湾》,《人民日报》1949年3月16日,第1版。
② 《打到台湾去,解放台湾同胞!》,《人民日报》1949年9月4日,第1版。
③ 《庆祝舟山群岛解放》,《人民日报》1950年5月21日,第1版。
④ 《在日内瓦会议四月二十八日会议上周恩来外长的发言》,《人民日报》1954年4月30日,第1版。
⑤ 《一定要解放台湾》,《人民日报》1954年7月23日,第1版;《解放台湾是中国的内政,不容许美国干涉》,《人民日报》1954年8月26日,第1版;《告台湾同胞》,《人民日报》1954年9月5日,第1版。

中心，相关讲话与评论无一例外地阐释孙中山革命事业的反帝属性，痛责"自称孙中山信徒"的蒋介石集团面从心违，背叛孙中山遗教，"把台湾完全出卖给美帝国主义，作为美帝国主义侵犯我国大陆和破坏远东和平的基地"①，指出"这一小撮卖国贼在祖国人民解放台湾的斗争中必然会遭到可耻的失败"②。

在对台湾保持高压态势的同时，毛泽东、周恩来等党和国家领导人也在认真衡量解放台湾的方式问题。1955年4月在印尼万隆召开的亚非会议上，周恩来将大陆解决台湾问题的新设想明确传递给外界。23日，在会外举行的中国、缅甸、锡兰等八国代表团团长会议上，周恩来谈到了台湾问题。他说，中国人民解放台湾是中国的内政问题，"为了和缓台湾地区的紧张局势，中国政府愿意同美国政府坐下来谈判……但是任何谈判都丝毫不能影响中国人民行使自己的主权——解放台湾的正义要求和行动"，"中国人民解放台湾有两种可能的方式，即战争的方式和和平的方式，中国人民愿意在可能的条件下，争取用和平的方式解放台湾"。③ 同日，周恩来发表声明，表示愿同美国就和缓台湾及远东紧张局势进行谈判。④ 1956年9月15日在中国共产党第八次全国大表大会上，刘少奇再次明确重述台湾问题的基本立场："解放台湾的问题完全是我国的内政问题。我们愿意用和平谈判的方式，使台湾重新回到祖国的怀抱，而避免使用武力。如果不得已使用武力，那是在和平谈判丧失了可能性，或者是在和平谈判失败以后。"⑤

关于实现和平解放的具体途径问题，毛泽东、周恩来等在多种场合提出，通过国共对等谈判，实行第三次国共合作的方式来加以解决。1956年1月30日，周恩来在中国人民政治协商会议第二届全国委员会第二次全体会

---

① 《在孙中山先生逝世三十周年纪念大会上中国国民党革命委员会主席李济深的讲话》，《人民日报》1955年3月12日，第2版。

② 缪楚黄：《孙中山——中国伟大的民主主义革命活动家》，《人民日报》1955年3月12日，第3版。

③ 《周恩来总理在全国人民代表大会常务委员会第十五次会议扩大会议上关于亚非会议的报告（有关台湾部分）》，《中美关系资料汇编》第2辑，北京：世界知识出版社1960年版，第2265～2266页。

④ 周恩来：《中国愿就台湾地区问题同美国进行谈判》，中华人民共和国外交部、中共中央文献研究室编：《周恩来外交文选》，北京：中央文献出版社1990年版，第134页。

⑤ 刘少奇：《在中国共产党第八次全国代表大会上的政治报告》，《刘少奇选集》下卷，北京：人民出版社1985年版，第255页。

议上，回顾国共两次合作一致对外的历史，宣布了对台湾军政人员的宽大政策，号召"台湾同胞和一切从大陆上跑到台湾的人员，站到爱国主义旗帜下来，同祖国人民一起，为争取和平解放台湾、实现祖国的完全统一而奋斗"①。6月28日，周恩来在全国人大一届三次会议上发表讲话，代表政府正式表示："我们愿意同台湾当局协商和平解放台湾的具体步骤和条件，并且希望台湾当局在他们认为适当的时机，派遣代表到北京或者其他适当的地点，同我们开始这种商谈。"② 1957年4月16日在欢迎伏罗希洛夫为首的苏联代表团的酒会上，毛泽东谈到："我们还准备进行第三次国共合作"③。

和平解放方针确定后，尽管20世纪50年代中后期台海并未真正风平浪静，但中共领导人通过和平方式解决台湾问题的方针始终没有动摇，并且随着思考的深入，有关设想进一步细化，中共中央于50年代末60年代初提出了更为具体的"一纲四目"，作为国共两党谈判的基础框架。"一纲"即台湾必须统一于中国，"四目"包括：①台湾统一于祖国后，除外交上必须统一于中央外，台湾之军政大权、人事安排等悉委于蒋介石；②台湾所有军政及经济建设一切费用不足之数，悉由中央政府拨付；③台湾的社会改革可以从缓，必俟条件成熟，并尊重蒋之意见，协商决定后进行；④双方互不派特务，不做破坏对方团结之举。④

面对大陆的"解放"攻势，1949年退居台湾的国民党长时间坚持"反攻大陆"的设想与准备。蒋介石据台的26年间，"他始终念念不忘的就是'反攻大陆'。蒋氏每年都要发四次文告（新年、青年节、双十节、台湾光复节），总是重申：今年是'反攻大陆'的'决定年'、'关键年'，明年是'反攻大陆'的'胜利年'"⑤。这种舆论上的造势同样贯注到对孙中山与辛亥革命的纪念中。国民党退台后对孙中山与辛亥革命的纪念保持了一贯的关注，但相关纪念活动已被赋予浓厚的政治意图，通过历史脉络的梳理，强调国民党政权的合法性、正当性，以为"反共复国"提供舆论准备成为主体

---

① 周恩来：《政治报告（1956年1月30日，在中国人民政治协商会议第二届全国委员会第二次全体会议上）》，《人民日报》1956年1月31日，第1版。

② 《周恩来总理兼外交部长关于目前国际形势、我国外交政策和解放台湾问题的发言》，《人民日报》1956年6月29日，第1版。

③ 《伏罗希洛夫主席在周总理举行的酒会上祝地球上所有的人生活在和平之中 毛主席说：我们还准备进行第三次国共合作》，《人民日报》1957年4月17日，第1版。

④ 该书编委会编：《中国台湾问题》，北京：九州图书出版社1998年版，第65页。

⑤ 李松林著：《晚年蒋介石》，北京：九州出版社2006年版，第199页。

的考量。①

在保卫台湾、"反攻大陆"的过程中,国民党虽极力寻求美国的庇护,但对美国制造"两个中国"、"一中一台"的阴谋保持了高度的警惕,对台岛内外分裂势力的分裂行为采取了明确的反对立场与严厉的打压措施。1959年3月底,为避免外界误读,国民党"外交部"特别规定:"今后对外提出大陆时,不再用'红色中国'或'共党中国'等语,而改称为'中国政权'。提到他们自己时,不再用'自由中国',而称'中华民国'。"② 对于蒋介石在国家统一问题上所表现出的民族主义立场,毛泽东极表称许。1959年2月,毛泽东在各省、市、自治区党委第一书记会议上指出:"台湾是蒋介石当总统好?还是胡适好?还是陈诚好?还是蒋介石好。但是国际活动场合,有他我们就不去,至于当总统,还是他好。"③

二、"祖国统一"与"统一中国"

20世纪60年代末70年代初,随着国际形势的变化和中国影响力的日增,美国自新中国成立以来所采取的对华遏制政策越来越难以为继。1972年2月,美国总统尼克松访华,开启了两国关系正常化的进程。1979年1月中美建交所带来的美台关系调整,为中国解决台湾问题提供了新的契机。

1979年新年元旦,全国人大常委会发表《告台湾同胞书》,对祖国统一的内外形势全盘进行分析,指出今天"实现中国的统一,是人心所向,大势所趋","台湾当局一贯坚持一个中国的立场,反对台湾独立。这就是我们共同的立场,合作的基础";为了表示诚意,大陆声明自此之后停止炮击金门等军事行动,同时希望破除阻碍两岸民众接触交流的人为藩篱。④ 此后,中共领导人多次发表声明与谈话,向外界传达和平统一祖国的决心与诚意,希望得到台湾方面的积极回应。

1981年1月16日,邓小平在中共中央召集的干部会议上发表讲话,将"台湾归回祖国,实现祖国统一"列为"八十年代我们要做的三件大事"⑤

---

① 朱英:《辛亥革命:百年纪念与百年超越》,《社会科学》2011年第2期。
② 杨亲华:《论国共两党"一个中国"的立场》,苏明、苗建寅主编:《邓小平理论与祖国统一》,西安:陕西人民教育出版社1995年版,第173页。
③ 黄嘉树著:《国民党在台湾》,海口:南海出版公司1991年版,第319页。
④ 《中华人民共和国全国人大常委会告台湾同胞书》,《人民日报》1979年1月1日,第1版。
⑤ 邓小平:《目前的形势和任务》,《邓小平文选》第2卷,北京:人民出版社1994年版,第239～240页。

之一，显示了统一问题在新时期国家政治中的重要性与迫切性。9月30日，辛亥革命70周年纪念日即将来临之际，全国人大常委会委员长叶剑英以向新华社记者谈话的方式，全面阐述了关于台湾回归祖国，实现和平统一的九条方针，内容包括国共举行对等谈判、实行第三次合作；台湾回归祖国后的具体安排；欢迎台湾各界来大陆投资、交流等。① 显然，在60年代"一纲四目"的基础上，中共中央的对台政策有了进一步发展，"和平统一、一国两制"的科学构想已经是呼之欲出。

10月10日，中共中央主席胡耀邦在首都各界纪念辛亥革命70周年大会上发表讲话，重温孙中山革命事业对中国历史进步所作出的巨大贡献，指出"对于孙中山先生的崇敬和怀念，至今仍然是把中国大陆和台湾联系在一起的强大的精神纽带"；他并以共产党负责人的身份邀请蒋经国等台湾军政当局领导人以及各方面人士，"亲自来大陆和故乡看一看"②。

1982年7月，廖承志致函蒋经国，谈及国共两次合作"均对国家民族作出巨大贡献"，指出历史与现实在昭示，"合则对国家有利，分则必伤民族元气"。他希望"幼时同袍"蒋经国能够排除各种干扰，推动国共第三度合作。③

在"和平统一、一国两制"这一构想提出与完善的过程中，邓小平无疑发挥了独特的作用。1979年1月30日，邓小平访美期间在向美国参众两院议员解释中国政府对台湾问题的立场时说："我们不再用'解放台湾'这个提法了。只要台湾回归祖国，我们将尊重那里的现实和现行制度。"④ 1983年6月26日，他在接见美国新泽西州西东大学教授杨力宇时，对大陆与台湾和平统一的问题有进一步的解说，使相关设想更见具体。⑤ 次年2月，在会见美国乔治城大学战略与国际问题研究中心代表团时，邓小平将长期以来的设想凝炼成"一个国家，两种制度"，指出这种方式不但适合于香

---

① 《叶剑英委员长进一步阐明台湾回归祖国实现和平统一的方针政策》，《人民日报》1981年10月1日，第1版。

② 胡耀邦：《在首都各界纪念辛亥革命七十周年大会上的讲话》，《人民日报》1981年10月10日，第1版。

③ 《廖承志致蒋经国先生信》，《人民日报》1982年7月25日，第1版。

④ 《邓小平副总理在华盛顿重申中国希望和平解决台湾问题》，《人民日报》1979年2月1日，第1版。

⑤ 邓小平：《中国大陆和台湾和平统一的设想》，《邓小平文选》第3卷，北京：人民出版社1993年版，第30～31页。

港与台湾，对某些国际领土争端也具有启发意义。①

对于大陆排除"左"倾干扰解决台湾问题的新主张，国民党一时间无法超越国共历史恩怨与意识形态的框束，在放弃军事"反攻大陆"设想的同时，在统一方式上仍在"以我为主"的轨道上滑行。1979年12月，国民党第十一届四中全会在台北召开，蒋经国"以全民炽热反共意志再造中华"为题致辞。他批评中共和谈实际是"统战阴谋"，因此决定延续之前与共产党相绝缘的政策，即"绝不与共党谈判，绝不与共党妥协，任何情况绝不改变我们的立场"②。1980年6月，有着强烈"一中"理念的蒋经国首度提出"三民主义统一中国"说，并对中共喊话，要求中共"立即抛弃马列思想和共产主义，完完全全接受三民主义"③。1981年3月，国民党十二大召开，此次大会的中心议题是讨论与通过《贯彻以三民主义统一中国案》。至此，"以三民主义统一中国"正式成为国民党大陆政策的核心。次年，以何应钦为主席的"三民主义统一中国大同盟"在台北宣告成立，"三民主义统一中国"的具体实施提上日程。

"三民主义统一中国"说的提出，传递出多元的信息：一方面，它意味着国民党在具体的统合方式上虽有所趋新，但并未放弃自1949年以来的反共复国理念，其实质就是要回复到国共内战之前的态势，恢复国民党在大陆的统治。对于这种完全无视历史变化的僵滞立场，《人民日报》直言不讳地指出，三民主义在台湾"只是书本上的东西"④。邓小平在同杨力宇的谈话中也指出："和平统一不是大陆把台湾吃掉，当然也不能是台湾把大陆吃掉。所谓'三民主义统一中国'，这不现实。"另一方面，它也透显出国共两党存在和平统一的"共同语言"与合作基础，两党之间虽然依旧存在短期难以逾越的鸿沟，但随着时间的推移，海峡两岸相互敌视的坚冰状态必然会被打破。

果不其然，20世纪80年代后期，台湾方面逐渐迈开了对绝缘政策进行调整的步伐，以允许部分台湾居民赴大陆探亲为发端，大陆与台湾接触交往的窗口被打开。自此而后，两岸跨越一湾浅浅的海峡，各方面的交往与沟通

---

① 邓小平：《稳定世界局势的新办法》，《邓小平文选》第3卷，北京：人民出版社1993年版，第49页。
② 李松林著：《晚年蒋经国》，北京：九州出版社2006年版，第178页。
③ 方世藻著：《蒋经国研究》，北京：线装书局2009年版，第267页。
④ 《三民主义在台湾"只是书本上的东西"》，《人民日报》1981年5月11日，第4版。

日益频密,两岸交流呈现不可阻挡之势。时至今日,随着交往的推进与深入,两岸在经济、文化等领域已事实联结为利害攸关的共同体,中华民族合则两利的效应初步显现。

100年前,中华民族为改变近代以来被压迫、受欺凌的悲惨命运,发动了辛亥革命,开启了中华民族的伟大复兴之途。60余年前,新中国成立,中国人民站立起来,中华民族复兴大业取得了重要的阶段性成果。30余年前,改革开放战略出台,中国现代化建设事业自此蒸蒸日上。回顾辛亥革命以来百年中国沧桑史,海内外中国人都已深切意识到统一祖国、振兴中华是历史赋予全体中国人的共同使命,正如《人民日报》为纪念辛亥革命100周年所发社论指出的:

> 回首百年历程,我们更加深切地感受到,两岸同胞是血脉相连的命运共同体,两岸中国人面临着共同繁荣发展、共谋中华民族伟大复兴的历史机遇,两岸关系和平发展已成为中华民族伟大复兴的重要组成部分。以和平方式实现统一,符合包括台湾同胞在内的全体中国人的根本利益,是中华儿女的共同愿景。
>
> 历经百年奋斗,中华民族的伟大复兴已经成为不可逆转、不可阻挡的发展趋势。面向未来,全体中华儿女应当更加紧密地携起手来,汇聚在民族复兴旗帜下,砥砺奋斗精神,共绘发展蓝图,共襄振兴大业,努力作出无愧于孙中山先生和辛亥革命先驱、无愧于我们伟大民族的历史贡献。①

---

① 《为中华民族伟大复兴而共同奋斗》,《人民日报》2001年10月10日,第2版。

主要参考文献

一、报纸与杂志

布尔塞维克
不忍杂志
东北日报
东方杂志
独立评论
国风报
江苏
解放
解放日报
觉民
民报
民立报
人民日报
人民周刊
上海民国日报
申报
盛京时报
时报
向导
新民丛报
新青年
新小说
政治生活
中国军人
中国青年

中国文化
中国新报

二、档案、公报、资料汇编

翠亨孙中山故居藏档
临时政府公报
南京临时政府公报
重庆市政协文史资料研究委员会，中共重庆市委党校编．政治协商会议纪实．重庆：重庆出版社，1989．
杜迈之，刘泱泱，李龙如编．自立会史料集．长沙：岳麓书社，1983．
福建省档案馆编．福建事变档案资料．福州：福建人民出版社，1984．
耿云志主编．胡适遗稿及秘藏书信．合肥：黄山书社，1994．
故宫博物院明清档案部编．清末筹备立宪档案史料．北京：中华书局，1979．
四川大学马列主义教研室中共党史科研组编．重庆谈判资料选编（内部资料）．成都：1979．
太平天国历史博物馆编．太平天国文书汇编．北京：中华书局，1979．
新华日报论评集．第一辑，武汉：顽强社，1938．
章伯锋，庄建平主编．抗日战争．成都：四川大学出版社，1997．
章开沅，罗福惠，严昌洪主编．辛亥革命史资料新编．武汉：湖北人民出版社，2006．
张枬，王忍之编．辛亥革命前十年时论选集·第一卷．北京：生活·读书·新知三联书店，1960．
张枬，王忍之编．辛亥革命前十年时论选集·第二卷．北京：生活·读书·新知三联书店，1963．
张枬，王忍之编．辛亥革命前十年时论选集·第三卷．北京：生活·读书·新知三联书店，1977．
中共中央书记处编．六大以前——党的历史材料．北京：人民出版社，1980．
中国第二历史档案馆编．北洋军阀统治时期的党派．北京：档案出版社，1994．
中国第二历史档案馆编．中国青年党．北京：档案出版社，1988．
中国第二历史档案馆编．中国无政府主义和中国社会党．南京：江苏人民出版社，1981．

中国第二历史档案馆编. 中华民国档案资料汇编. 第4辑, 南京：江苏古籍出版社, 1986.

中国民主同盟中央文史资料委员会编. 中国民主同盟历史文献 1941—1949. 北京：文史资料出版社, 1983.

中国人民大学中共党史系资料室编. 中共党史教学参考资料 抗日战争时期. 1980—1981.

中国人民政治协商会议广东委员会文史资料研究委员会编. 广东辛亥革命史料. 广州：广东人民出版社, 1981.

中国社会科学院现代史研究室, 中国革命博物馆党史研究室选编. "一大"前后. 北京：人民出版社, 1980、1984.

中国史学会编. 辛亥革命. 上海：上海人民出版社, 上海古籍出版社, 2000.

钟离蒙, 杨凤麟主编：中国现代哲学史资料汇编·"第三条道路"批判（内部资料）. 沈阳：1982.

中央档案馆编. 中共中央文件选集. 北京：中共中央党校出版社, 1989—1992.

中央统战部, 中央档案馆编. 中共中央抗日民族统一战线文件选编. 北京：档案出版社, 1984、1985、1986.

杨建新等编著. 五星红旗从这里升起——中国人民政治协商会议诞生纪事暨资料选编. 北京：文史资料出版社, 1984.

三、文集、书信、日记、回忆录

陈天华著. 陈天华集. 长沙：湖南人民出版社, 1982.

《董必武选集》编辑组编. 董必武选集. 北京：人民出版社, 1984.

冯自由著. 革命逸史. 北京：中华书局, 1981.

广东省社会科学院历史研究所, 中国社会科学院近代史研究所中华民国史研究室, 中山大学历史系孙中山研究室合编. 孙中山全集. 北京：中华书局, 1981—1986.

胡适著；曹伯言整理. 胡适日记全编. 合肥：安徽教育出版社, 2001.

梁启超著. 饮冰室合集. 北京：中华书局, 1989.

林伯渠著. 林伯渠文集. 北京：华艺出版社, 1996.

毛泽东著. 毛泽东选集. 北京：人民出版社, 1991.

梅日新, 邓演超主编. 邓演达文集新编. 广州：广东人民出版社, 2000.

梅日新，邓演超主编. 回忆邓演达. 广州：广东人民出版社，1999.

民革中央宣传部编. 陈铭枢纪念文集. 北京：团结出版社，1989.

欧阳哲生编. 胡适文集. 北京：北京大学出版社，1998.

任建树等编. 陈独秀著作选. 上海：上海人民出版社，1984.

容闳著. 我在美国和中国生活的追忆. 王蓁，译. 北京：中华书局，1991.

四川师范学院《张澜文集》编辑组编. 张澜文集. 成都：四川教育出版社，1991.

宋庆龄著. 宋庆龄选集. 北京：人民出版社，1992.

《谭平山文集》编辑组编. 谭平山文集. 北京：人民出版社，1986.

吴玉章著. 吴玉章回忆录. 北京：中国青年出版社，1978.

许德珩. 许德珩回忆录：为了民主和科学. 北京：中国青年出版社，2001.

恽代英著. 恽代英文集. 北京：人民出版社，1984.

中共中央文献编辑委员会编. 周恩来选集. 上卷，北京：人民出版社，1980.

中共中央文献研究室编. 毛泽东文集. 北京：人民出版社，1993.

中共中央文献研究室，中共湖南省委《毛泽东早期文稿》编辑组编. 毛泽东早期文稿. 长沙：湖南出版社，1990.

中国李大钊研究会编注. 李大钊全集. 北京：人民出版社，2006.

中国民主促进会中央宣传部编. 马叙伦政论文选. 北京：文史资料出版社，1985.

中国人民政治协商会议全国委员会文史资料研究委员会编. 辛亥革命回忆录. 北京：文史资料出版社，1961—1963.

中国社会科学院近代史研究所编. 五四运动回忆录. 北京：中国社会科学出版社，1979.

中国社会科学院近代史研究所中华民国史组编. 胡适来往书信选. 北京：中华书局，1979—1980.

中国文化书院学术委员会编. 梁漱溟全集. 第六卷，济南：山东人民出版社，1989.

周培源编. 张奚若文集. 北京：清华大学出版社，1989.

四、论文及论著.

Mary C. Wright, ed., *China in Revolution：the First Phase*, 1900—1913,

New Haven：Yale University Press，1968.

阿英著．晚清小说史．北京：东方出版社，1996.

卞杏英著．蔡廷锴将军——从淞沪抗战到福建事变．福州：福建人民出版社，1994.

陈红民．两广与福建事变关系述论．近代史研究，2001（4）.

陈金龙．毛泽东对孙中山思想的承继和超越．华南师范大学学报，1995（2）.

陈金龙．毛泽东与纪念活动的政治功能表达．现代哲学，2009（1）.

陈金龙．孙中山思想：毛泽东思想的重要理论来源．教学与研究，2008（8）.

邓野．蒋介石关于"中国之命运"的命题与国共的两个口号．历史研究，2008（4）.

邓野著．联合政府与一党训政：1944—1946年间国共政争．北京：社会科学文献出版社，2003.

高华著．革命年代．广州：广东人民出版社，2010.

郭汉民著．中国近代思想与思潮．长沙：岳麓书社，2004.

胡绳武，金冲及著．从辛亥革命到五四运动．西安：陕西人民出版社，2010.

华中师范大学中国近代史研究所编．辛亥革命与20世纪中国：1990—1999年辛亥革命论文选．武汉：湖北人民出版社，2001.

黄楠森等主编．马克思主义哲学史·第六卷，北京：北京出版社，1989.

姜义华，张荣华编．康有为全集．上海：上海古籍出版社，1990.

蒋大椿．当代中国史学思潮与马克思主义历史观的发展．历史研究，2001（4）.

金冲及著．二十世纪中国史纲．北京：社会科学文献出版社，2009.

金冲及．辛亥革命研究的回顾和展望．中国社会科学报，2010年12月16日.

李细珠著．张之洞与清末新政研究．上海：上海书店出版社，2003.

李新，陈铁健主编．中国新民主革命通史．第1卷，伟大的开端：1919—1923．上海：上海人民出版社，2001.

梁玉魁．关于中华民国工党的性质问题．历史研究，1959（6）.

林家有著．孙中山与近代中国的觉醒．广州：中山大学出版社，2000.

刘会军．《中国之命运》论析．史学集刊，1994（3）.

刘明逵，唐玉良主编．中国工人运动史．广州：广东人民出版社，1998．

刘泱泱主编．辛亥革命新论．长沙：湖南人民出版社，1996．

罗福惠．研究"辛亥革命记忆"的意义和方法．华中师范大学学报，2011（1）．

罗敏．从对立走向交涉：福建事变前后的西南与中央．历史研究，2006（2）．

（美）裴宜理著．上海罢工：中国工人政治研究．刘平，译．南京：江苏人民出版社，2001．

任达著．新政革命与日本．李仲贤，译．南京：江苏人民出版社，2006．

桑兵．辛亥革命研究的整体性问题．社会科学，2011（2）．

石川祯浩著．中国共产党成立史．袁广泉，译．北京：中国社会科学出版社，2006．

汪荣祖著．晚清变法思想论丛．北京：新星出版社，2008．

王树棣等主编．中国人民政治协商会议史．哈尔滨：黑龙江教育出版社，1991．

王永玺主编．中国工会史．北京：中共党史出版社，1992．

（美）韦慕廷著．孙中山——壮志未酬的爱国者．杨慎之，译．广州：中山大学出版社，1986．

闻黎明著．第三种力量与抗战时期的中国政治．上海：上海书店，2004．

吴晓龙著．少年中国学会研究．上海：上海三联书店，2006．

（日）狭间直树编．梁启超·明治日本·西方．北京：社会科学文献出版社，2001．

夏晓虹著．阅读梁启超．北京：三联书店，2006．

许涤新，吴承明主编．中国资本主义发展史．第二卷，北京：人民出版社，2003．

严昌洪．20世纪辛亥革命研究鸟瞰．华中师范大学学报，1998（4）．

严昌洪，马敏．20世纪的辛亥革命史研究．历史研究，2000（3）．

严昌洪，许小青著．癸卯年万岁——1903年的革命思潮与革命运动．武汉：华中师范大学出版社，2001．

杨天石著．蒋介石与南京国民政府．北京：中国人民大学出版社，2007．

章开沅. 50年来的辛亥革命史研究. 近代史研究，1999（5）.

章开沅. 辛亥百年反思：百年锐于千载. 华中师范大学学报，2011（1）.

章开沅等著. 国内外辛亥革命史研究综览. 武汉：湖北教育出版社，1991.

章开沅，林增平主编. 辛亥革命史. 上海：东方出版中心，2010.

章开沅，罗福惠主编. 辛亥革命与中国社会发展道路. 武汉：湖北人民出版社，1993.

章开沅，田彤. 新世纪之初的辛亥革命史研究（2000—2009）. 浙江社会科学，2010（9）.

章清著. "胡适派学人群"与现代中国自由主义. 上海：上海古籍出版社，2004.

张海鹏. 50年来中国大陆对辛亥革命的纪念与评价. 当代中国史研究，2001（6）.

张海鹏. 五十年来中国大陆对孙中山的纪念与评价. 党的文献，2001（5）.

张朋园著. 梁启超与清季革命. 长春：吉林出版集团有限责任公司，2007.

赵德馨主编，马敏，朱英等著. 中国经济通史. 第八卷. 长沙：湖南人民出版社，2002.

赵亲，黄杜. 五四运动前中国工人运动史的分期问题. 学术月刊，1960（3）.

郑大华著. 张君劢学术思想评传. 北京：北京图书馆出版社，1999.

中国史学会编. 辛亥革命与20世纪的中国. 北京：中央文献出版社，2002.

周明之著. 胡适与中国现代知识分子的选择. 雷颐，译. 成都：四川人民出版社，1991.

周淑真著. 中国青年党在大陆和台湾. 北京：中国人民大学出版社，1993.

周锡瑞著. 改良与革命：辛亥革命在两湖. 南京：江苏人民出版社，2007.

朱英主编. 辛亥革命与近代中国社会变迁. 武汉：华中师范大学出版社，2001.

朱英. 辛亥革命：百年纪念与百年超越. 社会科学，2011（2）.

碧荷馆主人著. 新纪元. 桂林：广西师范大学出版社，2008.

北京大学图书馆，北京李大钊研究会编．李大钊史事综录（1889—1927年）．北京：北京大学出版社，1989．

曹亚伯著．武昌革命真史．上海：上海书店，1982．

《董必武年谱》编纂组编．董必武年谱．北京：中央文献出版社，1991．

丁文江，赵丰田编．梁启超年谱长编．上海：上海人民出版社，1983．

蒋中正著．中国之命运．重庆：正中书局，1943．

《李大钊年谱》编写组编．李大钊年谱．兰州：甘肃人民出版社，1984．

李良明，钟德涛主编．恽代英年谱．武汉：华中师范大学出版社，2006．

柳下编著．十八年来之中国青年党．成都：国魂书店，1941．

刘文耀，杨世元编．吴玉章年谱．成都：四川人民出版社，1998．

陆士谔著．新中国．上海：上海古籍出版社，2010．

逄先知主编．毛泽东年谱：1893—1949．北京：中央文献出版社，2005．

青之（李平心）．论新中国：中国的现在和未来．香港：香港书店，1941．

孙科著．三民主义新中国．上海：商务印书馆，1946．

唐宝林，林茂生编．陈独秀年谱．上海：上海人民出版社，1988．

姚守中等编著．瞿秋白年谱长编．南京：江苏人民出版社，1993．

于刚主编．中国各民主党派．北京：中国文史出版社，1987．

中共中央文献研究室编．周恩来年谱1898—1949．北京：中央文献出版社、人民出版社，1989．

中共中央文献研究室编．朱德年谱．北京：人民出版社，1986．

朱子爽编．中国国民党与抗战建国．重庆：中国文化服务社，1939．

后　　记

本书的缘起，须上溯至纪念辛亥革命一百周年之际，广东省委宣传部整合广州地区的科研力量，组织推出辛亥革命史研究系列丛书，"辛亥革命与新中国"选题被列入。2011年下半年，本书初稿即已完竣，但出版一再延宕。今年恰逢中山大学九十周年校庆盛典，承蒙中山大学出版社的厚意，该书在略加修订后被纳入校庆丛书，最终得以付梓。

本书的写作，首先需要感谢中山大学历史学系林家有教授的指导。林家有教授为笔者业师，治辛亥革命史经年，对该领域的发展方向有极其敏锐的把握。本书从构思、布局乃至行文，林师始终给予指导，不时耳提面命，赐予宝贵意见。初稿写成后，林师也成为第一位审读者。定稿后，林师一直关注并积极推动出版。可以说如果没有林家有教授的指导和帮助，本书的完成是无法想象的。

本书在搜集资料的过程中，承蒙广东省立中山图书馆、中山大学图书馆、中山大学历史学系资料室多位工作人员提供便利，在此深表感谢。特别值得指出的是，受广东省社会科学院黄彦先生指示，笔者曾专赴中山市翠亨孙中山故居，将《孙中山藏档选编·辛亥革命前后》一书所收部分函电，与原件照片逐一进行了校订。在此谨对黄彦先生及提供校订条件的孙中山故居纪念馆萧润君馆长、林华煊副馆长、黄健敏副馆长等表示由衷的感谢。

中山大学出版社编审、本书责任编辑邹岚萍女士态度严谨，工作认真，编校细致入微，为本书的质量提供了重要保障。在此一并感谢。

谷小水　赵立彬
2014年11月于广州康乐园